CW01663859

Skully Fourbery contre les Sans-Visage

DEREK LANDY

Skully Fourbery contre les Sans-Visage

Traduit de l'anglais par Jean Esch

GALLIMARD JEUNESSE

SKULLY FOURBERY

I. SKULLY FOURBERY
II. SKULLY FOURBERY JOUE AVEC LE FEU
III. SKULLY FOURBERY CONTRE LES SANS-VISAGE

Skully Fourbery

RÉSUMÉ DES AVENTURES PRÉCÉDENTES

Stephanie Edgley, douze ans, hérite d'une vaste propriété à la mort de son oncle. Un curieux individu, emmitouflé dans un long manteau, le visage dissimulé par une écharpe, des lunettes noires et un chapeau, fait irruption chez le notaire lors de la lecture du testament. Son nom est Skully Fourbery, détective privé de son état, cynique comme il se doit.

C'est aussi le squelette vivant d'un magicien mort quatre cents ans plus tôt !

Il apprend à Stephanie que son oncle a été assassiné et qu'elle pourrait bien être la prochaine sur la liste…

Une nouvelle vie commence pour la jeune fille, qui décide d'assister Skully dans son enquête. Elle découvre un monde parallèle, dangereux, peuplé de magie et de personnages aux pouvoirs étonnants…

Titre original : *Skulduggery Pleasant The Faceless Ones*
Édition originale publiée par HarperCollins Children's Books,
HarperCollins Publishers Ltd, Londres, Grande-Bretagne

Illustrations : Tom Percival

Ce livre est dédié à mon agent, Michelle Kass

Pas de mièvreries, OK ?
Je ne parlerai pas de (tout) ce que tu as fait pour moi,
ni de l'influence (énorme) que tu as eue sur ma vie ;
je ne parlerai pas non plus des conseils,
ni des encouragements que tu m'as dispensés
depuis que nous nous sommes rencontrés.
Je n'évoquerai pas davantage nos conversations
sur les tracteurs ou les iPod pendant les dîners,
ni la quantité de mots yiddish que tu m'as appris
et que j'ai oubliés aussitôt.

Bizarrement,
il ne me reste plus grand-chose à dire.

Désolé.

I. La scène du crime

Le mort se trouvait dans le salon, à plat ventre sur le sol, près de la table basse. Il s'appelait Cameron Light, mais ça, c'était quand son cœur battait encore et qu'il avait de l'air dans les poumons. Son sang avait séché sur le tapis en formant une large tache autour du corps. Il avait reçu un coup de poignard, un seul, dans le bas du dos. Il était habillé, n'avait rien dans les mains et aucun désordre ne régnait dans la pièce.

Valkyrie parcourut le salon comme on le lui avait appris ; elle scrutait le sol et toutes les surfaces, en évitant de regarder le cadavre. Elle n'éprouvait pas le besoin de s'y attarder plus que nécessaire. Ses yeux presque noirs glissèrent vers la fenêtre. De l'autre côté de la rue, le square était désert et les balançoires grinçaient dans le vent glacial du petit matin.

Des bruits de pas la firent se retourner ; elle vit Skully Fourbery sortir de sa poche de veste un sachet de poudre. Il portait un costume à fines rayures que parvenait à remplir son corps de squelette et son chapeau masquait ses orbites vides. Il enfonça un doigt ganté dans le sachet et remua la poudre, en brisant les grumeaux.

– Des idées ? demanda-t-il.

– Il a été attaqué par surprise, répondit Valkyrie. L'absence de blessures défensives indique qu'il n'a pas eu le temps de lutter. Comme les autres.

– Le meurtrier était donc totalement silencieux…

– Ou ses victimes lui faisaient confiance.

Il y avait quelque chose d'étrange dans ce salon, quelque chose qui ne collait pas. La jeune fille regarda autour d'elle.

– Vous êtes sûr qu'il vivait ici ? demanda-t-elle. Il n'y a aucun livre de magie, aucun talisman, aucune amulette sur les murs, rien.

Skully haussa les épaules.

– Certains mages aiment vivre des deux côtés de la barrière. La communauté de la magie est un univers secret, mais il existe des exceptions, ceux qui travaillent et évoluent dans le « monde des mortels », comme on dit. M. Light ici présent avait visiblement quelques amis qui ignoraient qu'il était sorcier.

Sur une étagère étaient posées des photos encadrées, de Cameron Light avec d'autres personnes. Des amis. Des êtres chers. D'après ces clichés, il semblait avoir mené une vie agréable, riche en amitié. Mais maintenant, c'était fini, évidemment. Il n'y avait plus de Cameron Light, juste une enveloppe vide sur le tapis.

Les scènes de crime, se dit Valkyrie, étaient des endroits déprimants.

Elle observa Skully qui répandait de la poudre en l'air qu'on appelait de la Poudre Arc-en-ciel car la moindre trace de magie encore présente dans les environs modifiait sa couleur. Cette fois, cependant, la poudre retomba lentement sur le sol sans subir de transformation.

– Pas une trace, commenta le Détective Squelette.

Malgré le canapé qui lui cachait la vue du corps, Valkyrie apercevait encore un pied. Cameron Light portait des chaussures noires et des chaussettes grises distendues. Il avait une cheville très blanche. La jeune fille se déplaça sur le côté pour ne plus voir le pied.

Un homme chauve aux épaules larges et aux yeux d'un bleu saisissant les rejoignit dans la pièce.

– L'inspecteur Crux est dans les parages, murmura Mr. Bliss. Si jamais on vous aperçoit sur une scène de crime…

Il n'acheva pas sa phrase. C'était inutile.

– On s'en va, dit Skully.

Il enfila son manteau et enroula son écharpe autour de la partie inférieure de son visage.

– Au fait, ajouta-t-il, merci de nous avoir mis sur le coup.

– L'inspecteur Crux n'est pas fait pour mener une enquête de cette nature, dit Bliss. C'est pourquoi le Sanctuaire a besoin que Miss Caïne et vous repreniez du service.

Un soupçon d'amusement perça dans la voix de Skully :

– Je pense que Thurid Guild ne serait pas de cet avis.

– Quoi qu'il en soit, j'ai demandé au Grand Mage de vous retrouver cet après-midi et il m'a promis de le faire.

Valkyrie haussa un sourcil, mais ne dit rien. Bliss était un des hommes les plus puissants au monde, mais un des plus effrayants aussi. Il continuait à lui flanquer la frousse.

– Guild a promis de venir nous parler ? s'étonna Skully. Ça ne lui ressemble pas de changer d'avis.

– La situation est désespérée.

Skully hocha simplement la tête et Valkyrie le suivit au-dehors. Malgré la grisaille, le squelette chaussa une paire de lunettes noires afin de dissimuler ses orbites vides aux éventuels passants. Mais, apparemment, le temps incitait les gens à rester chez eux.

– Quatre victimes, dit-il. Des Téléporteurs. Pourquoi ?

Valkyrie boutonna sa veste, non sans mal. Ses vêtements noirs lui avaient sauvé la vie de si nombreuses fois qu'elle n'osait même plus les compter. Hélas, désormais, chacun de ses mouvements lui rappelait qu'elle avait grandi depuis que Hideous Quatépingles les avait confectionnés à son intention, et qu'elle n'avait plus douze ans. Elle avait été obligée de jeter ses bottes trop petites et d'en acheter une paire normale dans une boutique quelconque. Il fallait absolument que Hideous, transformé en statue, redevienne un homme pour lui faire une nouvelle tenue. Valkyrie se reprocha son égoïsme avant d'en revenir à l'affaire qui les occupait.

– Peut-être que Cameron Light, comme les autres Téléporteurs, a fait quelque chose au meurtrier, ou à la meurtrière, et c'est sa façon de se venger.

– Voilà la théorie n° 1. Autre chose ?

– Peut-être que les victimes possédaient quelque chose qui intéressait le meurtrier ?

– Quel genre ?

– Je ne sais pas. Un truc de Téléporteur.

– Pourquoi les tuer, dans ce cas ?

– C'est peut-être un de ces machins dont il faut tuer le propriétaire pour s'en servir, style Sceptre des Anciens.

– Voilà notre théorie n° 2.

– Ou bien, le meurtrier cherchait une chose que possédait l'un d'eux, et il a dû éliminer tous les Téléporteurs l'un après l'autre jusqu'à ce qu'il trouve le bon.

– C'est une possibilité. Théorie n° 2 variante B.

– Je suis contente de voir que vous n'essayez pas de compliquer les choses inutilement, marmonna Valkyrie.

Une camionnette noire s'arrêta à leur hauteur. Le conducteur en descendit, scruta la rue pour vérifier que personne ne regardait et fit coulisser la portière latérale. Deux Fendoirs apparurent et se mirent au garde-à-vous sans un mot, tout en gris, le visage dissimulé par la visière de leur casque. Chacun tenait une grande faux. Enfin, le dernier passager de la camionnette fit son apparition et vint se placer entre les deux Fendoirs. Vêtu d'un pantalon de toile et d'un blazer assorti, le front large et une barbichette pointue qui tentait de masquer son absence de menton, Remus Crux observa Skully et Valkyrie d'un air méprisant.

– Oh, c'est vous, dit-il.

Il avait une drôle de voix, comme un chat trop gâté qui réclame son dîner.

D'un mouvement de tête, Skully montra les deux Fendoirs qui le flanquaient.

– Je vois que vous vous déplacez incognito aujourd'hui.

Crux parut se crisper.

– Je suis l'inspecteur principal du Sanctuaire, monsieur Fourbery. J'ai des ennemis et, par conséquent, j'ai besoin de gardes du corps.

– Sont-ils obligés de se poster au beau milieu de la rue ? demanda Valkyrie. Leur présence est un peu ostentatoire.

Crux ricana.

– Voilà un bien grand mot pour une fille de treize ans.

Valkyrie résista à l'envie de le frapper.

– C'est un mot très courant, vous savez. Et j'ai quatorze ans. Par ailleurs, votre barbe est ridicule.

– Ah, n'est-ce pas formidable, cette entente qui règne entre nous ? s'exclama gaiement Skully.

Crux foudroya Valkyrie du regard avant de se retourner vers le squelette.

– Qu'est-ce que vous fabriquez ici ?

– On passait dans le coin et on a entendu dire qu'un nouveau meurtre avait été commis. Alors, on a eu envie de jeter un petit coup d'œil. Nous venons juste d'arriver. Serait-il possible... ?

– Désolé, monsieur Fourbery, dit Crux d'un ton sec. Du fait de la nature internationale de ces crimes et de l'attention qu'ils provoquent, le Grand Mage compte sur moi pour faire preuve du plus grand professionnalisme et il m'a donné des ordres stricts vous concernant, vous et Miss Caïne. Il ne veut pas que vous fourriez votre nez dans les affaires du Sanctuaire !

– Cette affaire ne le concerne pas, fit remarquer la jeune fille.

Il s'agit d'un meurtre, rien de plus. Cameron Light ne *travaillait même pas* pour le Sanctuaire.

– Le Sanctuaire mène une enquête officielle, c'est donc une affaire qui le concerne officiellement.

Skully demanda alors, d'un ton amical :

– Comment se déroule l'enquête ? Vous devez subir une forte pression pour obtenir des résultats, hein ?

– Nous contrôlons la situation.

– Oh, je n'en doute pas. Je suis sûr que la communauté internationale vous offre son aide et met en commun tous ses moyens car, après tout, il ne s'agit pas d'un problème qui se limite à l'Irlande. Néanmoins, si vous avez besoin d'une aide *discrète*, nous serons ravis de…

Crux l'interrompit :

– *Vous* avez peut-être pour habitude de violer les règles, mais pas *moi*. Vous ne détenez plus aucun pouvoir ici. Vous y avez renoncé le jour où vous avez accusé le Grand Mage de trahison, vous vous souvenez ?

– Vaguement…

– Vous voulez un conseil, monsieur Fourbery ?

– Pas particulièrement.

– Trouvez-vous un joli trou dans la terre, n'importe où, et couchez-vous au fond. Votre carrière de détective est terminée. Vous n'existez plus.

Sur ce, affichant un rictus qu'il imaginait sans doute triomphant, il entra dans le bâtiment, accompagné des deux Fendoirs.

– Je n'aime pas ce type, décréta Valkyrie.

II. Un tueur en liberté

La Bentley s'arrêta derrière le musée de Cire fermé et Valkyrie suivit Skully à l'intérieur. Une épaisse couche de poussière s'était accumulée sur les quelques statues restantes, figées dans l'obscurité. Valkyrie patienta pendant que le Détective Squelette cherchait sur le mur le boîtier qui commandait l'ouverture de la porte dérobée.

La jeune fille regardait d'un œil distrait la représentation en cire de Phil Lynott, le leader du groupe de rock Thin Lizzy. Avec sa guitare dans les mains, il était assez ressemblant. Le père de Valkyrie avait été un grand fan de Thin Lizzy dans les années 1970, et chaque fois que le morceau *Whiskey in the Jar* passait à la radio, il ne pouvait s'empêcher de chanter, faux évidemment.

– Le boîtier n'est plus là, annonça Skully. Ils ont dû changer les serrures après notre départ. Je ne sais pas si je dois me sentir flatté ou insulté.

– J'ai l'impression que vous allez vous sentir flatté.

– C'est un sentiment plus grisant.

– Alors, comment on fait pour entrer ?

Quelqu'un tapota l'épaule de Valkyrie ; elle fit un bond en poussant un hurlement.

– Désolé, dit la statue de cire de Phil Lynott. Je ne voulais pas te faire peur.

Elle la regarda fixement.

– C'est moi la serrure, reprit la statue. Je commande l'ouverture de la porte. Vous avez rendez-vous ?

– On vient voir le Grand Mage, dit Skully. Je suis Skully Fourbery. Et voici mon assistante, Valkyrie Caïne.

Phil Lynott hocha sa tête en cire.

– Vous êtes attendus, mais pour franchir cette porte, vous devez être accompagnés d'un représentant officiel du Sanctuaire. J'ai prévenu l'Administratrice. Elle devrait arriver d'un instant à l'autre.

– Merci.

– De rien.

Valkyrie était fascinée.

– Vous savez chanter ? demanda-t-elle.

– J'ouvre la porte. C'est mon unique fonction.

– Oui, mais savez-vous chanter ?

La statue réfléchit.

– Je ne sais pas. Je n'ai jamais essayé.

Le mur émit un bourdonnement derrière eux et une porte coulissa. Une femme vêtue d'une jupe de couleur sombre et d'un chemisier blanc apparut, avec un sourire poli.

– Monsieur Fourbery. Miss Caïne. Soyez les bienvenus. Le Grand Mage vous attend. Veuillez me suivre, je vous prie.

La statue de Phil Lynott ne leur dit pas au revoir quand l'Administratrice les entraîna dans un escalier en spirale éclairé par des torches fixées au mur. Arrivés au pied des marches, ils pénétrèrent dans le hall. C'était bizarre de se retrouver dans un endroit autrefois si familier, qui paraissait maintenant si étranger. La partie irrationnelle du cerveau de Valkyrie était convaincue que les Fendoirs postés là les foudroyaient du regard à travers leurs visières, même si elle savait qu'ils étaient bien trop disciplinés et professionnels pour afficher un comportement aussi mesquin.

Le Sanctuaire, elle l'avait compris récemment, avait la forme d'un imposant triangle renversé, qui s'étendait sous Dublin. Le hall représentait le milieu de la base de ce triangle, avec de longs couloirs qui partaient de chaque côté et un couloir central rectiligne. Les couloirs latéraux tournaient à quarante-cinq degrés et finissaient par rejoindre le couloir central à la pointe du triangle. Ils étaient traversés par des passages plus étroits, selon un schéma apparemment aléatoire.

Les pièces situées le long des couloirs principaux servaient surtout à la gestion quotidienne des affaires du Sanctuaire et du Conseil des Aînés. Mais au fond de certains passages annexes se trouvaient des pièces autrement plus intéressantes : les Geôles, les simples cellules, le Dépôt, l'Arsenal et des dizaines d'autres que Valkyrie n'avait jamais vues.

L'Administratrice bavardait avec Skully. C'était une charmante dame, appelée en remplacement de son prédécesseur qui avait trouvé la mort lors du raid de Scelerian Serpine sur le Sanctuaire, deux ans plus tôt. Valkyrie chassa de son esprit les souvenirs de ce carnage. Elle l'avait déjà vécu une fois, en direct, elle ne voyait aucune raison de recommencer.

L'Administratrice les fit entrer dans une grande pièce vide.

– Le Grand Mage arrive tout de suite.

– Merci, dit Skully poliment et la femme s'en alla.

– Vous croyez qu'on va attendre longtemps ? demanda Valkyrie à voix basse.

– La dernière fois que nous sommes venus dans ce lieu, nous avons accusé le Grand Mage d'être un traître. Alors, oui, je pense que nous allons attendre longtemps.

Presque deux heures plus tard, les portes se rouvrirent et un homme aux cheveux gris entra d'un pas décidé, le visage creusé par les rides, sévère, le regard froid. Il s'arrêta net en découvrant Valkyrie assise par terre.

– On se lève quand j'entre dans une pièce, dit-il sans parvenir à masquer un ton hargneux.

Valkyrie avait commencé à se lever avant même qu'il ait parlé mais, une fois debout, elle ne dit rien. Cette rencontre était trop importante pour qu'on risque de la compromettre à cause d'une bêtise.

– Merci d'avoir accepté de nous recevoir, dit Skully. Nous savons que vous êtes très occupé.

– Si cela ne tenait qu'à moi, je ne perdrais pas une seule seconde de mon temps avec vous, rétorqua Guild. Mais Mr. Bliss continue à se porter garant de vous. C'est par respect envers mon camarade Ancien que je vous accueille ici.

– Sur cette note positive…

– Épargnez-moi vos plaisanteries, monsieur Fourbery, le coupa Guild. Dites ce que vous avez à dire en laissant de côté vos remarques sarcastiques.

Le squelette pencha la tête sur le côté.

– Soit. Il y a six mois de cela, alors que vous vous apprêtiez à faire tomber le Baron Vengeous, vous nous avez flanqués à la porte suite à un différend. Plus tard, ce même jour, nous avons vaincu à la fois Vengeous et la Grotesquerie. Nous avons écarté la menace qu'ils représentaient. Malgré cela, notre rôle dans cette affaire a été occulté.

– Vous voulez une récompense ? Je dois avouer que je serais déçu, si je n'avais déjà une piètre opinion de vous. Je ne pensais pas qu'un individu dans votre genre s'intéressait à l'argent. À moins que vous espériez une médaille ?

– Je n'attends aucune récompense.

– Alors, de quoi s'agit-il ?

– Quatre Téléporteurs ont été assassinés au cours de ce dernier mois et vous ne savez toujours pas qui est responsable. En revanche, vous *savez* que nous devrions nous occuper de cette affaire.

– Je ne peux pas évoquer une enquête en cours avec des civils. Je vous assure que l'inspecteur Crux a la situation bien en main.

– Remus Crux est un inspecteur de seconde zone.

– Au contraire, je suis convaincu que Crux est l'homme le plus qualifié pour cette tâche. Je le connais et je lui fais confiance.

– Combien faudra-t-il de victimes avant que vous preniez conscience de votre erreur ?

Guild plissa les yeux.

– C'est plus fort que vous, n'est-ce pas ? Vous venez ici pour supplier que l'on vous reprenne, et malgré cela, vous ne pouvez pas vous empêcher d'être insolent. Apparemment, la seule chose que vous ayez apprise depuis votre dernière visite ici, c'est à faire taire cette fille.

– Allez au diable ! lança Valkyrie.

– Même là, vous avez échoué, soupira le Grand Mage.

Valkyrie sentit son visage s'enflammer ; la colère bouillonnait en elle. En voyant ses joues empourprées, Guild esquissa un sourire satisfait.

– On perd notre temps, dit Skully. Jamais vous n'envisagerez de nous réintégrer, n'est-ce pas ?

– Bien sûr que non. Vous prétendez avoir été renvoyé à cause d'un *différend*. Dit comme ça, c'est si simple. Si innocent. Si anodin. Quelle façon polie de dire que vous m'avez accusé d'être un traître.

– Vengeous avait un espion au sein du Sanctuaire, Thurid, et nous savons que c'était vous.

– C'est ainsi que vous occupez votre retraite ? À inventer des histoires rocambolesques pour combler le vide de ce que vous nommez votre vie ? Dites-moi, Skully, puisque nous nous appelons par nos prénoms, avez-vous découvert votre véritable but dans l'existence ? Vous avez tué l'homme qui a assassiné votre famille, ce n'est donc pas la vengeance. C'est déjà fait. Alors, quel est ce but, à votre avis ? La rédemption, pour toutes les choses horribles que vous avez faites ? Peut-être êtes-vous ici pour panser ces blessures que vous avez infligées, ou pour ressusciter les personnes que vous avez tuées. Que cherchez-vous, Skully ?

Avant que celui-ci puisse répondre, Guild pointa le doigt sur Valkyrie.

– Vous voulez former cette fille ? Vous voulez lui apprendre à devenir comme vous ? C'est ça qui vous incite à vous lever le matin ? Mais peut-être avez-vous oublié de vous poser une question : voulez-vous vraiment qu'elle vous ressemble ? Voulez-vous qu'elle vive comme vous, privée de chaleur, de compagnie et d'amour ? Si vous me soupçonnez d'être ce traître dont vous parlez, vous devez me considérer comme un monstre, n'est-ce pas ? Un monstre au cœur de pierre. Pourtant, j'ai une femme que j'adore, des enfants pour lesquels je m'inquiète et un sens des responsabilités qui pèse sur mes épaules à chaque instant. Alors, si un monstre au cœur de pierre tel que moi peut avoir tout cela, et que vous n'avez rien, quel genre de monstre êtes-*vous* ?

Ils quittèrent le Sanctuaire, passèrent devant la statue de cire de Phil Lynott en silence et regagnèrent leur voiture. Valkyrie n'aimait pas que Skully reste muet. C'était mauvais signe, généralement.

Un homme se tenait près de la Bentley. Il avait des cheveux châtains crépus et une barbe de plusieurs jours. Valkyrie fronça les sourcils ; elle essayait de se souvenir s'il était déjà là une seconde plus tôt.

– Skully, dit l'homme. Je pensais bien vous trouver ici.

Le squelette le salua d'un hochement de tête.

– Emmett Peregrine, ça fait un bail. Permettez-moi de vous présenter Valkyrie Caïne. Valkyrie, Peregrine est un Téléporteur.

Apparemment, c'était aussi un homme qui n'aimait pas parler pour ne rien dire.

– Qui se cache derrière tout ça ? demanda-t-il. Qui tue les Téléporteurs ?

– On l'ignore.

– Comment ça, vous l'ignorez ? N'êtes-vous pas le plus grand des détectives ? N'est-ce pas ce qu'on raconte ?

– Je ne travaille pas pour le Sanctuaire. Je n'ai pas reçu ordre d'enquêter.

– Qui s'en charge, alors ? Je vous le dis tout net : pas question d'aller trouver cet imbécile de Crux. Je refuse de confier ma vie à un tel individu. Écoutez, Skully, on ne s'apprécie pas beaucoup vous et moi, je le sais, mais j'ai besoin de votre aide. Je suis le prochain sur la liste.

Skully désigna le mur et tous trois se dirigèrent dans cette direction pour parler à l'abri des regards.

– Avez-vous une idée de l'identité de la personne responsable de ces meurtres ? interrogea le détective.

Peregrine fit un effort manifeste pour se calmer.

– Aucune. J'ai beau me demander qui pourrait avoir intérêt à nous liquider l'un après l'autre, je ne vois pas. Je n'ai même pas une vague histoire de complot à me mettre sous la dent.

– Avez-vous vu si quelqu'un vous observait et vous suivait dernièrement ?

– Non. Pourtant, j'ai bien regardé. Je suis épuisé. Toutes les heures ou presque, je me téléporte ailleurs. Je n'ai pas dormi depuis des *jours !*

– Nous pouvons vous protéger.

Peregrine ricana.

– Sans vouloir vous vexer, c'est impossible. Si vous pouvez me protéger, ça veut dire que le meurtrier peut m'atteindre. Il vaut mieux que je me débrouille seul, mais je ne peux pas fuir indéfiniment.

Il sembla hésiter, puis ajouta :

– Je suis au courant pour Cameron.

– Ah.

– C'était un homme bien. Le meilleur d'entre nous.

– Il existe un moyen d'amener le meurtrier à se montrer.

– Laissez-moi deviner : vous voulez que je serve d'appât ? Vous voulez que je le laisse venir jusqu'à moi, et ensuite vous lui sautez dessus et le tour est joué ? Désolé, je n'ai pas pour habitude d'attendre qu'on me tue.

– C'est notre seule chance.

– Hors de question.

– Dans ce cas, aidez-nous. Tout en sachant que leur vie était menacée, Cameron Light et les autres ne se sont pas méfiés. Ils connaissaient le meurtrier, Emmett, et je parie que vous aussi.

– Que voulez-vous dire ? Que je ne peux pas faire confiance à mes amis ?

– Je veux vous dire que vous ne pouvez faire confiance à personne, sauf à Valkyrie et à moi.

– Et pourquoi devrais-je vous faire confiance ?

Skully soupira.

– Parce que vous n'avez pas d'autre choix.

Valkyrie intervint :

– Y a-t-il une personne que tous les Téléporteurs connaissent ? Une personne avec laquelle vous vous sentiriez forcément en sécurité ?

Peregrine prit le temps de réfléchir avant de répondre.

– Des représentants officiels du Sanctuaire. Une poignée de sorciers sans doute, mais personne en particulier. Comme vous le savez peut-être, les Téléporteurs ne sont pas très aimés, généralement, les cercles de nos relations ne sont pas très étendus.

– Vous êtes-vous fait de nouveaux amis ? demanda Skully. De nouvelles connaissances ?

– Non, aucune. Enfin, à part le gamin.

Le squelette pencha la tête sur le côté.

– Le gamin ?

– L'autre Téléporteur.

– Je croyais que vous étiez le *dernier.*

– Non, il reste également un gamin de dix-sept ans ; il est apparu il y a quelque temps. Il s'appelle Renn. Fletcher Renn. Aucune formation, aucune discipline, il agit sans réfléchir. Bref, une véritable plaie... Hé, attendez un peu ! Vous pensez que c'est lui le meurtrier ?

– Je ne sais pas, murmura Skully. Soit c'est le meurtrier, soit c'est sa prochaine victime. Où se trouve-t-il ?

– Il peut être n'importe où. Cameron et moi-même, nous sommes allés lui parler il y a quelques mois de cela, pour proposer de le former. Ce sale petit insolent nous a ri au nez ! Il fait partie de ces rares sorciers dotés d'un pouvoir inné, il a la magie au bout des doigts mais, comme je le disais, il n'a reçu aucune formation. Je doute qu'il puisse se téléporter sur plusieurs kilomètres en une seule fois.

– Tel que vous le décrivez, il n'a rien d'un meurtrier. Mais ça veut dire aussi qu'il est seul, quelque part dans la nature, sans savoir ce qui se passe.

– Je pense qu'il se trouve toujours en Irlande, dit Peregrine. Lors de notre visite, il a marmonné qu'il avait l'intention de rester ici un certain temps, et qu'on devait lui foutre la paix. Apparemment, il n'a besoin de personne. Typique des adolescents. (Il se tourna vers Valkyrie.) Sans vouloir vous vexer.

– Valkyrie n'est typique de rien du tout, dit Skully avant que la jeune fille puisse rétorquer. Nous allons essayer de retrouver sa trace, mais si vous le voyez le premier, envoyez-le-nous.

– Ça m'étonnerait qu'il m'écoute, mais soit.

– Comment peut-on vous contacter en cas de besoin ?

– Impossible. Mais je reviendrai tous les deux ou trois jours pour voir où vous en êtes. Cette affaire aurait été réglée beaucoup plus rapidement si vous aviez mené l'enquête. Je me méfie de Crux et je me méfie de Thurid Guild. Vous êtes proche de Bliss, n'est-ce pas ? Peut-être pourriez-vous lui transmettre un message ? Dites-lui que beaucoup d'entre nous sont prêts à soutenir sa candidature au poste de Grand Mage, si ça l'intéresse. Il n'a qu'un mot à dire.

– Vous n'envisagez tout de même pas un coup d'État ?

– S'il faut une révolution pour remettre le Sanctuaire sur la bonne voie, eh bien, nous la ferons.

– C'est un peu radical, je trouve. Mais je transmettrai le message.

– Merci.

– Autre chose ? Vous ne voyez rien qui pourrait nous aider ? Même un détail qui peut paraître insignifiant.

– Non, Skully, rien. J'ignore pourquoi on a tué les autres Téléporteurs, et j'ignore comment. Il est extrêmement difficile de nous tuer. Dès qu'on flaire quelque chose de louche, on disparaît. Avant le mois dernier, la seule fois où un Téléporteur a été assassiné, à ma connaissance, c'était il y a cinquante ans.

– Oh ? fit Skully, intrigué. Et de qui s'agissait-il ?

– Trope Kessel. Je le connaissais à peine.

– Qui l'a assassiné ? demanda Valkyrie.

– Nul ne le sait. Il a dit à un collègue qu'il se rendait à Glendalough et on ne l'a plus revu. Ils ont découvert des traces de son sang sur les rives du lac Supérieur, mais son corps n'a jamais été retrouvé.

– Le meurtre de Kessel pourrait-il être lié à ce qui se passe maintenant ?

Peregrine fronça les sourcils.

– Je ne vois pas pourquoi. Si quelqu'un souhaite la disparition de tous les Téléporteurs, pourquoi attendre cinquante ans entre les premiers meurtres et les autres ?

– N'empêche, dit Skully, ça pourrait être un point de départ.

– C'est vous les détectives, dit Peregrine avec un haussement d'épaules, pas moi.

– Vous connaissez Tanith Low, n'est-ce pas ?

– Tanith Low ? Oui. Pourquoi ?

– Si vous êtes à Londres et si vous avez besoin de quelqu'un pour couvrir vos arrières, vous pouvez compter sur elle. C'est peut-être votre seule chance de dormir un peu.

– Je vais y réfléchir. Un autre conseil ?

– Restez en vie, dit Skully et Peregrine disparut.

III. Le premier baiser

Le temps qu'ils arrivent à Haggard, il était presque vingt-deux heures. Les lampadaires baignaient les rues de la petite ville d'une brume orangée. Comme personne ne marchait sous la pluie, Valkyrie ne fut pas obligée de se recroqueviller au fond de son siège. C'était ça le problème avec la Bentley, elle ne passait pas inaperçue.

Au moins, elle n'était pas jaune.

Ils approchèrent de la jetée. Six mois plus tôt, Valkyrie avait sauté de cet endroit, pourchassée par une horde d'Infectés : des humains sur le point de se transformer en vampires. Elle les avait conduits à leur perte car l'eau salée, s'ils l'ingéraient, était fatale à leur espèce. Les hurlements de douleur et d'angoisse, teintés de fureur, qui s'échappaient de leurs gorges en décomposition résonnaient encore dans sa mémoire, comme si cela s'était passé la veille.

La Bentley s'arrêta et Valkyrie en descendit. Il faisait froid, alors elle ne s'attarda pas et se précipita vers le côté de sa maison, laissant ses mains dériver dans le vide. Elle trouva sans peine les lignes de faille entre les espaces et exerça une forte poussée. L'air qui l'enveloppait s'accéléra et elle s'éleva. Il existait une meilleure façon de procéder, en se faisant *porter* par l'air et non pas *propulser*, mais elle n'en était pas encore là de ses leçons avec Skully.

Elle agrippa le bord de la fenêtre et se hissa à la force du poignet, puis elle ouvrit la fenêtre et retomba dans sa chambre.

Son reflet, assis à son bureau pour faire les devoirs de Valkyrie, leva la tête.

– Salut ! lança-t-il.

– Quoi de neuf ? demanda-t-elle en ôtant son manteau puis ses vêtements noirs pour revêtir sa tenue de tous les jours.

– On a dîné tard, raconta le reflet. À l'école, le contrôle de français a été repoussé car la moitié des élèves de la classe s'étaient cachés dans les vestiaires. On a eu les résultats du devoir de maths, tu as eu un B. Alan et Cathy ont rompu.

– Tragique.

Des bruits de pas approchèrent de la porte. Le reflet se jeta à terre et rampa sous le lit.

– Steph ? appela sa mère en frappant à la porte et en entrant dans le même mouvement, avec un panier de linge sous le bras. C'est curieux, j'aurais juré avoir entendu des voix.

– Je parlais toute seule, répondit Valkyrie avec un petit sourire qui, espérait-elle, trahissait une légère gêne.

Sa mère déposa une pile de vêtements propres sur le lit.

– C'est le début de la folie, tu sais.

– Papa parle tout seul en permanence.

– Parce que personne ne veut l'écouter.

Aussitôt sa mère repartie, Valkyrie enfila une paire de vieilles baskets et, laissant son reflet sous le lit pour l'instant, elle descendit à la cuisine d'un pas lourd. Elle versa des corn-flakes dans un bol et ouvrit le réfrigérateur. Elle poussa un soupir en constatant que la brique de lait était vide ; son estomac gargouilla alors qu'elle la jetait dans la poubelle de déchets recyclés.

– Maman ! On n'a plus de lait !

– Quelles paresseuses, ces vaches, répondit sa mère en entrant dans la cuisine. Tu as fini tes devoirs ?

Valkyrie repensa aux livres de classe ouverts sur son bureau et soupira.

– Non, grogna-t-elle. Mais j'ai trop faim pour faire des maths. Il n'y a pas un truc à grignoter ?

Sa mère la regarda en fronçant les sourcils.

– Tu as mangé comme quatre au dîner.

Non, c'était son reflet qui s'était rempli la panse. Elle, la seule chose qu'elle avait mangée de toute la journée, c'étaient quelques biscuits au chocolat.

– J'ai encore faim.

– Je crois plutôt que tu essayes de retarder le moment de faire tes maths.

– Il n'y a pas de restes ?

– Ah ! Maintenant, je suis sûre que tu te moques de moi. Des restes ? Avec ton père dans la maison ? J'aimerais bien voir ça. Si tu as besoin d'aide pour faire tes devoirs, dis-le-moi.

Sa mère repartit et Valkyrie replongea dans la contemplation de son bol de céréales. Son père entra à son tour, vérifia qu'on ne pouvait pas les entendre et s'approcha à pas feutrés.

– Steph, j'ai besoin de ton aide.

– On n'a plus de lait.

– Ah, quelles paresseuses, ces vaches ! Bref, c'est notre anniversaire de mariage samedi, et je sais bien que j'aurais dû m'en occuper depuis des semaines, mais je n'ai plus que demain et vendredi pour trouver un joli et gentil cadeau pour ta mère. À ton avis, qu'est-ce que je devrais lui acheter ?

– Sincèrement ? Je crois que du lait lui ferait plaisir.

– Le laitier lui en apporte tout le temps, répondit son père d'un ton amer. Je ne peux pas rivaliser. Il conduit un camion de lait ! Alors, non, il faut que je trouve autre chose.

– Pourquoi pas… un bijou, par exemple ? Un bracelet ou un truc comme ça. Des boucles d'oreilles.

– Un collier, c'est bien. Remarque, elle a des oreilles aussi. Mais je lui ai déjà offert un bijou l'année dernière. Et l'année d'avant aussi.

– Et l'année d'avant ?

Il hésita.

– Euh… Un vêtement quelconque… J'ai oublié. De toute façon, les vêtements, c'est une mauvaise idée, vu que je me trompe toujours de taille ; ou elle se vexe ou bien elle déprime. Je pourrais lui offrir un chapeau. Elle a une tête normale, non ? Ou bien une belle écharpe. Ou des gants.

Valkyrie hocha la tête.

– Rien de tel qu'une belle paire de gants pour dire « Joyeux anniversaire ».

Son père l'observa.

– C'était une blague de grincheuse. Tu es ronchon ?

– J'ai faim.

– Tu viens de manger. Au fait, comment ça s'est passé à l'école ? Du nouveau ?

– Alan et Cathy ont rompu.

– Je devrais me sentir concerné ?

– Non, pas vraiment.

– Ah. Bien. (Il plissa les yeux.) Et toi, alors ? As-tu une amourette à me raconter ?

– Non. Aucune.

– Très bien. Parfait. Tu auras grandement le temps de t'occuper des garçons quand tu quitteras la fac pour entrer au couvent.

Elle sourit.

– Je suis heureuse de voir que tu nourris de si grandes ambitions pour moi.

– Normal, je suis la figure paternelle. Alors, ce cadeau d'anniversaire ?

– Pourquoi pas un week-end en amoureux ? Allez fêter votre

anniversaire à Paris ou ailleurs. Tu peux réserver demain et vous partirez samedi.

– *Ça*, c'est une bonne idée. Une *très* bonne idée. Mais tu seras obligée d'aller chez Beryl. Ça ne te gêne pas ?

Valkyrie mentit aisément.

– Non.

Son père l'embrassa sur le front.

– Tu es la meilleure fille au monde.

– Papa ?

– Oui, ma chérie ?

– Tu sais à quel point je t'aime, hein ?

– Oui.

– Tu veux bien aller acheter du lait ?

– Non.

– Mais je t'aime !

– Moi aussi. Mais pas assez pour aller t'acheter du lait. Prends des toasts à la place.

Son père sortit de la cuisine et la jeune fille poussa un soupir d'exaspération. Elle voulut faire griller des toasts, mais il n'y en avait plus non plus, alors elle prit des petits pains de hamburger qu'elle introduisit dans le toaster. Quand ils sautèrent, elle les couvrit de haricots à la sauce tomate chauffés au micro-ondes et remonta dans sa chambre avec l'assiette. Elle referma la porte derrière elle.

– OK, dit-elle en posant l'assiette sur le bureau. Tu peux retourner dans le miroir.

Le reflet sortit de sous le lit et se leva.

– Je n'ai pas fini les devoirs, il reste quelques questions, dit-il.

– Je peux le faire. C'est difficile ? Laisse tomber, je me débrouillerai. Il ne s'est rien passé d'autre aujourd'hui ?

– Gary Price m'a embrassée.

Valkyrie ouvrit de grands yeux.

– Quoi ?

– Gary Price m'a embrassée.

– Comment ça ? Tu veux dire… genre… *embrassée* ?

– Oui.

La colère lui donnait envie de hurler, mais elle parvint à contrôler sa voix.

– Pourquoi il a fait ça ?

– Tu lui plais bien.

– Lui ne me plaît pas !

– Mais si.

– Tu n'aurais pas dû l'embrasser ! Tu n'as pas le droit de faire des choses pareilles ! Si tu existes, c'est uniquement pour me remplacer à l'école et à la maison quand je n'y suis pas.

– C'est ce que j'ai fait, je t'ai remplacée.

– Tu n'aurais pas dû l'embrasser !

– Pourquoi ?

– *Parce que c'est à moi de le faire !*

Son reflet la regarda d'un air ahuri.

– Tu es furieuse. Parce que tu n'étais pas là pour le premier baiser ?

– Pas du tout !

Le reflet soupira et Valkyrie lui jeta un regard noir.

– Ça veut dire quoi, ça ?

– Quoi donc ?

– Ce soupir. Tu n'es pas censée réagir de cette façon. Tu n'as aucun sentiment, je te le rappelle. Tu n'es pas une véritable personne.

– Je ne me souviens pas d'avoir soupiré. Si je l'ai fait, pardonne-moi.

Valkyrie ouvrit sa penderie pour montrer le miroir à son reflet.

– Je suis prête à reprendre ma vie, dit-elle.

Le reflet hocha la tête et pénétra dans le miroir. Il resta là, dans l'image de la chambre, à attendre, patiemment.

Valkyrie l'observa d'un œil mauvais, puis elle posa la main sur le miroir et les souvenirs du reflet se déversèrent dans son esprit, aux côtés des siens.

Elle était dans le hall de l'école, devant les casiers, et elle bavardait avec… Non, *le reflet* bavardait avec… Non, c'était *elle*, *Valkyrie*, qui bavardait avec un groupe de filles quand Gary était arrivé ; il avait dit quelque chose qui avait fait rire tout le monde et les filles s'étaient éloignées en jacassant. Valkyrie se souvenait qu'elle était restée là, seule avec Gary ; elle se souvenait de la façon dont il souriait, elle lui avait rendu son sourire, et quand il s'était penché pour l'embrasser, elle l'avait laissé faire.

Voilà tout. Elle avait le souvenir du geste, mais pas des sensations. Elle n'avait pas le ventre noué ; elle n'éprouvait ni nervosité ni joie, et elle ne se souvenait pas d'avoir apprécié cet instant car il n'était accompagné d'aucune émotion. Le reflet en était dépourvu.

Valkyrie serra les poings. Son premier baiser et elle n'était même pas là quand ça s'était passé !

L'appétit coupé, elle laissa les petits pains aux haricots à la tomate sur le bureau et passa en revue les autres souvenirs en finissant par les plus récents. Elle se vit entrer par la fenêtre, puis se cacher sous le lit, et attendre qu'on lui dise de sortir.

Elle avait appris de sa proche bouche que Gary Price l'avait embrassée ; elle se souvint de la dispute avec elle-même qui avait suivi. Et puis…

Valkyrie fronça les sourcils. Encore un trou de mémoire. Ils étaient rares, et ils ne correspondaient qu'à une ou deux secondes, mais ils existaient bel et bien.

Le phénomène avait commencé quand le reflet avait été tué à sa place, quelques mois plus tôt. Peut-être avait-il subi des dégâts qu'ils n'avaient pas prévus. Elle ne voulait pas s'en débarrasser ni le remplacer. Il remplissait son rôle à la perfection. Si le seul problème était une mémoire parfois défaillante, Valkyrie se disait que ce n'était pas très cher payé.

IV. La sorcière de mer

Les routes étroites sinuaient comme des serpents, et de chaque côté se dressaient les plus grands arbres que Valkyrie avait jamais vus. Parfois, une trouée dans la végétation leur permettait de découvrir la vallée tout en bas. Les montagnes étaient magnifiques et l'air vif. Clair.

Ils arrivèrent à Glendalough un peu avant dix heures. Ils venaient avec l'espoir d'interroger une personne qui aurait assisté au meurtre du Téléporteur… cinquante ans plus tôt. Lorsque Valkyrie s'était plainte du froid, Skully lui avait répondu qu'elle n'était pas obligée de l'accompagner, mais pour rien au monde elle n'aurait laissé passer cette occasion. Elle n'avait jamais vu une sorcière de mer.

Skully gara la Bentley et ils poursuivirent le chemin à pied. Il portait un costume bleu marine, sous son manteau ouvert, et un chapeau enfoncé sur le front. Ses lunettes noires étaient sur son nez et son écharpe enroulée autour de la partie inférieure de son visage, dissimulant ses traits de squelette aux randonneurs et aux touristes qu'ils croisaient.

Valkyrie, quant à elle, portait une fois de plus les vêtements noirs, si confortables, que lui avait confectionnés Hideous Quatépingles.

Ils atteignirent le lac Supérieur. On aurait dit que quelqu'un avait plongé la main dans la terre pour arracher une gigantesque poignée de forêt, laissant à la place un trou que la pluie avait rempli de cristal liquide. Le lac immense s'étendait jusqu'à l'horizon, où se dressaient de nouveau les montagnes.

Ils longèrent la rive près des arbres, jusqu'à ce qu'ils arrivent devant une souche recouverte de mousse. Skully s'accroupit et introduisit sa main gantée dans la cavité située à la base, pendant que Valkyrie jetait des regards autour d'elle pour s'assurer qu'on ne les observait pas. Mais il n'y avait personne dans les parages. Ils n'avaient rien à craindre.

Le Détective Squelette extirpa de sous la souche une petite clochette d'argent de la taille de son pouce, puis il se releva et l'agita.

Valkyrie haussa un sourcil, perplexe.

– Vous croyez qu'elle a entendu ?

– J'en suis sûr, répondit Skully en ôtant ses lunettes noires et son écharpe.

– Ce n'est pas très fort comme son. Moi, je l'ai à peine entendu et pourtant je suis à côté de vous. On s'attend à ce que la cloche servant à appeler une sorcière de mer produise un bourdonnement grave. Là, c'était plus un tintement.

– Ce n'était pas très impressionnant, en effet.

Valkyrie observait le lac.

– Aucun signe. Je parie qu'elle est gênée, elle a honte de la cloche. D'ailleurs, c'est quoi cette sorcière de mer qui vit dans un lac ?

– Je crois que nous allons bientôt le savoir, murmura Skully, alors que l'eau se mettait à bouillonner et qu'une vieille femme ratatinée crevait la surface. Vêtue de haillons, elle avait de longs bras maigres et des cheveux indissociables des algues qui s'y étaient entortillées. Elle avait un nez crochu, des yeux caves et, à la place des jambes, une sorte de queue de poisson qui demeurait sous la surface.

Bref, Valkyrie trouvait qu'elle ressemblait à une très vieille et très laide sirène.

– Qui vient me déranger ? demanda la sorcière de mer d'une voix qui évoquait quelqu'un qui se noie.

– Moi, dit le squelette. Je m'appelle Skully Fourbery.

– Ce n'est pas ton nom, répondit la sorcière de mer.

– C'est celui que j'ai choisi. Tout comme ma collègue, ici présente, a choisi de s'appeler Valkyrie Caïne.

La sorcière de mer secoua la tête, presque tristement.

– Vous donnez du pouvoir aux noms, dit-elle. Ils accaparent une trop grande partie de vos forces. Il y a longtemps, j'ai abandonné mon nom à l'Océan. Regardez-moi maintenant et répondez franchement : avez-vous déjà vu un tel bonheur ?

Valkyrie l'observa, couverte d'algues, la peau fripée et l'air renfrogné. Elle jugea préférable de ne pas participer à la conversation.

Quand il devint évident qu'aucun de ses deux visiteurs n'allait répondre, la sorcière de mer demanda :

– Eh bien, pourquoi m'avez-vous dérangée ?

– Nous cherchons des réponses, dit Skully.

– Tout ce que vous pouvez faire n'a aucune importance, leur dit la créature. Au bout du compte, chaque chose est emportée par les flots.

– Nous cherchons des réponses un peu plus précises. Hier, un sorcier nommé Cameron Light a été assassiné.

– Sur la terre ferme ?

– Oui.

– Ça ne m'intéresse pas.

– Nous pensons que cela pourrait être lié à un autre meurtre, commis il y a cinquante ans *ici même*, au bord de ce lac. Si la victime vous a fait un aveu avant de mourir, si vous savez quelque chose sur cette personne ou celle qui l'a tuée, il faut nous le dire.

– Vous voulez connaître les secrets d'une autre personne ?

– C'est indispensable.

– Cette jeune fille n'a pas dit un mot depuis que je suis apparue, dit la sorcière de mer en reportant son attention sur Valkyrie. Pourtant, avant cela, c'était un vrai moulin à paroles. Eh bien, ma petite, tu n'as plus rien à dire ?

– Salut, dit Valkyrie.

– Les mots voyagent loin sous les flots. J'ai entendu ce que tu as dit de ma cloche. Elle ne te plaît pas ?

– Euh, si. Elle est jolie. C'est une jolie cloche.

– Elle est aussi vieille que moi, et je suis bien trop vieille pour que la beauté puisse m'atteindre. Jadis, j'ai été belle. Mais ma cloche, le son qu'elle produit, n'a rien perdu de sa beauté.

– C'est vrai, elle émet un joli son, confirma Valkyrie. Même si elle est un peu petite.

La sorcière de mer se balança sur sa gigantesque queue de poisson, ou ce qui lui servait de jambes, et se pencha en avant jusqu'à ce qu'elle ne soit plus qu'à une longueur de bras de Valkyrie. Elle sentait le poisson pas frais.

– As-tu envie de te noyer ? demanda-t-elle.

– Non. Sans façon.

La créature aquatique fronça les sourcils.

– Alors, que veux-tu ?

Skully s'interposa.

– Cet homme, il y a cinquante ans ?

La sorcière de mer reprit sa position première et recommença à se balancer. À vrai dire, cette créature ressemblait plus à un serpent qu'à un poisson. Ou à un lézard plutôt.

– Vos questions ne m'intéressent pas, répondit-elle. Votre quête est vaine. Si vous voulez connaître ce que savait le mort, vous pouvez l'interroger vous-mêmes.

La sorcière esquissa un geste et la dépouille d'un homme

émergea à côté d'elle. Cet être de chairs décomposées et d'os, dont les lambeaux de vêtements s'étaient incrustés dans les restes de sa peau couleur vase, se dressa de manière à ce que seuls ses pieds demeurent cachés sous le clapotis. Ses bras pendaient le long de son corps, ses yeux s'ouvrirent et un filet d'eau s'échappa de sa bouche.

– Aidez-moi, dit-il.

La sorcière de mer semblait agacée.

– Ils ne peuvent pas t'aider, cadavre. Ils sont ici pour te poser des questions.

– Pourquoi avez-vous besoin de notre aide ? demanda Skully.

– Je veux rentrer chez moi.

– Tu es chez toi, dit la sorcière.

La dépouille de l'homme secoua la tête.

– Je veux être inhumé… Je veux être entouré de terre. Je veux être au sec.

– Pas de chance, dit la sorcière.

– Si vous nous aidez, nous verrons ce que nous pouvons faire pour vous, proposa Skully. Ça vous va ?

Le cadavre hocha la tête.

– Je répondrai à vos questions.

– Êtes-vous Trope Kessel, le Téléporteur ?

– C'est moi.

– Nous sommes ici car quatre de vos semblables ont été tués le mois dernier. Il se pourrait, même si c'est peu probable, que ces meurtres soient liés au vôtre. Comment avez-vous été tué ?

– D'un coup de couteau, dans le dos.

Valkyrie dressa l'oreille. Les autres Téléporteurs avaient été tués de manière identique. Peut-être y avait-il réellement un lien, en fin de compte ?

– Qui vous a tué ? demanda-t-elle.

– Il disait s'appeler Batu.

– *Pourquoi* vous a-t-il tué ? interrogea Skully.

– J'étais un intellectuel, en quelque sorte, répondit le mort. Il y a une éternité, les Sans-Visage ont été chassés de cette réalité, et même si je n'avais aucune envie de les voir revenir, le mécanisme responsable de leur exil, la magie, la théorie… Tout cela était très énigmatique et le désir de résoudre ce mystère est devenu une obsession. Je suis mort à cause de ma curiosité et de ma confiance aveugle. J'ai cru que les gens étaient, par nature, bons et honnêtes. Il s'est avéré que Batu n'était ni l'un ni l'autre. Il m'a tué car je savais comment trouver la chose qu'il convoitait et, après m'avoir fait parler, il fallait qu'il protège son secret.

– Quelle était cette chose qu'il convoitait ?

– La porte, dit le cadavre. La porte qui s'ouvrira pour permettre aux Sans-Visage de revenir.

Pendant quelques instants, tout le monde se tut. Valkyrie s'aperçut soudain qu'elle retenait son souffle ; elle s'obligea à respirer de nouveau.

– Une telle porte existe ? demanda Skully.

Il parlait lentement, avec prudence, comme si les paroles étaient un chien qu'il ne voulait pas réveiller. À vrai dire, il paraissait inquiet.

– Oui, mais j'ai simplement compris *comment* on pouvait la trouver. Et je n'ai jamais eu l'occasion de mettre cette théorie en pratique. Le mur entre nos deux réalités s'est affaibli au fil du temps. Leur obscurité et leur esprit maléfique ont réussi à le traverser. Un Sensible assez puissant devrait pouvoir suivre les lignes d'énergie de notre monde jusqu'à leur point faible. C'est à cet endroit que la porte s'ouvrira.

– Dans ce cas, pourquoi les Sans-Visage ne l'ont-ils pas déjà franchie ? s'étonna Valkyrie.

– Pour cela, il faut deux choses, expliqua le cadavre. La première est une Ancre d'Isthme, un objet attaché à un lien invisible qui voyage d'une réalité à une autre. C'est ce lien qui empêche la porte de se fermer à tout jamais. Mais l'ancre ne sert à rien s'il n'y a pas quelqu'un pour forcer la porte, et seul un Téléporteur peut le faire.

Valkyrie grimaça.

– On est en train de tous les tuer.

Skully se tourna vers elle.

– Eh bien, qu'est-ce que ça indique ?

– Je ne sais pas. Ça n'a aucun sens. À moins que... Je ne sais pas. À moins que le meurtrier ne veuille pas que les Sans-Visage reviennent. Il tue tous les Téléporteurs pour s'assurer que *jamais* ils n'ouvriront cette porte.

– Ce qui voudrait dire ?

– Que ce n'est pas un individu si mauvais que ça, finalement. Peut-être qu'on a affaire à un gars bien... un peu dérangé ?

Skully ne dit rien. Finalement, il salua le cadavre d'un signe de tête.

– Merci. Vous avez rendu un immense service au monde.

– Allez-vous m'aider à votre tour ?

– Comptez sur nous.

La sorcière de mer ricana.

– Tu ne quitteras jamais ce lac, cadavre !

Skully la regarda.

– Que voulez-vous en échange de lui ?

La sorcière fit la moue.

– Je ne veux rien. Il m'appartient. C'est dans ce lac qu'il est mort. Ces eaux l'ont réclamé.

– Vous voulez forcément quelque chose, que l'on pourrait vous offrir en échange.

– Vous n'avez rien à m'offrir. Je suis une jeune fille de l'eau. Les tentations ne m'atteignent pas.

– Vous n'êtes pas une jeune fille de l'eau, répliqua Valkyrie. Vous êtes une sorcière de mer.

La créature plissa les yeux.

– Quand j'étais plus jeune, j'étais une…

– On s'en fiche, la coupa Valkyrie. Vous avez peut-être été belle dans le temps, mais maintenant, vous n'êtes qu'une femme-poisson très moche !

– Ne provoque pas mon ire, petite.

– Vous pouvez vous la garder, votre ire ! On ne partira pas d'ici sans le mort. Alors, remettez-le-nous ou sinon ça va barder pour vous.

– On dirait que tu as envie de te noyer, finalement, ricana la sorcière.

Elle bondit et, en un éclair, ses mains osseuses saisirent les épaules de Valkyrie. Elle se redressa et la jeune fille fut soulevée du sol, puis projetée dans les airs comme une vulgaire poupée de chiffons. Elle retomba brutalement dans l'eau et coula à pic. Elle se débattit et, à travers les bulles, découvrit que le long corps de la sorcière, semblable à un serpent, s'effilait et s'achevait par une queue. Soudain, le corps s'enroula et la créature se retrouva à côté d'elle, les yeux écarquillés, brillant d'une lueur triomphante ; elle l'agrippa de nouveau pour l'empêcher de remonter à la surface.

Valkyrie voulut la frapper, mais son poing se déplaçait beaucoup trop lentement sous l'eau. La sorcière éclata de rire ; le lac s'engouffra dans sa bouche, coula dans sa gorge, et Valkyrie découvrit alors les ouïes qui s'ouvraient de part et d'autre de son cou.

Valkyrie avait déjà les poumons en feu. Elle n'avait pas eu le temps de prendre sa respiration. Elle visa les yeux de la vieille harpie, mais les doigts décharnés de celle-ci se refermèrent sur son poignet. Elle était trop forte.

C'est alors que quelque chose avança vers elles. Tournant la tête, Valkyrie vit Skully fendre les eaux telle une torpille. Il se retrouva à leur hauteur avant que l'infâme créature ait le temps de réagir.

Elle voulut le griffer, mais Skully s'empara du poignet de Valkyrie, ce poignet que la sorcière avait lâché pour riposter et, tirant d'un coup sec, il parvint à la libérer.

Elle s'accrocha de toutes ses forces à son sauveteur. Elle sentait l'eau s'ouvrir devant eux et les propulser par-derrière. La harpie s'était lancée à leur poursuite ; son corps ondulait furieusement, son visage était déformé par la haine. Elle gagna du terrain et tendit le bras, mais Skully bifurqua tout à coup et les entraîna dans les profondeurs boueuses du lac. Puis ils exécutèrent une sorte de galipette aquatique pour changer de direction et revenir sur leurs pas. Ils passèrent devant la sorcière, qui hurla sa colère sous la forme d'une éruption de bulles.

Le fond du lac se rapprochait ; Valkyrie aurait pu, en tendant le bras, toucher les galets, les pierres, le limon et le sable.

Mais soudain, le squelette battit des pieds et ils crevèrent la surface, s'élevèrent dans le ciel avant de retomber au-dessus des arbres. Un hurlement retentit et la sorcière de mer jaillit à son tour des vagues écumantes. Elle réussit à saisir Skully ; ses bras fins se refermèrent sur sa taille et elle l'entraîna sous l'eau.

Valkyrie poursuivit seule sa chute ; elle eut le réflexe de se retenir à une branche d'arbre. Mais elle ne tint pas longtemps, et atterrit lourdement sur le sol en poussant un grognement, sans même remarquer qu'elle avait les mains lacérées par des éclats de bois.

En gémissant, elle tourna légèrement la tête vers le lac. Elle ne voyait plus ni Skully ni la sorcière, et déjà les rides à la surface de l'eau disparaissaient, comme si elle essayait de cacher ce qui se passait en dessous. Valkyrie roula sur elle-même ; ses cheveux bruns pendaient devant son visage ; elle se leva et fit la grimace en voyant ses mains.

Le cadavre se dressait toujours dans l'eau, là où ils l'avaient laissé ; sans doute attendait-il que la créature vienne rechercher ce qu'elle considérait comme son bien. Valkyrie se dirigea vers lui. Il les avait aidés et ils avaient promis de lui rendre la pareille.

Elle courut au bord du lac, en glissant parfois, et se retrouva alors trop près de l'eau à son goût. Malgré cela, la sorcière n'essaya pas de l'attraper au passage. Skully devait être en train de lui flanquer une raclée mémorable. Du moins l'espérait-elle.

Essoufflée, elle arriva devant le cadavre à moitié décomposé, en secouant les mains car ses plaies commençaient à la piquer.

– Allez, sortez de là ! lui cria-t-elle.

Il secoua la tête.

– Je ne peux pas bouger seul. J'ai passé les cinquante dernières années au fond de ce lac. Je crois que je ne me souviens même plus *comment* on fait pour marcher.

– Dans ce cas, je vais venir vous chercher.

– Merci.

Valkyrie pénétra dans le lac. À cet endroit, la surface était calme. Toujours aucun signe de la sorcière de mer, ce qui signifiait que Skully accaparait toute son attention, ou bien qu'elle s'était tapie dans un coin en attendant que sa proie soit à portée de main. Valkyrie eut bientôt de l'eau jusqu'aux genoux, puis jusqu'aux cuisses… Quand elle en eut jusqu'à la taille, elle se mit à nager.

Pour l'instant, tout allait bien. Aucune main ne s'était emparée d'elle pour l'attirer vers le fond.

Arrivée devant le cadavre, elle leva les yeux.

– Comment je dois faire pour vous aider ? demanda-t-elle.

– Hélas, je n'en sais rien.

Elle inspira profondément et plongea la tête sous l'eau. Il ne reposait sur rien, c'était comme si le lac lui-même le maintenait en position verticale.

Valkyrie refit surface et tendit le bras pour essayer de l'attirer vers elle, mais à l'instant même où elle toucha sa peau, le lac cessa de le soutenir et il bascula dans l'eau.

– Désolé, dit-il.

– C'est rien, répondit la jeune fille en glissant sa main sous le menton du cadavre.

Elle réprima un frisson au contact de cette peau glacée et marbrée, et revint vers la rive à la nage en l'entraînant avec elle. Enfin, ses pieds touchèrent le fond. Elle le prit par les aisselles et entreprit de le traîner jusqu'à la terre ferme.

– Merci de te donner cette peine, dit-il.

– On vous doit bien ça.

– C'était affreux, dans ce lac.

– On vous trouvera une jolie tombe bien au sec, ne vous inquiétez pas.

L'ex-Téléporteur parvint à tourner la tête pour la regarder.

– Si les Sans-Visage reviennent, ce sera la fin du monde. Je vous en supplie, promettez-moi que vous les en empêcherez.

Valkyrie lui sourit.

– Empêcher les méchants d'agir, c'est notre spécialité.

Dès que ses pieds sortirent de l'eau, sa tête retomba et il cessa de parler. Il était redevenu un cadavre.

Valkyrie continua à le traîner pour l'éloigner du lac et, très délicatement, elle l'allongea sur les cailloux.

Elle était trempée, elle grelottait de froid, ses mains lacérées l'élançaient, elle avait de la vase et de la chair de cadavre sous les ongles, et il fallait absolument qu'elle se lave les cheveux, dès que ce serait humainement possible.

Pendant ce temps, il se passait quelque chose au milieu du lac. Valkyrie décida d'aller voir de plus près et découvrit à la surface une sorte de ride qui se déplaçait à toute allure.

Et, soudain, Skully émergea des flots, droit comme un *i*. Il glissait sur l'eau, les mains dans les poches, comme s'il attendait le bus.

Il ralentit en approchant de la rive, puis prit pied sur la terre ferme.

– Vous ne m'avez toujours pas appris à faire ça, lui reprocha Valkyrie.

Le squelette ramassa son chapeau sur le sol et l'épousseta.

– Tu dis toujours que les leçons sur la manipulation du feu et de l'air sont plus importantes que celles sur l'eau. Si maintenant tu ressembles à un rat mouillé, tu ne peux pas m'en tenir rigueur, n'est-ce pas ?

– Je suis sûre que je saurais me débrouiller, ronchonna-t-elle. Comment va la sorcière, au fait ?

Skully haussa les épaules.

– Elle regrette certains choix, je suppose. Ah, je vois que tu as récupéré le cadavre.

– Oui. Il est mort.

– C'est fréquent avec les cadavres.

– Je veux dire qu'il ne parle plus.

– Il n'y a plus qu'à exaucer son souhait. Nous allons le transporter jusqu'à la voiture, en espérant qu'on ne croisera personne, et on le ramènera à Dublin avec nous.

La jeune fille acquiesça. Puis se mordit la lèvre.

– Qu'y a-t-il ? demanda Skully. Quelque chose ne va pas ?

– Euh, je ne voudrais pas paraître irrespectueuse, mais ça risque d'être un peu bizarre de voyager avec la dépouille d'un mort…

– Tu as bien conscience que je suis une dépouille mortuaire, *moi aussi*, hein ?

– Oui, je sais, mais… vous n'empestez pas.

– Bien vu. Ne t'inquiète pas, on le mettra dans le coffre. Alors, tu préfères prendre les bras ou les jambes ?

– Les jambes.

Le squelette saisit le corps par les aisselles. Valkyrie agrippa les chevilles et voulut le soulever. La jambe gauche lui resta dans la main.

– Tu n'as qu'à porter ça, dit Skully.

V. Sur la piste du Téléporteur

La Bentley s'arrêta à proximité de l'immeuble qui abritait la bibliothèque de China Spleen. Skully avait insisté pour que Valkyrie, dans le cadre de sa formation, se sèche toute seule grâce à la magie, et malgré tous ses efforts, elle n'avait pas réussi à faire s'évaporer toute l'eau du lac. Certaines parties de ses vêtements étaient encore humides et ses cheveux empestaient.

– Je ne suis pas présentable, grogna-t-elle en descendant de voiture. Je déteste rendre visite à China dans cet état. Elle qui est toujours impeccable. Ça va, ma coiffure ?

Skully brancha l'alarme de la Bentley.

– Tu as une brindille coincée dans les cheveux.

Valkyrie l'arracha d'un coup sec et grimaça de douleur. En passant, elle jeta un coup d'œil au coffre de la voiture.

– Où allez-vous enterrer le corps ?

– Je connais un endroit.

– Vous *connaissez un endroit* ? Ça vous arrive souvent d'enterrer des cadavres par ici ?

– Quelquefois.

– Ça fiche la frousse. Et le type qui l'a assassiné ? Le dénommé Batu ? Vous avez déjà entendu parler de lui ?

– Jamais.

– Les meurtres des Téléporteurs n'ont peut-être aucun rapport avec celui de Trope Kessel.

– Et le fait qu'ils ont tous été tués de la même manière ?

– Il pourrait s'agir d'une coïncidence.

– Tu n'es donc pas inquiète ? Le retour des Sans-Visage ne t'angoisse pas ?

Elle fit la moue.

– Valkyrie ?

Elle soupira.

– J'aimerais tant que vous n'ayez pas toujours raison.

– C'est un lourd fardeau, crois-moi. La question qui se pose est la suivante : pourquoi y a-t-il eu un écart de cinquante ans entre le premier meurtre et les quatre autres ? Qu'a donc fait notre M. Batu durant tout ce temps ?

– Il était peut-être en prison.

– Sais-tu que, de jour en jour, tu raisonnes de plus en plus comme une vraie détective ? Certaines personnes me doivent des petits services ; je peux sans doute obtenir la liste des criminels libérés dernièrement.

Valkyrie soupira de nouveau.

– Ce serait plus facile si on était encore dans le Sanctuaire.

En pénétrant dans l'immeuble, ils tombèrent sur Savian Eck, un sorcier que Valkyrie n'avait rencontré qu'à deux reprises. Il avait un gros livre sous le bras, relié en cuir, visiblement très ancien. Il le tenait solidement contre lui et les salua d'un signe de tête distrait.

– Bonjour, Skully. Valkyrie.

Tous les trois gravirent l'escalier.

– Qu'est-ce que tu apportes là ? demanda le squelette.

– Un livre. Pour China. Elle le veut absolument. Elle est prête à me l'acheter.

– Il vaut cher ?

Le rire d'Eck fut aussi inattendu que désespéré.

– Oh, oui. Oh… oh, oui. Il est très rare. Il n'a pas de prix !

– Et combien vaut un livre qui n'a pas de prix, de nos jours ?

– Très cher. Je ne me laisserai pas avoir, déclara Eck avec détermination. Tu sais comment réagissent les gens dès qu'ils voient China. Ils oublient l'argent, ils ne pensent plus qu'à lui faire plaisir. Eh bien, pas moi ! Je suis un homme d'affaires, Skully. C'est du business.

Quand ils atteignirent le troisième étage, Eck claquait des dents. Skully frappa à la porte marquée « bibliothèque ». Le mystérieux homme frêle vint ouvrir et leur fit signe d'entrer. Eck sentit ses jambes flageoler, mais il parvint à rester droit et ils le suivirent dans un labyrinthe de rayonnages jusqu'à un bureau.

China Spleen, les cheveux aussi noirs que la nuit et les yeux aussi bleus que le ciel, les vit approcher et se leva. La plus belle femme au monde sourit.

Savian Eck tomba à genoux, tendit le livre à bout de bras et gémit :

– Je vous adore !

Skully secoua la tête et abandonna Valkyrie pour survoler les titres des ouvrages sur les rayonnages.

– Savian, dit China, vous êtes un amour.

L'homme frêle prit le gros livre relié des mains tremblantes d'Eck et le posa sur le bureau.

– Pour ce qui est du paiement…

Eck hocha la tête frénétiquement.

– Oui. Le paiement. Oui.

– Vous êtes sûr que ça va ? Vous n'avez pas l'air bien. Vous avez fait de l'exercice ?

Il esquissa un sourire.

– J'aime courir.

– Ça se voit, dit China, en plissant les yeux d'un air approbateur.

Eck gémit de nouveau.

– Oh, excusez-moi, dit China avec un gloussement, comme si elle était troublée. Vous avez le chic pour me déstabiliser. Revenons-en à nos affaires, si j'arrive à me concentrer plus de trois secondes. Nous parlions du prix.

– Je vous donne le livre, dit Eck d'une voix étranglée.

– Pardon ?

Eck se releva.

– Je vous l'offre, China. C'est mon cadeau. Inutile de me payer.

– Savian, je ne peux pas…

– S'il vous plaît, China. Acceptez. En gage de mon… de mon…

Valkyrie était impressionnée par le talent de China pour faire briller une lueur d'encouragement dans ses yeux écarquillés.

– Oui, Savian ?

– … En gage de mon amour.

China appuya un doigt fin sur ses lèvres, comme si elle luttait pour contenir un torrent de passion.

– Merci, Savian.

Eck s'inclina, tituba légèrement et fit demi-tour. À en juger par son sourire, il était outrageusement, follement heureux, et il s'empressa de repartir par où ils étaient arrivés. Le serviteur frêle le suivit pour s'assurer qu'il ne trébuchait pas sur un obstacle.

– C'est scandaleux ! s'exclama Valkyrie.

China haussa les épaules, se rassit à son bureau et ouvrit le livre.

– Je fais ce que je dois faire afin d'obtenir ce que je désire. (Elle prit une loupe pour examiner les pages de plus près.) On dirait que tu t'es baignée, Valkyrie, ajouta-t-elle sans lever la tête. Qu'est-il arrivé à tes mains ? Ça doit faire mal, toutes ces petites coupures.

– Euh… je me suis cognée contre un arbre.

– Je suis sûre qu'il l'avait cherché.

Désireuse de changer de sujet, Valkyrie demanda :

– C'est quoi, ce livre ?

– Un recueil de sorts, rédigé par le Sorcier Fou il y a plus de mille ans.

– Pourquoi l'appelait-on le Sorcier Fou ?

– Parce qu'il était fou.

– Oh.

China se redressa et fit la moue.

– Ce livre est un faux. Il a au moins cinq cents ans, à première vue, mais c'est quand même un faux.

– Heureusement que vous ne l'avez pas payé, ironisa Valkyrie. Vous auriez été obligée de vous faire rembourser.

China referma le livre et examina la couverture.

– Pas forcément. Le Sorcier Fou, outre qu'il était complètement fou, était un sorcier de deuxième zone. La plupart de ses sorts n'avaient aucun effet. Mais ce faussaire, quel qu'il soit, a corrigé les erreurs au fur et à mesure. Par conséquent, j'ose affirmer que cet ouvrage est la découverte intellectuelle la plus importante de ces quinze dernières années.

– Ouah !

– Et il m'appartient, conclut China avec un sourire satisfait.

Skully revint, en feuilletant soigneusement un livre qui avait connu des jours meilleurs.

– Nous avons besoin de ton aide, dit-il.

China grimaça.

– Les banalités sont déjà terminées ? Oh, ce n'est pas drôle. Nous n'avons même pas échangé quelques piques. Je regrette le bon vieux temps. Pas toi, Valkyrie ?

– Il y avait de bons moments.

– N'est-ce pas ? C'était le « Sanctuaire » par-ci, « il faut sauver le monde » par-là. Mais maintenant ? Vous avez été chassés et vous enquêtez sur des meurtres minables. Cette affaire est-elle digne de Skully Fourbery le magnifique ?

– Un meurtre, c'est un meurtre, répliqua le Détective Squelette sans lever les yeux de son livre.

– Oh, sans doute. Alors, dis-moi un peu : comment l'homme de Guild gère-t-il l'enquête au niveau de l'Irlande ?

– Vous voulez dire que vous n'êtes pas au courant ? s'étonna Valkyrie.

Elle avait eu l'occasion de constater que tout détective digne de ce nom savait faire bon usage des informateurs, et China était de loin la meilleure dans son domaine.

China sourit.

– Tu crois vraiment que Remus Crux accepterait de collaborer avec *moi*, quelqu'un qui possède un passé aussi louche ? Souviens-toi, ma chère Valkyrie, j'ai frayé avec l'ennemi autrefois. *J'ai été* l'ennemi. Crux est un homme limité qui possède une imagination limitée. Il a des règles, établies par Thurid Guild, et il les suit. Les gens qui suivent les règles ne s'adressent pas à moi. Voilà pourquoi je m'entretiens si souvent avec vous deux.

– Nous autres, les renégats, nous sommes obligés de nous serrer les coudes, dit Skully d'un air absent.

– Ce qui va un peu à l'encontre de l'idée même de renégat, non ?

– « L'Ancre d'Isthme, lut le squelette à voix haute. Un objet qui appartient à une réalité et qui réside dans une autre. Animé ou inanimé. Magique ou non. Il lance un Courant d'Isthme qui relie les deux réalités par le biais de portails dimensionnels. »

Il referma le livre et pencha la tête sur le côté, songeur.

– Alors ? demanda Valkyrie.

– Alors, nous devons découvrir avant l'ennemi quelle forme prend cette Ancre. Laissez-moi réfléchir un instant. China, il faut que tu nous aides à trouver quelqu'un. Un jeune Anglais : Fletcher Renn.

– Je n'en ai jamais entendu parler. C'est un mage ?

– Un Téléporteur né avec ce don.

China haussa un sourcil.

– Je vois. Dans ce cas, il se pourrait que j'aie entendu parler de lui, finalement. Trois rapports concernant un « garçon fantôme » dans trois night-clubs du comté de Meath. Le personnel a refusé de le laisser entrer ou de le servir, alors il s'est fâché : il est reparti en coup de vent et s'est volatilisé. Les seuls témoins de cette disparition étant des individus ivres, drogués ou demeurés, les autorités ne prennent pas l'affaire très au sérieux.

– Où précisément, dans le comté de Meath ? demanda Skully.

China adressa un signe au serviteur frêle, qui se tenait dans un coin, tellement silencieux et immobile que Valkyrie avait oublié sa présence. Il disparut un instant, puis revint avec une carte qu'il déplia sur le bureau de China.

– Ici, ici et ici, dit-elle en posant son ongle manucuré en trois endroits de la carte.

Skully prit un crayon sur le bureau et encercla les trois points.

– Si ce que dit Peregrine est vrai, et si M. Renn peut se téléporter seulement de quelques kilomètres à la fois, il doit se trouver quelque part dans ce secteur.

– Ça fait beaucoup d'immeubles à inspecter, fit remarquer China.

Skully se tapota le crâne avec le crayon. Cela produisait un son creux assez agréable à l'oreille.

– Un garçon de dix-sept ans qui a le pouvoir d'apparaître n'importe où. S'il a besoin d'argent, il apparaît dans la salle des coffres d'une banque. S'il a besoin de s'habiller, il choisit une boutique de vêtements. Pour se nourrir, il se téléporte au supermarché. Il ne sera pas n'importe où. Il commence à se dire qu'il est supérieur à M. Tout le Monde. Il loge uniquement dans les meilleurs hôtels.

Le crayon traça une croix sur la carte, à l'intérieur du cercle.

– L'hôtel Éminence, dit China. Sans doute le seul établissement de la région équipé de consoles de jeux dans chaque chambre.

– C'est là qu'il se trouve, déclara Skully en enroulant son écharpe autour de sa mâchoire. Et c'est là qu'on le trouvera.

VI. Fletcher Renn

Le hall de l'hôtel était vaste ; une rangée de plantes vertes courait le long d'un des murs, en face d'une ravissante cascade. Deux énormes colonnes de marbre se dressaient jusqu'au plafond et Skully se servit de l'une d'elles afin d'échapper à la vigilance de la réceptionniste souriante. Pour tout déguisement, il ne portait que son chapeau et son écharpe enroulée autour de sa mâchoire. Il se dirigea vers les ascenseurs d'un pas nonchalant, suivi de Valkyrie. Prenant soin de garder ses mains bandées dans ses poches, elle rendit son sourire à la réceptionniste, jusqu'à ce qu'ils soient tous les deux à l'abri des regards.

La porte de l'ascenseur s'ouvrit et un couple de personnes âgées en sortit. La femme observa Skully d'un œil intrigué en passant. Valkyrie le rejoignit à l'intérieur et appuya sur le bouton du dernier étage, là où logeait Fletcher Renn selon toute vraisemblance. Pendant que la cabine s'élevait, Skully vérifia son arme.

En sortant de l'ascenseur, ils empruntèrent un long couloir. Arrivés au coin, ils faillirent se cogner dans un homme qui venait en sens inverse. Il avait des cheveux blonds et portait des lunettes noires. Il y eut un moment de silence stupéfait.

– Oh, zut ! lâcha Billy-Ray Sanguin.

Il recula et sa main fila vers sa poche, mais Skully le percuta et il laissa échapper son coupe-chou.

Le coude de Skully s'écrasa sur sa mâchoire et Sanguin tituba, en tendant la main vers le mur. À l'instant même où il s'y appuya, le mur s'effrita et Sanguin commença à le traverser, mais le squelette le rattrapa et le tira en arrière.

Valkyrie entendit une porte s'ouvrir ; elle se retourna et vit un joli garçon, visiblement très fier de ses cheveux, qui les observait tous les trois du seuil de sa chambre.

Elle plongea vers lui, le repoussa à l'intérieur et claqua la porte derrière eux. C'était une chambre luxueuse, meublée d'un canapé et de plusieurs fauteuils, avec un immense téléviseur et un lit gigantesque. Mais tout cela n'avait plus aucune importance dans l'immédiat.

– Tu es Fletcher Renn, dit-elle. Un grave danger te menace.

L'adolescent la regarda d'un air hébété.

– Hein ?

– Il y a des gens qui veulent te tuer. Nous sommes ici pour t'aider.

– C'est quoi, cette histoire ?

Son accent anglais rappelait celui de Tanith Low à Valkyrie. En outre, il était plus séduisant qu'elle l'avait imaginé, et ses cheveux avaient été soigneusement ébouriffés pour se dresser en épis.

– Je m'appelle Valkyrie Caïne.

– Valerie ?

– Valkyrie. Je sais qui vous êtes et ce que vous pouvez faire. Il faut que vous vous téléportiez immédiatement !

Le regard de Fletcher Renn dériva vers un point derrière elle. En se retournant, Valkyrie vit apparaître un million de petites fissures sur le plâtre du mur. Sanguin le traversa pour faire irruption dans la chambre. Il saignait de la lèvre et avait perdu ses lunettes noires.

Fletcher étouffa un juron en découvrant les deux trous noirs où nichaient autrefois les yeux de Sanguin.

Valkyrie ôta rapidement le bandage de sa main droite et claqua des doigts ; elle sentit l'étincelle générée par le mouvement de friction et l'alimenta avec sa magie. L'étincelle se transforma alors en une flamme, qui grandit et se mit à tournoyer dans sa paume. Elle lança la boule de feu vers Sanguin qui l'évita de peu en se jetant sur le côté.

La lame de son coupe-chou brillait d'un éclat menaçant. Valkyrie avança d'un pas et tendit le bras, paume ouverte. Solidement campée sur ses deux pieds, genoux légèrement fléchis, elle frappa l'air du plat de la main et le vide ondula devant elle. Sanguin plongea de nouveau et la masse d'air vint heurter le canapé devant lequel il se tenait une seconde plus tôt, et qui se retrouva projeté contre le mur.

Sanguin s'empara d'une lampe, qu'il lança sur Valkyrie. Le pied l'atteignit à la joue. Tandis qu'elle vacillait sous le choc, il marcha droit sur elle. Alors même qu'elle esquivait le coup de rasoir, elle comprit qu'il s'agissait d'une ruse et, en effet, il la ceintura et la traîna en arrière, au moment où la porte de la chambre s'ouvrait à la volée. Skully entra comme une tornade. Il avait perdu son chapeau et son écharpe, et Fletcher ne put réprimer un hoquet de stupeur en découvrant le Détective Squelette.

– Lâche-la ! ordonna celui-ci, revolver au poing.

– Tu es capable de me tirer dessus ensuite, répliqua Sanguin. Et ça fait très mal. Alors, pose ton arme, donne-moi le gamin à la coiffure bizarre, ou je tue la fille.

– Non.

– Dans ce cas, j'ai l'impression que nous sommes dans une bonne vieille impasse.

La lame du coupe-chou accentua sa pression sur la gorge de Valkyrie, qui n'osait même plus déglutir. Sa joue l'élançait et elle sentait un filet de sang couler là où le pied de la lampe l'avait atteinte.

Nul ne bougea, nul ne parla, pendant de longues secondes.

– Les impasses, je trouve ça… rasoir, grommela Sanguin.

Fletcher était incapable de détacher son regard de Skully.

– Vous êtes un squelette !

– Mets-toi derrière moi.

– Qu'est-ce qui se passe ici ? D'abord, un type sans yeux avec un coupe-chou et un squelette en costard avec un flingue. C'est qui, le méchant dans tout ça ?

Valkyrie claqua des doigts, mais elle devait le faire discrètement pour que Sanguin ne l'entende pas. Elle recommença. En vain. Impossible de provoquer une étincelle.

– Fletcher, dit Sanguin, contrairement à ces deux énergumènes, je suis venu pour te faire une proposition. Mes employeurs sont des gens très généreux et ils sont prêts à t'offrir une grosse somme d'argent en échange d'un petit travail.

– Ne l'écoute pas ! dit Skully.

– Pourquoi aurais-je besoin d'argent ? répondit Fletcher. Je me téléporte où je veux et je prends tout ce dont j'ai besoin. Sans payer.

Sanguin changea de tactique :

– Il existe d'autres récompenses. Je suis sûr qu'on peut trouver un arrangement.

Fletcher secoua la tête.

– Désolé. J'ignore ce que vous voulez, pourquoi vous avez sorti les revolvers et les rasoirs, pourquoi cette fille a été prise en otage, mais tout le monde ici se comporte comme s'il était parfaitement normal de se retrouver face à *un squelette qui parle !* Et vous, où sont vos yeux ? Comment faites-vous pour voir ? Pourquoi les seuls à avoir des yeux dans cette chambre, c'est elle et moi ?

– Excellentes questions, dit Billy-Ray Sanguin. Si tu viens avec moi, je te fournirai toutes les réponses que tu désires.

– Cet homme est un tueur, dit Skully. Il ne faut pas croire ce qu'il raconte.

– Je n'en ai pas l'intention, dit Fletcher. (Il prit sa veste et l'enfila.) Je me fiche de savoir ce que vous ou vos patrons attendez de moi, lança-t-il à Sanguin. Plus personne n'a le droit de me dire ce que je dois faire. Alors, ma réponse est non !

– Grave erreur, mon garçon.

– Viens avec nous, dit Skully. Nous pouvons te protéger.

– J'ai pas besoin de protection. J'ai besoin de rien ni de personne. J'ai la chance d'avoir un pouvoir super cool et j'ai l'intention de m'en servir pour faire ce que je veux.

– Tu es en danger, insista Skully. La plupart des autres Téléporteurs qui existent dans le monde sont morts.

Le garçon fronça les sourcils.

– Ça veut dire que je suis un des derniers ?

Il prit le temps d'assimiler cette information et quand finalement il haussa les épaules, un petit sourire apparut sur son visage.

– C'est encore plus cool, dit-il.

Sur ce, il se volatilisa, avec un petit *pop !* lorsque l'air qui l'enveloppait s'empressa de remplir le vide qu'il venait de laisser.

– Enfer et damnation ! grogna Sanguin.

Valkyrie claqua des doigts, une fois encore, et parvint à faire surgir au creux de sa paume une petite flamme qu'elle plaqua sur la cuisse de Sanguin. Celui-ci poussa un cri et l'étau de son bras se desserra. Elle saisit son poignet droit à deux mains pour éloigner le rasoir de sa gorge, tandis que Skully s'avançait. Sanguin poussa un juron et propulsa son otage dans les pattes du squelette.

– Je vous hais, tous les deux ! rugit-il, tout en s'enfonçant dans le sol.

Ils attendirent un instant, pour s'assurer qu'il n'allait pas ressurgir ailleurs pour leur sauter dessus.

Skully s'approcha de Valkyrie.

– Ça va ? demanda-il en la prenant par le menton pour l'obliger à pencher la tête sur le côté. Il t'a entaillé la joue ?

– Pas avec le rasoir, répondit la jeune fille en se dégageant.

Elle savait qu'elle avait eu de la chance. Les coupures provoquées par cette lame ne guérissaient jamais.

– On a perdu Fletcher. Il est sans doute à des kilomètres d'ici maintenant. Comment va-t-on le retrouver après ce qui s'est passé ?

Un bruit dans la salle de bains attira leur attention ; ils se retournèrent. Skully alla frapper à la porte. Elle s'ouvrit au bout de quelques secondes ; Fletcher Renn les regarda d'un air penaud.

– Oh, fit Valkyrie. Ce n'était pas si compliqué, finalement.

Valkyrie était assise en face de Fletcher ; aucun des deux ne parlait. Durant le trajet, le jeune Téléporteur avait adopté un air de profond ennui, et cette fausse nonchalance commençait à taper sur les nerfs de la jeune fille. Elle tamponna sa joue entaillée avec une boule de serviettes en papier pour s'assurer que le sang ne coulait plus. En revanche, sa main lacérée par des dizaines d'échardes continuait à l'élancer.

La cafétéria dans laquelle ils s'étaient arrêtés s'efforçait, avec mauvais goût, d'évoquer l'Amérique des années 1950 : décor bleu et rose, juke-box miniature à chaque table et un Elvis grandeur nature, en néons, qui se déhanchait sur le mur. Il était un peu plus de quinze heures en ce jeudi après-midi et le grand homme mince coiffé d'un chapeau, le visage dissimulé par une écharpe, attira de nombreux regards lorsqu'il les rejoignit à leur table. Skully renvoya le serveur d'un geste avant même que celui-ci s'avance.

– L'homme au rasoir était Billy-Ray Sanguin, dit-il. On pense qu'il travaille *avec* ou *pour* un nommé Batu. As-tu déjà entendu ce nom ?

Fletcher secoua la tête avec lassitude.

– Le mois dernier, quatre meurtres ont été commis... les victimes étaient toutes des Téléporteurs, comme toi. Désormais, vous n'êtes plus que deux.

– Ce type n'était pas là pour me tuer. Il voulait que je l'aide.

– Et je peux t'assurer que, si tu l'avais aidé, tu serais mort peu de temps après.

– Il aurait peut-être *essayé* de me tuer, rectifia Fletcher. Je me serais téléporté à cent kilomètres de là.

– Dans ce cas, répliqua Skully, pourquoi n'es-tu pas allé plus loin que la salle de bains ?

Le garçon hésita.

– Parfois... faut que je sois super calme pour parcourir plus de quelques mètres.

Il passa sa main dans ses cheveux, comme s'il voulait vérifier qu'il avait toujours l'air ridicule. Valkyrie aurait pu le rassurer sur ce point.

– Mais peu importe, reprit-il. Vous me faites perdre mon temps, alors, finissons-en.

Skully pencha la tête sur le côté.

– Pardon ?

– Vous allez me débiter un sermon, non ? Comme les autres vieux.

– Quels vieux ?

– Deux vieux bonshommes sont venus me voir il y a quelques mois. C'était genre : « Tu es l'un des nôtres, tu possèdes un pouvoir immense, bla-bla-bla, tu peux rejoindre cette communauté magique désormais... » Ils ont parlé de merveilles, de respect mêlé de crainte ou je ne sais quoi. En fait, j'écoutais pas. Ils essayaient de me faire entrer dans votre espèce de petit monde secret, et quand je leur ai dit que ça m'intéressait pas, ils étaient pas très contents. Et ça m'intéresse toujours pas.

– Ils t'ont donné leurs noms ?

– Y en a un qui s'appelait Light machin chose.

– Cameron Light.

– Ouais, c'est ça. Il est mort, lui aussi ?

– Oui.

– C'est triste. Je suis sûr qu'il y a quelqu'un, quelque part, qui a de la peine.

– Ont-ils dit autre chose ?

– Ils ont ajouté que sans formation appropriée, je pouvais être dangereux. Je risquais d'attirer l'attention de personnes indésirables.

– Généralement, on essaye de ne pas attirer l'attention *du tout*, rétorqua Valkyrie en s'efforçant de dissimuler son agacement.

Fletcher la regarda.

– Ah, bon ? ironisa-t-il.

Skully intervint de nouveau et les yeux du garçon se reportèrent aussitôt sur lui.

– Je suis sûr que le fait de savoir que des assassins sont à tes trousses t'inquiète, ne serait-ce qu'un peu.

– J'ai l'air inquiet ?

– Non, mais tu n'as pas non plus l'air intelligent, alors je t'accorde le bénéfice du doute.

Fletcher le foudroya du regard et se rassit au fond de son siège, sans rien dire.

– Si c'est Batu qui se cache derrière tout ça, ajouta Skully, il veut se servir de tes pouvoirs pour ouvrir une porte qui permettra aux Sans-Visage de revenir parmi nous. Sais-tu qui sont les Sans-Visage ?

Valkyrie crut tout d'abord que le garçon avait décidé de bouder et qu'il refuserait de répondre mais, finalement, il hocha la tête.

– Les deux vieux bonshommes m'en ont parlé. Mais ce n'est qu'une histoire imaginaire, hein ? Il n'y a rien de vrai dans tout ça.

– C'est ce que je pensais, moi aussi, dit Skully. J'ai changé d'avis.

– Donc, si ces Sans-Visage reviennent, c'est la fin du monde ?

– Peut-être pas *immédiatement*. Ils reviendront, ils investiront des corps humains indestructibles, ils saccageront les villes, incendieront les campagnes, ils tueront des milliards de gens, réduiront en esclavage des milliards d'autres, ils les feront travailler jusqu'à ce qu'ils meurent, et *à ce moment-là,* ce sera la fin du monde. Ça ne va pas, Fletcher ? Tu es tout pâle soudain.

– Ça va, marmonna le garçon.

Skully garda le silence, il réfléchissait.

– Mais si Batu a besoin d'un Téléporteur pour arriver à ses fins, reprit-il, pourquoi n'a-t-il pas choisi une personne d'expérience ? Tu n'as reçu aucune formation. Tu possèdes peut-être un don, comme je l'ai entendu dire, mais comparés à Cameron Light, tes pouvoirs sont quasiment inexistants.

– Si ce Cameron Light est super doué, rétorqua Fletcher avec un rictus méprisant, comment ça se fait qu'il soit super mort ?

À cet instant, Valkyrie n'avait qu'une seule envie : se pencher au-dessus de la table pour gifler cet imbécile. Skully, pour sa part, demeurait impassible.

– Même si cela va à l'encontre de ton instinct, dit-il, je pense que, pour ta sécurité, il faudrait te placer en détention.

Le rictus de Fletcher réapparut.

– Vous voulez m'enfermer ? Hors de question, squelette !

Valkyrie lui jeta un regard noir.

– Il a un nom.

– Ah, oui, c'est vrai. Skully, hein ? Drôle de nom. Vous êtes né squelette, ou alors, vos parents étaient d'un optimisme inquiétant ?

– Skully est mon nom d'emprunt.

– C'est ça l'avantage d'évoluer dans notre « petit monde

secret », ajouta Valkyrie. On vous enseigne quelques règles et astuces qui vous permettent de survivre.

– Je me porte très bien, répliqua Fletcher.

– Pour l'instant. Mais ça te fera quel effet de devenir la marionnette de quelqu'un ? Car, si tu ne te choisis pas un autre nom, n'importe quel sorcier qui s'en donne la peine peut faire de toi son animal domestique.

– Ah ah ! Valkyrie Caïne n'est pas ton vrai nom, alors ?

– Exact. C'est le nom que j'ai choisi, celui qui empêche qui que ce soit de me contrôler.

– Eh bien, figure-toi que j'ai changé de nom quand je me suis enfui de chez moi ; ça veut donc dire que je suis à l'abri, moi aussi, pas vrai ?

Il se régalait. Valkyrie le détestait encore plus.

– Bon, on a terminé ? demanda-t-il. J'ai des choses à faire et des gens à voir.

– Ils ne renonceront pas, dit Skully. Où que tu ailles, ils te trouveront. Et, s'ils te trouvent, ils t'obligeront à les aider.

– Personne ne m'oblige à…

– Je n'ai pas fini.

Fletcher soupira et haussa les sourcils pour indiquer qu'il attendait la suite.

– Comme je le disais, donc, s'ils te trouvent, ils t'obligeront à les aider. Et si tu les aides, tu seras de leur côté.

Le garçon plissa le front.

– Ça veut dire quoi ?

– Ça veut dire que tu n'auras plus à avoir peur d'eux. Tu devras avoir peur de *nous*.

Fletcher blêmit encore plus, si cela était possible. Skully pouvait être très effrayant quand il le voulait, se dit Valkyrie.

– Il n'est pas bon de m'avoir comme ennemi, Fletcher. Il vaut mieux être mon ami. Alors, tu vas faire ce que je te dis, et dans ton propre intérêt, tu vas aller en détention provisoire. N'est-ce pas ?

L'espace d'un instant, Valkyrie crut que le garçon allait le défier une fois de plus, pour le plaisir, mais son regard s'adoucit et il hocha la tête.

– Bon, d'accord.

– Excellente nouvelle ! Je connais un endroit idéal.

VII. Batu

– Où est Gibet ? demanda Billy-Ray Sanguin dans la pièce vide.

– Ailleurs, répondit la voix, déformée par le vieux haut-parleur nasillard suspendu dans un coin. Ils sont tous ailleurs.

Les murs de pierre étaient glacés. Il y avait une seule porte, aucune fenêtre et un miroir. Sanguin aurait parié qu'une caméra était cachée derrière, en train de l'observer.

– Alors, qui êtes-vous ? demanda-t-il.

– Personne, dit la voix.

Sanguin sourit.

– Vous êtes Batu, hein ? C'est vous le type dont ils n'arrêtent pas de parler.

– Ah, bon ?

– Oui, c'est vous. Vous êtes le big boss. *Comment ça se fait que vous ne soyez pas ici pour de vrai ? Je travaille pour vous depuis plus d'un an maintenant. Il est temps qu'on se rencontre, en chair et en os, vous croyez pas ?*

– Je tiens à ma vie privée.

Sanguin haussa les épaules.

– OK, compris.

– Vous m'avez déçu, monsieur Sanguin. Je vous ai payé pour effectuer un travail et vous m'avez déçu.

– Vous m'aviez pas dit que le Détective Squelette et la fille étaient dans le coup. C'est ce qu'on appelle des circonstances atténuantes. Si j'avais su qu'ils seraient là, j'aurais pu me préparer. Ou du moins, vous réclamer le double.

– Vous avez encore la possibilité de vous racheter.

– Youpi, fit Sanguin sans enthousiasme.

– J'ai besoin que vous voliez quelque chose pour moi, dès que Abomine Krav sera revenu. Il est fort probable que vous rencontriez une certaine opposition.

– Vous allez doubler mon tarif, alors ?

– Naturellement.

– Youpi, dit Sanguin, en souriant cette fois.

VIII. L'homme civilisé

Le cinéma Hibernia était aussi calme et obscur que d'habitude ; les rires et les applaudissements s'étaient tus depuis longtemps. Skully entra le premier et descendit l'allée centrale entre les rangées de sièges de velours rouge. Fletcher fit quelques commentaires, auxquels ni le squelette ni Valkyrie ne prêtèrent attention. Alors qu'ils approchaient de la petite scène, les lourds rideaux s'écartèrent et l'écran s'éclaira. Valkyrie s'autorisa un petit sourire quand ils se dirigèrent vers l'image d'une porte ouverte... et la traversèrent. Cette fois, Fletcher demeura bouche bée.

L'obscurité céda la place aux lumières vives du couloir qui serpentait entre les laboratoires, et l'odeur de désinfectant remplaça celle du moisi. Clarabelle, une des nouvelles assistantes du professeur Tapalœil Râleux, les croisa en sifflotant, perdue dans ses pensées. « Complètement à l'ouest », pensa Valkyrie. Ils pénétrèrent dans une pièce circulaire au plafond haut. Des projecteurs fixés au mur projetaient une lueur brumeuse sur un homme statufié, à genoux, une main posée sur le sol. Son crâne chauve était zébré de cicatrices et la résignation se lisait sur son visage.

Hideous Quatépingles avait utilisé l'ultime pouvoir des éléments, le pouvoir de la terre, pour sauver sa peau pendant qu'il maintenait en respect le Fendoir blanc. Aujourd'hui encore, Valkyrie revivait cette scène dans ses rêves ; elle voyait le sol en béton se jeter sur Hideous et l'envelopper, tandis que le Fendoir blanc faisait tournoyer sa faux. Tanith Low l'avait jetée à l'arrière de la Bentley et elles s'étaient enfuies, mais Hideous était resté pétrifié, et nul ne savait combien de temps cela durerait.

Le professeur Tapalœil Râleux se tenait derrière la statue ; ses mains rougeoyantes glissaient sur la surface de pierre. Il avait les yeux fermés, la concentration fronçait ses sourcils blancs. Voilà deux ans maintenant que Tapalœil mettait tout en œuvre pour que Hideous redevienne un être de chair et de sang. Il avait eu recours à toutes sortes de sciences magiques, fait appel à de nombreux spécialistes, expérimenté tout ce qui lui passait par la tête, et même plus, en vain.

– C'est qui, ce vieux bonhomme ? demanda Fletcher.

Tapalœil se raidit et leva la tête.

Valkyrie le salua d'un geste en souriant. Le professeur abandonna l'homme statufié pour les rejoindre.

– Valkyrie ! Tu es encore blessée !

– Quelques petites coupures, pas de quoi s'inquiéter.

– C'est moi, le génie de la médecine. Laisse-moi me faire mon opinion. (Il examina d'abord sa plaie à la joue, puis ses mains.) Qui est ce jeune fâcheux ?

– Hé, je suis pas…

– Je vous présente Fletcher Renn, s'empressa de dire Skully. J'espérais qu'il pourrait rester ici quelques jours.

– Et qu'est-ce qui vous a permis de penser que je serais d'accord ? grogna Tapalœil.

– Il doit se cacher dans un endroit sûr, avec une personne responsable.

– Vous voulez que je reste *ici* ? s'exclama le garçon, atterré.

– Silence, ordonna Tapalœil, sans quitter des yeux les blessures de Valkyrie. Essayez-vous de vous décharger de vos problèmes sur moi, détective ?

– Absolument pas, professeur.

– Car la dernière fois, des gens sont morts.

En disant cela, il regarda Skully d'un œil noir.

– Il est en danger au-dehors. Il n'a reçu aucune formation, il ne sait pas ce qu'il fait. Dans le fond, c'est un pauvre idiot. J'ai besoin de savoir qu'il se trouve en lieu sûr. Il faut le mettre à l'abri. Vous êtes le seul en qui je puisse avoir confiance.

– Y a-t-il un lien avec les meurtres de Téléporteurs dont tout le monde parle ?

– Oui.

Tapalœil se retourna vers Valkyrie.

– Viens avec moi à l'infirmerie.

Le vieux professeur sortit, sans un regard pour Skully, et la jeune fille le suivit. Quand ils furent arrivés à l'infirmerie, il demanda à Valkyrie de grimper sur le lit, puis il lui tamponna les mains et la joue avec un linge agréablement parfumé.

– J'ai l'impression qu'un jour sur deux, dit-il, tu débarques ici mortellement blessée, les os brisés, perdant tout ton sang, à l'article de la mort, et comptant sur moi pour accomplir d'invraisemblables miracles.

– Je suis mortellement blessée ? demanda-t-elle, sceptique.

– Ne joue pas les effrontées.

– Pardon.

Tapalœil s'approcha d'un pas traînant de la petite table disposée près du lit. Le service médical des installations de sciences magiques de Tapalœil était exigu, mais parfaitement aménagé, et généralement calme, sauf lorsque les expériences du professeur dégénéraient ou lorsque des dieux anciens enfermés à la morgue se réveillaient. Mais cela ne s'était pas produit depuis plusieurs mois.

– Sais-tu quel est le problème avec les gens de ton âge, Valkyrie ?

– On est trop mignons ? répondit-elle, à tout hasard.

– Vous vous croyez immortels, voilà la vérité. Vous vous jetez tête baissée dans les ennuis, sans songer aux conséquences. Tu as treize ans…

– Je viens d'en avoir quatorze.

– … et à quoi passes-tu tes journées ?

Il revint vers le lit et commença à étaler de la pommade sur les coupures.

– Eh bien, généralement, on enquête sur une affaire, on traque des suspects, on effectue des recherches, ou alors, je m'entraîne, ou bien Skully m'enseigne la magie ou… Vous voyez, quoi.

– Peux-tu me dire ce que font les autres filles qui viennent d'avoir quatorze ans pendant ce temps ?

Valkyrie hésita.

– La même chose que moi, grosso modo ?

– Bizarrement, non.

– Ah.

– Quand tu seras adulte, tu pourras te mettre en danger autant que tu le souhaites, je promets de ne pas te réprimander, mais je n'aimerais pas que tu passes à côté de toutes les choses que font les autres adolescentes. La jeunesse n'a qu'un temps, Valkyrie.

– Ouais, mais un temps infini.

Tapalœil secoua la tête et soupira de nouveau. Il prit une aiguille noire avec laquelle il entreprit de recoudre la plaie sur la joue de la jeune fille. L'aiguille s'enfonça dans la peau sans faire couler le sang et une agréable sensation de chaleur remplaça la douleur.

– Alors, vous avez progressé ? demanda-t-elle. Avec Hideous ?

– Hélas, non. J'en suis arrivé à la conclusion que je ne pouvais rien faire. Il sortira de son état actuel le moment venu ; personne n'est en mesure d'accélérer le processus.

– Il me manque, avoua Valkyrie. À Skully aussi, même s'il ne le dit pas. Je pense que Hideous était son seul ami.

– Mais maintenant, tu es là.

Elle rit.

– Oui, sans doute.

– Et toi, as-tu des amis, à part lui ?

– Hein ? Évidemment !

– Cites-en trois.

– Facile. Il y a Tanith Low...

– Qui participe à vos enquêtes, t'apprend à te battre et a plus de quatre-vingts ans.

– Oui, mais elle en paraît... vingt-deux. Et elle se comporte comme une gamine de quatre ans.

– D'accord, ça fait une amie. Cites-en deux autres.

Valkyrie ouvrit la bouche, mais aucun nom n'en sortit. Tapalœil avait fini de la recoudre.

– Moi, dit-il, je peux me permettre de ne pas avoir d'amis. Je suis vieux, grognon et j'ai décidé, il y a longtemps, que les gens constituaient un désagrément dont je me passais très bien. Mais toi ? Tu as besoin d'amis, tu as besoin de mener une existence normale.

– J'aime ma vie comme elle est.

Le professeur haussa les épaules.

– Je n'espère pas te faire entendre raison. Ça aussi, c'est un problème avec les jeunes gens de ton espèce, vous croyez *tout* savoir. Alors que je suis le seul qui puisse formuler une telle affirmation sans craindre le ridicule. (Il se redressa.) Voilà. Cela devrait empêcher ton visage de partir en lambeaux. Quant aux échardes, elles sont certainement sorties maintenant.

Valkyrie regarda ses mains, au moment même où la dernière écharde émergeait de sa peau, aspirée par la pommade. Elle n'avait rien senti.

– Va te laver les mains.

Elle se leva, se dirigea vers le lavabo et plaça ses mains sous le robinet.

– Vous voulez bien nous aider ? demanda-t-elle. Fletcher peut rester ici ?

Tapalœil soupira.

– Il n'a pas d'autre endroit où se cacher ?

– Non.

– Et il est véritablement en danger ?

– Oui.

– Soit. Mais c'est bien parce que tu as demandé gentiment.

Elle sourit.

– Merci, Tapalœil. Vraiment.

– Je suis sûr que tu vas revenir me voir avant la fin de la journée, dit-il en se dirigeant vers la porte. Cette fois, tu voudras que je te recouse la tête sur les épaules ou quelque chose dans ce goût-là.

– Et vous saurez le faire, hein ?

– Naturellement. Le temps d'aller te chercher un bandage et tu pourras partir.

Il sortit et Clarabelle entra en coup de vent.

– Bonjour ! lança-t-elle gaiement. Tu t'es encore battue ? Ça t'a fait mal ?

Valkyrie esquissa un sourire.

– Non, pas trop.

– Le professeur répète sans cesse que sans lui, tu serais déjà morte. Tu crois que c'est vrai ? Moi, je pense que oui. Le professeur a toujours raison pour ce genre de choses. Il dit qu'un jour, il ne sera pas là pour te sauver. Et il a certainement raison, là aussi. Tu crois que tu vas mourir, un de ces jours ?

Valkyrie fronça les sourcils.

– J'espère que non.

Clarabelle éclata de rire, comme si elle n'avait jamais rien entendu d'aussi drôle.

– Évidemment que tu ne l'espères pas ! Qui *espère* mourir ?

C'est idiot ! Pourtant, tu mourras probablement, voilà ce que je dis. Tu ne crois pas ?

La jeune fille se sécha les mains.

– Je ne vais pas mourir tout de suite, Clarabelle.

– J'aime bien ta veste, au fait.

– Merci.

– Elle est un peu petite pour toi.

– Oui.

– Je pourrai l'avoir quand tu seras morte ?

Valkyrie essaya de trouver une réponse appropriée, mais Clarabelle était déjà repartie, aussi vite qu'elle était entrée. Quelques secondes plus tard, Tapalœil revint.

– Elle est bizarre, cette Clarabelle, dit Valkyrie.

– En effet, confirma le professeur.

Il appliqua un petit pansement sur les points de suture.

– Attends une heure ou deux. Le fil va se résorber. Tu n'auras pas de cicatrice.

Ils quittèrent ensemble l'infirmerie.

– J'ai appris que Cameron Light a été assassiné hier, dit Tapalœil. Je n'ai jamais beaucoup aimé les Téléporteurs, mais quand même, on vit dans un monde épouvantable.

Valkyrie ne put s'empêcher de poser la question qui la taraudait :

– Pourquoi est-ce que tout le monde déteste les Téléporteurs ? Parmi toutes les personnes que l'on a rencontrées, aucune n'a eu une parole aimable pour eux.

– Les Téléporteurs sont sournois. Sagacious Tome était un Téléporteur, au cas où tu l'aurais oublié, et on a découvert que c'était un traître. Je me méfie de quiconque opte pour cette discipline magique. Comment peut-on se sentir en sécurité, nous autres, s'il y a des individus qui peuvent surgir n'importe où à n'importe quel moment ? Quand j'étais plus jeune, j'étais paralysé à l'idée que quelqu'un apparaisse près de moi pendant que j'étais aux toilettes, et très souvent, ça me coupait toutes mes envies.

– Oh, par pitié ! Gardez ça pour vous.

Skully les attendait au coin suivant, et en le voyant, Tapalœil prit un air revêche.

– Avez-vous l'intention de l'entraîner dans de nouveaux dangers, détective ?

– Elle est capable de se débrouiller. Contrairement à Fletcher. Peut-il rester ici ?

– Du moment qu'il ne m'embête pas trop, répondit le vieux professeur d'un ton bourru.

– Ça, je ne peux pas vous le promettre.

– Dans ce cas, soyez gentil, détective, élucidez cette affaire le plus vite possible.

– Vous pourriez peut-être nous aider. Si vous aviez la possibilité d'examiner la dernière victime...

– Ça m'étonnerait. Le Sanctuaire possède ses propres experts, comme vous le savez, et ils n'apprécieraient pas mon... intervention. En outre, d'après ce que j'ai entendu dire, le meurtrier n'a laissé ni trace ni indice. Abstraction faite de mon sentiment de répugnance, c'est tout à fait admirable.

– Je lui transmettrai le compliment quand je lui écraserai mon poing sur la figure, dit Skully.

Tapalœil prit un air navré.

– Croyez-vous vraiment qu'il soit souhaitable que Valkyrie ait pour modèle quelqu'un qui règle tous les problèmes avec ses poings ? À son âge, on est très impressionnable.

– Pas moi, déclara-t-elle.

– Valkyrie effectue un travail important, répliqua le squelette. Il faut qu'elle puisse se débrouiller seule.

– Exact, confirma-t-elle. Et vous n'êtes pas mon modèle.

– La guerre est finie, dit le professeur. Cette époque de mort et de désordre est révolue.

– Pas pour certains d'entre nous.

Le professeur regarda Skully; il y avait dans ses yeux une chose que Valkyrie n'avait jamais vue.

– Peut-être, concéda-t-il. Pour ceux d'entre vous qui ont besoin de ça.

Skully ne répondit pas immédiatement.

– Professeur, dit-il finalement, j'espère que vous n'insinuez pas que j'aime la mort et le désordre?

– Sans l'une et l'autre, où seriez-vous? Ou, plus exactement, *qui* seriez-vous? Ce sont nos actes qui nous définissent, détective. Et vous avez tendance à faire du mal aux gens.

Skully dressa le menton.

– Le monde est un endroit dangereux. Pour que des gens comme vous puissent vivre relativement en sécurité, il faut des gens comme moi.

– Des tueurs, vous voulez dire.

La violence de l'attaque stupéfia Valkyrie, mais le langage corporel de Skully ne trahit aucune colère, pas même un peu d'agacement.

– Vous êtes un homme intéressant, professeur.

– Pourquoi cela? Parce que je n'ai pas peur de vous? Même durant la guerre, malgré la réputation dont vous jouissiez, vos amis et vous, je me suis élevé contre vos méthodes. Je n'avais pas peur de vous et ça n'a pas changé.

Il y eut un nouveau silence, puis Skully déclara :

– Il vaut mieux que l'on s'en aille.

– C'est une bonne idée, dit Tapalœil. Valkyrie, j'ai été ravi de te revoir.

– Ouais, murmura-t-elle, perplexe.

Elle suivit Skully vers la porte à double battant.

Au moment où ils l'atteignaient, Tapalœil lança :

– Détective ! Avez-vous pensé que la violence était l'arme des barbares ?

Skully se retourna.

– Je suis un être sophistiqué, charmant, suave et débonnaire, professeur. Mais je n'ai jamais prétendu être civilisé.

Sur ce, ils sortirent et la porte se referma derrière eux.

IX. L'ennemi

Tanith Low n'aimait pas les missions de protection. C'était souvent ennuyeux à mourir, et le fait de se retrouver dans un espace confiné avec la personne à protéger provoquait souvent des disputes et une mauvaise ambiance. Bref, elle n'était pas faite pour jouer les gardes du corps.

Mais Skully l'avait appelée, il lui avait expliqué qu'elle lui rendrait un immense service en aidant Emmett Peregrine, et elle avait accepté. Peregrine n'était pas un mauvais bougre, et il suffisait de veiller sur lui pendant quelques heures, le temps qu'il récupère. Visiblement, il avait besoin de dormir.

Toutefois, Tanith désapprouvait la planque choisie par Peregrine. Ils étaient dans un appartement qu'il possédait à Londres, dont il affirmait que personne ne connaissait l'existence. Elle avait tenté de le convaincre d'aller ailleurs, n'importe où, mais le jeune homme possédait cette arrogance qu'elle avait déjà rencontrée chez les Téléporteurs.

Ensemble, ils avaient tracé suffisamment de symboles protecteurs sur les murs de la chambre pour que tout l'immeuble soit alerté si quelqu'un entrait pendant qu'il dormait. Ils ne voulaient prendre aucun risque, surtout quand l'ennemi avait à son service un individu du gabarit de Billy-Ray Sanguin.

Tanith passa les premières heures sur une chaise dans le couloir, les yeux fixés sur la porte. Elle fit une pause pipi, puis se rendit dans la cuisine pour manger un morceau. Elle essayait de comprendre le fonctionnement du four à micro-ondes lorsque le téléphone sonna.

Elle décrocha. Un homme avec un fort accent africain dit :

– Mon cœur se réjouit d'entendre ta voix.

Tanith sourit.

– Salut, Effroi.

Effroi Jones était un vieil ami. Ils s'étaient fréquentés brièvement au cours des années 1970, avant qu'il soit nommé au sein du Sanctuaire britannique. La méfiance de Tanith envers toute forme d'autorité empêchait que leur relation se poursuive, mais ils étaient restés proches, et chaque fois qu'il entendait parler d'une chose qui la concernait, il l'appelait pour l'en informer.

– Qu'est-ce que j'ai encore fait ? demanda Tanith.

Elle entendait la télé dans la chambre de Peregrine.

– Tu n'as enfreint aucune loi récemment, répondit Effroi. Ou alors, si tu l'as fait, tu as agi très très discrètement. En fait, je t'appelle juste à propos d'un rapport de routine dans lequel ton nom apparaît. Un de mes agents t'a vue en compagnie d'Emmett Peregrine.

Le sourire de Tanith s'évanouit.

– Quoi ?

– Tu es dans son appartement, n'est-ce pas ?

– Effroi, qui d'autre est au courant ?

– L'agent qui t'a vue, Elder Melstrom, mon supérieur, et moi. Un problème ? Tu peux avoir confiance en mon agent, et Elder Melstrom est quelqu'un de bien. Ce secret ne sera pas divulgué. Mais évidemment, Elder Melstrom a prévenu le Sanctuaire irlandais.

Tanith dégaina son épée.

– Pourquoi ?

– Les Irlandais conduisent l'enquête sur les Téléporteurs. La courtoisie voulait que... Tanith, que se passe-t-il ?

– Il y a un espion au sein du Sanctuaire irlandais, chuchota-t-elle. S'ils savent, la Diablerie sait aussi.

Elle raccrocha soudainement. Ce n'était pas la télé qu'elle avait entendue. C'était Peregrine qui parlait à quelqu'un ! Et il n'était pas dans sa chambre. Il était à la porte de l'appartement.

Tanith se précipita hors de la cuisine, juste à temps pour voir une ombre filer sur le palier.

En une seconde, elle fut aux côtés de Peregrine. Il était déjà mort. Son sang tiède imbibait le dos de sa chemise.

Elle courut vers la porte ouverte et réussit à entrapercevoir le meurtrier dans l'escalier. Il montait ! Elle se lança à sa poursuite, en craignant qu'il soit déjà trop tard. Arrivée au pied des marches, elle bondit et se mit à courir sur le mur ; l'écart se réduisait. Une porte claqua au-dessus de sa tête.

Agrippant la rampe de l'escalier, Tanith bondit par-dessus. Sa botte vint percuter la porte, qui s'ouvrit sous le choc. Elle déboucha sur le toit de l'immeuble. Au même moment, un poing la frappa avec la violence d'une boule de démolition. Elle s'écroula et roula sur le sol, vaguement consciente qu'elle ne tenait plus l'épée dans sa main. Elle se releva en luttant contre les vertiges, et recula face au géant aux cheveux argentés noués en queue-de-cheval.

Son poing jaillit de nouveau. Cette fois, Tanith l'esquiva et répliqua avec un direct qui atteignit le colosse aux côtes, mais c'était comme frapper dans un mur de briques. C'était comme frapper... Mr. Bliss. Sauf que ce n'était pas lui qui avait tué Peregrine. Cet individu était beaucoup trop imposant. Conclusion : il y avait quelqu'un d'autre sur le toit.

Elle voulut se retourner, mais trop tard. Elle eut juste le temps d'entrapercevoir une botte noire avant de valdinguer. Elle posa un genou à terre et, aussitôt, une femme aux cheveux noirs la saisit pour l'entraîner en arrière. Tanith vit un joli visage déformé par la sauvagerie et des lèvres écarlates retroussées par un rictus. Elle décocha un coup de coude et la femme lâcha un grognement, mais quand elle voulut enchaîner avec une deuxième attaque, son adversaire la fit basculer sur sa hanche, à la manière d'un judoka.

Ce n'était pas non plus elle la meurtrière. Tanith poussa un juron. Elle se laissait distraire pendant que sa proie fichait le camp. Elle exécuta un saut périlleux arrière et se releva. Le géant portait un pantalon maintenu par des bretelles à l'ancienne et ses manches de chemise étaient relevées sur ses avant-bras musclés. La tenue de la femme aux lèvres écarlates se composait d'un ensemble de lanières noires qui enserraient son corps. La plupart de ces bandes de cuir maintenaient des couteaux de diverses tailles.

Tanith attendait que ses adversaires disent quelque chose, qu'ils fanfaronnent, la menacent ou lui expliquent comment ils allaient conquérir la terre entière, mais aucun des deux n'ouvrit la bouche.

Son épée se trouvait derrière eux. Impossible de l'atteindre et elle n'avait pas très envie de les attaquer désarmée, alors qu'elle ignorait qui ils étaient et ce dont ils étaient capables. Ils se déplaçaient avec une assurance sauvage qui la déstabilisait.

Elle recula vers le bord de l'immeuble et ils la suivirent. Un homme se tenait près de la porte qu'elle avait empruntée. Sans doute était-il là depuis le début, mais elle ne l'avait pas remarqué. Il était mince, avec des cheveux bruns, et il la regardait d'un air indifférent.

Une pensée traversa l'esprit de Tanith, une pensée fort déplaisante. Elle avait trouvé ses maîtres. Elle ignorait qui étaient ces individus mais, face à eux, elle n'avait aucune chance.

– Ce n'est pas encore fini, dit-elle, et elle leur envoya un baiser.

Jamais elle n'avait vu quelqu'un se déplacer aussi vite que cette femme. Il y eut un éclair d'acier et, soudain, un couteau se planta dans la main que Tanith avait utilisée pour envoyer son baiser. Elle hurla de douleur et recula… dans le vide. Elle chuta le long de la façade du bâtiment.

Ses cheveux fouettaient son visage. Elle tendit la main et sentit un mur de briques sous ses doigts. Le frottement lui arracha la peau. Avec sa main valide, elle parvint à agripper un rebord de fenêtre. Hélas, son corps vint rebondir contre le mur et elle tomba de nouveau. Elle tenta alors de plaquer ses pieds contre la paroi pour utiliser ses pouvoirs et déplacer son centre de gravité, mais la vitesse jouait contre elle et elle poursuivit sa chute.

Tendant les deux bras, elle agrippa un autre rebord de fenêtre. Ses genoux heurtèrent le mur et elle poussa un hurlement lorsque la lame du couteau remua dans sa main. Néanmoins, elle ne lâcha pas prise.

Les muscles bandés, le corps couvert de sueur, Tanith exécuta un rétablissement et s'engouffra par la fenêtre dans un appartement vide. Elle avait failli à sa mission, perdu son épée et sa main saignait abondamment, mais elle n'avait pas le temps de se lamenter sur son sort. Ils devaient la chercher.

Le visage brûlant de colère, elle s'élança.

X. Le petit voyage de Finbar

Il pleuvait à nouveau quand ils atteignirent Temple Bar, et il faisait nuit. Les gens marchaient d'un pas vif dans les étroites rues piétonnières, la tête rentrée dans les épaules, le col relevé. Valkyrie faillit être éborgnée par la pointe d'un parapluie déterminé et lança un regard noir à sa propriétaire qui déjà s'éloignait.

– Squelettos ! s'exclama Finbar Wrong en ouvrant sa porte.

Un sourire joyeux fendit son visage orné de nombreux piercings. Il portait un T-shirt des Stiff Little Fingers qui laissait voir les tatouages sur ses bras maigres.

– Valkyrie ! s'écria-t-il avec le même plaisir en découvrant la jeune fille. Entrez donc !

Ils pénétrèrent dans son salon de tatouage dont les murs étaient couverts de dessins, de tableaux et de photos. Un bourdonnement leur parvenait d'en haut. Il y avait de la musique quelque part.

– Alors, comment ça va ? demanda Finbar, en hochant la tête comme s'ils avaient déjà répondu à sa question.

– On est sur une affaire, dit Skully. On espérait que tu pourrais nous aider.

– Ouah, génial, mec ! Au fait, t'es au courant, Squelettos ? Sharon est enceinte ! Je vais être papa !

– C'est... une excellente nouvelle, Finbar.

– Ouais, hein ? Bon, d'accord, je sais que c'est vachement de responsabilités et tout ça, et je sais aussi que j'ai pas toujours été très sérieux. Je devine ce que tu penses, tu te dis : « c'est un sacré euphémisme », pas vrai ?

Finbar éclata de rire et Skully secoua la tête.

– Non, pas tout à fait.

– Ah, tu me connais bien, mec ! Tu te souviens comme j'étais dans le temps ? Tu te souviens de tous les trucs déments que je pouvais faire ?

– Non.

– Sacrée époque, hein, mec ? Mais je me suis calmé. Sharon a été pour moi comme… une balise, tu vois ? Je me suis acheté une conduite, tu peux me croire. Je suis prêt à avoir un gosse. Je suis prêt à assumer cette responsabilité.

– Ça fait plaisir à entendre.

– Hé, tu sais à quoi je pense ? Est-ce que tu nous ferais l'honneur d'être le parrain de notre enfant, Squelettos ?

– Non, répondit aussitôt Skully.

Finbar haussa les épaules.

– Pas de problème, mec. Mais Sharon sera déçue.

– Elle ne me connaît pas.

– Espérons que ça atténuera le choc, mais… Oh, pardon, mec, tu voulais que je t'aide pour un truc ?

Skully lui expliqua qu'ils avaient besoin qu'il entre en transe afin de localiser la porte entre les mondes. Finbar hocha la tête, les yeux mi-clos. Valkyrie eut l'impression qu'il était *déjà* en transe, mais quand Skully eut fini ses explications, il hocha la tête de nouveau.

– *No problemo, el Skullo !* Par contre, j'ai besoin du plus grand calme. Être un Sensible, c'est pas comme les autres types de magie. Ça exige un isolement total et complet. La plupart des Sensibles vivent en ermites, dans des cavernes ou des monastères, dans les montagnes…

Finbar regarda autour de lui et ses yeux s'arrêtèrent sur la kitchenette au fond.

– Je vais me mettre là.

Ils le suivirent. Il alluma la lumière et Valkyrie ferma la porte derrière eux, pendant que Skully tirait le rideau en lambeaux devant la fenêtre. Finbar sortit une carte d'Irlande d'un placard et la déplia sur la table.

Il s'assit, ferma les yeux et se mit à marmonner dans un langage que Valkyrie ne comprenait pas. Au début, elle crut qu'il psalmodiait une formule ancienne destinée à élever sa conscience vers des sommets. Puis elle reconnut le premier couplet de *Eat the Rich*, la chanson d'Aerosmith, et elle renonça à essayer de deviner ce qu'il faisait.

– OK, dit-il enfin, d'une voix éthérée. Je flotte, mec. Je suis tout là-haut. Je traverse le plafond... je suis dehors... je plane dans le ciel... Dublin est magnifique, même sous la pluie...

– Finbar... Tu m'entends ?

Le jeune homme marmonna quelques mots, en souriant.

– Tu m'entends, Finbar ? répéta Skully en haussant la voix.

– Hé, Squelettos ! Ça boume ? Je te reçois cinq sur cinq...

– Tu te souviens de ce que tu dois trouver ?

Finbar hocha la tête sans ouvrir les yeux.

– Oui. La porte. Pour les Sans-Visage. Des créatures qui foutent les jetons.

– Comme tu dis.

Valkyrie vit le jeune homme froncer les sourcils.

– Je crois..., dit-il, je crois que je les sens, mec...

Le Détective Squelette pencha la tête sur le côté.

– Ne t'approche pas, Finbar. Ne t'approche pas d'eux.

– C'est... une bonne idée.

– Souviens-toi, tu cherches les lignes de magie.

– Oui... je me souviens... (Ses mains survolèrent la carte.) Je vole, maintenant. Oooh, c'est cool ! Je sens les nuages qui filent entre mes doigts. Je vois les lignes tout autour de moi. Elles étincellent comme de l'or, comme des paillettes. C'est beau…

Son sourire s'effaça.

– Attendez… Ces lignes, elles ne brillent pas. Elles sont ternes, au contraire. De plus en plus ternes.

– Où es-tu ?

– Une minute, mec. Je me rapproche un peu…

– Garde tes distances, Finbar !

– Ne t'en fais pas…

Valkyrie regarda Skully. Tous les deux attendirent.

– Tout est pourri, dit Finbar. (Quelque chose avait changé dans sa voix ; il n'évoluait plus dans un rêve.) Les lignes sont devenues noires. On dirait qu'elles se décomposent.

– Où es-tu ?

– Je les entends. Je… j'entends leurs murmures…

– Qui entends-tu ?

– Les Sans-Visage.

– Non ! Écoute-moi ! Ne t'approche pas d'eux.

– Oh, bon sang !

– Finbar, ne t'approche pas…

– Oh, la vache, ils savent où on est. *Ils savent où on est.* Ils nous ont trouvés et ils attendent que quelqu'un les laisse entrer. *Ils sont à la porte et ils attendent pour entrer !*

– Finbar ! Où es-tu ? Dis-nous où tu te trouves à cet instant.

Finbar tendit le bras en direction de l'évier, et Valkyrie recula prestement, juste à temps pour éviter le couteau qu'il tenait dans la main. Il le planta dans la carte, puis ses bras retombèrent le long de son corps et sa tête s'affaissa sur sa poitrine.

– Finbar ? dit Skully à voix basse. Tu m'entends ?

Un petit ricanement s'échappa de ses lèvres. Il fit un bond en l'air, déséquilibrant Valkyrie et Skully. La table se renversa et

Finbar se retourna vers eux. Ses membres étaient agités de soubresauts, ses yeux toujours fermés.

Il ouvrit la bouche et une voix qui n'était pas la sienne, mais cent mille *autres* voix, dit :

– *Vous ne pouvez pas nous arrêter.*

Skully se releva péniblement, mais quelque chose le percuta et l'envoya valdinguer contre le mur.

– *Le monde périra,* dirent les voix. *Le monde s'effondrera. On arrive.*

Finbar s'écroula par terre, comme une marionnette dont on aurait coupé les fils. Valkyrie s'était remise debout. Derrière elle, Skully se releva à son tour en gémissant.

Finbar décolla la tête du sol et regarda autour de lui d'un air somnolent.

– Ouah.

Valkyrie l'aida à s'asseoir sur l'unique chaise de la cuisine.

– Je déteste être possédé, dit-il. Ça arrive très souvent quand on est un Sensible. Généralement, c'est facile à repérer : vous avez les yeux rouges ou une grosse voix, ou bien vous planez à un mètre du plancher, mais pas toujours. Une fois, j'ai été possédé par l'esprit de Napoléon pendant une semaine avant que Sharon remarque un truc bizarre. C'était l'accent, je crois.

– Peux-tu nous dire ce que tu as vu ? demanda le Détective Squelette.

– Désolé, répondit Finbar et Valkyrie remarqua comme il était pâle. C'était flippant, mec. Un *mojo* super puissant. Genre dément. Mon esprit a été effleuré par les doigts sales d'un dieu quelconque, et c'était pas très agréable.

Skully prit la carte pour examiner l'endroit où s'était planté le couteau.

– C'est là ?

Finbar haussa les épaules.

– Si c'est l'endroit que j'ai désigné, c'est là que les parois de la réalité sont les plus fragiles. C'est là que se trouve la porte.

Valkyrie intervint :

– Je parie que Batu a déjà repéré cet endroit. Il a eu cinquante ans pour le chercher.

– Mais sans l'Ancre d'Isthme et sans un Téléporteur, cette information ne lui a servi à rien, dit Skully en repliant la carte. Ça t'ennuie si je l'emporte, Finbar ?

Les jambes du jeune homme tremblaient encore.

– Absolument pas, Squelettos. Autre chose pour ton service ?

– Tu as déjà fait énormément.

– *No problemo*. (Il se tourna vers Valkyrie.) Tu veux un tatouage ?

– Oui.

– Non, dit Skully. On s'en va.

Valkyrie le suivit dehors, sous la pluie, en boudant.

– J'aurais pu m'en faire faire un petit, soupira-t-elle.

– Tes parents me tueraient.

– Je risque ma vie en permanence avec vous. J'ai combattu des monstres et des vampires, j'ai failli mourir à deux reprises, et vous pensez qu'ils auraient envie de vous tuer à cause d'un *tatouage* ?

– Les parents ont de drôles de réactions.

Le portable de Skully sonna et quand il comprit qui l'appelait, sa voix devint glaciale. Il ne chercha pas à masquer son dégoût. Il raccrocha alors qu'ils atteignaient la Bentley.

– On a rendez-vous.

– Avec qui ?

– Solomon Suaire. Il a des informations à nous communiquer.

– Qui est ce Solomon Suaire ?

– Peu importe le *qui*. C'est le *quoi* qui devrait t'inquiéter.

– OK… Il est quoi ?

– Nécromancien, dit Skully, avant de monter en voiture.

XI. Suaire

Skully et Valkyrie roulèrent en silence. Peu à peu, les rues devinrent plus sales et les bâtiments plus petits. La pluie renforçait l'impression de grisaille, alors qu'ils pénétraient dans une vaste zone résidentielle qui avait connu des jours meilleurs. La Bentley attirait les regards des rares habitants encore dehors à cette heure.

La maison devant laquelle ils s'arrêtèrent était abandonnée. Les murs étaient souillés par des graffitis, tous plus laids les uns que les autres. Comme à son habitude, Skully enroula son écharpe autour du bas de son visage et enfonça son chapeau sur ses yeux. Ils descendirent de voiture et franchirent la porte ouverte.

La lumière des lampadaires qui filtrait à travers les fenêtres brisées et crasseuses suffisait à éclairer l'intérieur. La maison avait été entièrement vidée. Ne restaient, ici et là, que des lambeaux de papier peint. Les planchers étaient vieux et humides. Valkyrie laissa Skully continuer seul et s'aventura dans ce qui avait été sans doute le salon. Aucun graffiti ici, à croire que les vandales qui avaient barbouillé leurs slogans au-dehors n'avaient pas eu le courage de s'aventurer dans la maison.

Au moment où elle se retournait pour rebrousser chemin, une silhouette apparut sur le seuil, bloquant le passage. Valkyrie l'observa. L'intrus ne bougea pas. La pièce s'était assombrie, comme si cet inconnu avait apporté un nuage d'ombres dans son sillage.

– Je suis avec Skully Fourbery, dit-elle, sans obtenir de réponse.

Elle fit un pas en avant pour essayer d'apercevoir le visage de cet homme autant que pour lui signifier son envie de sortir. Il avait des cheveux bruns, mais ses yeux étaient si clairs qu'ils semblaient étinceler. Il portait un costume noir que l'on devinait bien coupé, même dans la pénombre. Il tenait à la main une canne fine.

– Vous êtes Solomon Suaire ? demanda Valkyrie, refusant de se laisser intimider par le silence de l'inconnu.

– Oui, répondit celui-ci en inclinant légèrement la tête. J'ai entendu parler de toi. Tu as aidé à combattre Scelerian Serpine et le Baron Vengeous. Tu as neutralisé la Grotesquerie. Quel talent ! Quel potentiel ! Il ne t'a pas encore corrompue ?

– Pardon ?

– Il corrompt tous les gens qu'il rencontre. Tu ne t'en es pas aperçue ? Tu n'as pas remarqué combien tu étais différente à son contact ?

– Je ne suis pas sûre de comprendre.

– Ça viendra.

Quand il entra dans la pièce, Valkyrie vit les ombres se déplacer en même temps que lui. Elle ne savait pas grand-chose des nécromanciens, mais elle savait qu'ils préféraient placer la majeure partie de leur pouvoir dans des objets, des armes par exemple. Ainsi, Lord Vile avait placé les siens dans son armure. À en juger par la manière dont les ombres s'enroulaient autour de lui, Solomon Suaire avait choisi sa canne.

– Cette demeure a connu une vie plutôt insipide, dit-il. Elle a été bâtie et des gens y ont vécu ; ils ont mangé et dormi ici. Ils ont vieilli. Un vieil homme s'est éteint paisiblement dans sa chambre, il y a un peu plus de dix ans. Une maison très ordinaire, donc… Jusqu'à il y a deux ans. Peut-être te souviens-tu d'avoir entendu cette nouvelle à la télé. Quatre personnes ont été assassinées, trois abattues par une arme à feu, une autre poignardée. Deux de ces personnes sont mortes ici, dans cette pièce. La troisième a été tuée dans la cuisine. La quatrième dans le couloir, à un pas de la porte d'entrée.

Valkyrie remarqua que ses yeux étincelaient pendant qu'il décrivait la scène.

– Qui les a tuées ? demanda-t-elle en empêchant sa voix de trembler.

Suaire éclata de rire.

– Ah, tu penses qu'il s'agit d'un préambule pour t'annoncer que je suis le meurtrier ? Hélas, non. D'ailleurs, je suis quasiment certain que la police a arrêté le coupable, quel qu'il soit, et qu'elle l'a jeté derrière les barreaux. Mais la mort violente hante ce lieu. (Il ferma les yeux et inspira lentement.) Un meurtre peut s'imprimer sur les murs. Si tu essayes, tu peux même en sentir le goût. Tu peux t'en abreuver.

Valkyrie recula ; son esprit faisait surgir des images de cette effroyable énergie obscure qui tournoyait autour de lui. Elle savait qu'elle n'aurait pas dû être surprise. La nécromancie était la magie de la mort, la magie des ténèbres ; il était logique que ses adeptes soient attirés par les lieux qui empestaient l'au-delà.

Soudain, comme s'il se souvenait qu'il avait de la compagnie, Suaire s'immobilisa, ouvrit les yeux et regarda Valkyrie.

– Pardonne-moi. Pour notre première rencontre, j'aurais dû choisir un endroit plus civilisé.

– Il ne faut pas vous en vouloir, dit Skully en entrant dans la pièce d'un pas lent. Valkyrie est mon équipière. Vous pouvez vous comporter avec elle comme avec moi.

– Quel dommage, dit Suaire. Je l'aimais bien.

– Que voulez-vous, Solomon ? Notre temps est précieux.

– Le temps est toujours précieux, mais ce que j'ai à vous dire va vous intéresser. Peut-être préférez-vous, néanmoins, que je m'adresse à Remus Crux ? J'ai entendu dire qu'il courait partout, désespérément, pour trouver de quoi impressionner le Grand Mage. (Suaire secoua la tête.) Ses méthodes sont lamentables. Entre détectives, Crux est un individu qui fait passer son avancement avant les avancées de l'enquête.

– Si vous espérez me ranger de votre côté parce que nous partageons le même mépris pour cet homme, vous allez être déçu.

– Ce n'est pas la seule chose que nous partageons. Nous avons un ennemi commun.

– Tiens donc ?

– Votre enquête sur les meurtres des Téléporteurs, bien que non officielle, coïncide avec celle que je mène depuis quelques années, au sein de la Diablerie.

Skully demeura muet un instant, puis il se tourna vers Valkyrie.

– La Diablerie réunissait des fanatiques pervers au service de Mevolent. Un groupe fondé et dirigé par China.

– China ? répéta Valkyrie.

– Elle a eu une jeunesse dissolue, dit Suaire avec un sourire.

Skully poursuivit :

– Quand China les a quittés pour devenir… neutre, selon sa propre expression, le Baron Vengeous l'a remplacée, mais cela fait cent vingt ans qu'ils ne sont plus considérés comme une véritable menace. À vrai dire, cela fait quatre-vingts ans qu'ils n'ont plus fait parler d'eux.

– Mais ça va changer, dit Suaire. Jaron Gibet, Murder Rose et Abomine Krav se sont à nouveau réunis il y a deux ans. J'ai découvert que depuis, ils avaient engagé Billy-Ray Sanguin pour gonfler leurs rangs. La Diablerie est de retour, détective, et ils tuent des Téléporteurs.

– Et Batu ? Que savez-vous de lui ?

– Je pense que Batu *n'existe pas*, déclara Suaire. C'est un nom inventé pour détourner l'attention. Le véritable chef est Jaron Gibet. Il fait semblant d'obéir à un maître mystérieux. Il joue la comédie depuis des années, et tout le monde tombe dans le panneau.

– Ça n'a toujours aucun sens, dit Valkyrie. Batu, ou celui qui se sert de ce nom, a tué Trope Kessel *après* avoir découvert comment faire revenir les Sans-Visage. Mais étant donné qu'ils ont besoin d'un Téléporteur pour ouvrir la porte, pourquoi les assassiner ?

– Ils ont besoin des Téléporteurs ? s'étonna Suaire. De combien ?

– Un seul.

– Et combien en reste-t-il ?

– Deux, dit Skully. Emmett Peregrine et un autre. Inutile de poser la question, on ne vous donnera ni son nom ni l'endroit où il se trouve.

Suaire fronça les sourcils.

– Apparemment, vous n'êtes pas au courant. Peregrine est mort. Il a été assassiné il y a une heure.

Valkyrie déglutit avec peine.

– Et Tanith ?

– Qui ça ?

– La fille qui se trouvait avec lui, précisa Skully.

– Ah, l'Anglaise. Je n'ai pas tous les détails, néanmoins d'après ce que j'ai entendu dire, elle a été attaquée par Krav et Murder Rose, mais elle a réussi à sauver sa peau. Ce qui constitue une prouesse remarquable.

Valkyrie ferma les yeux. *Dieu soit loué.*

– Bref, reprit Suaire, s'il ne reste plus qu'un seul Téléporteur, et puisque tous ceux que je connais sont morts, il s'agit donc d'un nouveau. Ce qui est logique.

– Pourquoi ?

– Aucun Téléporteur chevronné n'accepterait de coopérer avec la Diablerie, expliqua Skully. Ils sont trop expérimentés, trop puissants. Les risques de fuite seraient trop élevés.

– Mais pourquoi les tuer ?

– Si la porte s'ouvre, ils pourraient la refermer. La Diablerie a supprimé les plus gros obstacles qui se dressaient sur sa route, avant même qu'on sache ce qui se passait.

– Ceux qui appartiennent aux temples du nécromancien ont fait le serment de ne pas s'impliquer dans vos affaires triviales, dit Suaire. Mais il y a ceux qui pensent, comme moi, que les plans de la Diablerie menacent tout le monde, les nécromanciens y compris. Si vous avez besoin de mon aide, détective, vous pouvez compter sur moi. Moi et trois autres.

– Je ne vous fais pas confiance, Suaire.

– Non, évidemment, mais comme je vous le disais, nous avons un ennemi commun. Je pense donc que nous devrions mettre nos divergences de côté, vous ne croyez pas ? Ne serait-ce qu'en souvenir du bon vieux temps.

Le coup de poing de Skully fut si violent, si rapide, que Valkyrie ne le vit même pas partir ; elle vit simplement Suaire être projeté contre le mur.

Le nécromancien essuya le sang qui coulait de sa lèvre.

– Vous n'avez pas perdu votre punch, c'est une certitude.

Skully répondit d'un ton neutre, sans aucune trace de colère :

– Ravi de vous compter parmi nous, Solomon. Bienvenue dans l'équipe.

– C'est un plaisir, comme toujours.

Le squelette salua d'un hochement de tête et ressortit de la maison, sous la pluie. Valkyrie lui emboîta le pas.

– Qu'est-ce qui s'est passé entre vous ? demanda-t-elle, alors qu'ils approchaient de la Bentley.

– Une vieille histoire, répondit Skully.

– Vous ne m'avez jamais raconté que vous aviez eu des histoires avec les nécromanciens.

– J'ai plus de quatre cents ans. Il y a un tas de choses que je ne t'ai pas racontées.

XII. Dans le bureau du Grand Mage

Remus Crux frappa à la porte et le Grand Mage le pria d'entrer. Le bureau était envahi de livres, et des cartes recouvraient entièrement le mur du fond. Thurid Guild n'était pas du genre à sombrer dans l'autosatisfaction parce qu'il avait atteint un certain niveau de pouvoir. Crux admirait cette exigence et il était bien décidé à suivre son exemple. Ensemble, ils redonneraient toute sa puissance au Sanctuaire.

– Imbécile, dit le Grand Mage.

Crux perdit son petit sourire.

– Pardon ?

– Savez-vous combien d'appels j'ai reçus ? Nos amis sont terrorisés. Ils regardent ce qui se passe et ils se disent : « Si quelqu'un peut tuer des Téléporteurs sans laisser la moindre trace, on peut me tuer, moi aussi. » Voilà ce qu'ils pensent.

– Grand Mage, je vous assure que je fais tout ce qui est en mon pouvoir…

– Vous m'assurez ? Moi, je les ai assurés que j'avais mis mon meilleur détective sur le coup. Et vous savez ce qu'ils me répondent ?

Intérieurement, Crux se rengorgea en entendant ce compliment. Il secoua la tête.

– Ils me répondent : « Oh, j'ignorais que vous aviez repris Skully Fourbery. »

Crux sentit le sang lui monter au visage.

– Ils ont peur et ils attendent des résultats. Je vous ai appelé pour ce travail, j'attends encore que vous m'impressionniez.

– Mais, monsieur…

– Il existe un autre Téléporteur. Le saviez-vous ? Le *dernier* Téléporteur. Un adolescent.

– Oui, monsieur. Il se nomme Renn. Il a été aperçu dans un night-club du comté de Meath. J'ai chargé nos agents de passer le secteur au peigne fin.

– Ne me décevez pas, Crux.

– Promis, monsieur.

– Laissez-moi, maintenant.

Crux s'inclina et s'empressa de quitter le bureau en refermant la porte tout doucement derrière lui.

XIII. La maison dans la rue du cimetière

Skully possédait une maison. Quand Valkyrie l'avait appris, sa première réaction avait été l'étonnement. La seconde, juste après la première, avait été inspirée par la logique. Évidemment qu'il avait une maison ; il fallait bien qu'il vive quelque part. Avait-elle vraiment cru qu'il passait ses journées et ses nuits à rouler dans sa Bentley ? À vrai dire, une partie d'elle-même l'avait pensé, mais c'était une partie pas très futée.

La maison de Skully était l'unique habitation de la rue du Cimetière. Il n'y avait pas de véritable cimetière dans la rue du même nom, mais on trouvait deux établissements de pompes funèbres concurrents, situés l'un en face de l'autre, et la maison de Skully se dressait fièrement tout au bout, tel un parent qui surveille deux frères qui se chamaillent. Il décrivit à Valkyrie les disputes dans lesquelles se lançaient les directeurs de deux établissements, postés sur le seuil de leur boutique respective, d'où ils échangeaient des insultes à distance respectueuse.

Une des premières choses qu'avait remarquées Valkyrie en entrant dans la maison, c'était que chaque pièce ressemblait à un salon.

– Je n'ai pas besoin d'autre chose, avait expliqué Skully. Je n'ai pas besoin de cuisine ni de salle de bains, et comme je n'ai pas besoin de lit, je n'ai pas besoin de chambre non plus.

– Vous ne dormez jamais ?

– Je ne suis pas obligé, mais j'ai appris à dormir, et j'aime ça. Même si, pour toi, ça ressemblerait plutôt à de la méditation. Je me coupe de tout, je laisse mon esprit vagabonder où il veut, totalement libéré de toute pensée consciente. C'est bon. C'est relaxant.

Il lui avait montré le siège dans lequel il aimait s'asseoir quand il « dormait ». C'était un fauteuil qui n'avait rien de particulièrement impressionnant. Valkyrie y avait jeté un regard indifférent avant de se mettre à fureter dans la maison.

Il y avait beaucoup de livres et beaucoup de dossiers. La pièce la plus vaste abritait un grand canapé, et chaque fois que Valkyrie devait passer quelque temps dans la rue du Cimetière, c'était généralement là qu'elle échouait.

La porte de la maison s'ouvrit et la jeune fille entra ; elle se débarrassa de sa veste en marchant et alla s'étendre sur le canapé. Skully entra à sa suite, ramassa la veste, la plia soigneusement et la déposa sur la table.

– Tout va bien ? lança-t-il. Tu veux boire ou manger quelque chose ?

– Vous n'avez jamais rien à manger ni à boire, répondit Valkyrie, dont la voix était étouffée par le coussin dans lequel elle avait enfoui son visage.

– Je crois qu'il reste un morceau de pizza qui date de ta dernière visite.

– C'était il y a quinze jours.

– Tu penses qu'elle est un peu rassise ?

– Si les souris ne l'ont pas mangée. Je n'ai besoin de rien, merci. Alors, avez-vous deviné ce qu'était l'Ancre d'Isthme ?

– Je... je réfléchis.

– Vous devriez réfléchir plus vite. Quand doit-on partir à la recherche de cette fameuse porte ?

– Demain, à la première heure.

Valkyrie soupira.

– Dans ce cas, il faut que je dorme.

Arriva le vendredi matin, avec son ciel chargé de pluie. Ils quittèrent Dublin, prirent l'autoroute et sortirent à Balbriggan. Après une demi-heure, ils s'arrêtèrent devant une pancarte qui annonçait, en lettres rouges délavées, qu'ils se trouvaient à la ferme d'Aranmore, une propriété privée. C'était un domaine immense avec des collines et des prés qui s'enfonçaient profondément dans les bois.

– C'est donc ici que le monde s'achève, commenta Valkyrie en repliant la carte. C'est plus joli que je l'avais imaginé.

Skully redémarra et ils gravirent la colline. De hautes herbes flanquaient le chemin de terre qui faisait cahoter la Bentley. Un cottage blanc, avec un toit d'ardoise et de grandes fenêtres, leur apparut soudain. Derrière, des abris de pierre de différentes tailles entouraient un champ dans lequel de vieilles machines agricoles étaient soigneusement alignées.

Quand ils arrivèrent devant le cottage, Skully coupa le moteur. Lorsqu'il eut vérifié que son déguisement était bien en place, ils descendirent de voiture.

Ils marchèrent jusqu'à la porte et Valkyrie frappa. Pas de réponse. Elle frappa de nouveau et se tourna vers Skully.

– À votre avis, qui habite ici ?

– Un fermier, je dirais.

– Vous êtes formidable.

– Un fermier célibataire, précisa le squelette, qui vit seul. Jamais marié, visiblement. Sans enfant. Il doit avoir dans les soixante-dix ans, d'après les vêtements qui séchaient sur la corde à linge devant laquelle on est passé.

– On est passé devant une corde à linge ?

– Ne t'ai-je pas dit d'être attentive aux détails ?

– Vous avez dit que je n'avais pas besoin de m'en soucier car vous étiez là pour le faire à ma place.

– Je suis certain d'avoir dit *exactement* le contraire.

– Peut-être qu'il fait la sieste, suggéra Valkyrie en collant le nez à la fenêtre. Il n'y a personne dans les parages.

– Ah, c'est agréable ! s'exclama une voix dans leur dos.

Ils se retournèrent pour découvrir un vieil homme qui marchait vers eux à grands pas. Il avait une couronne de cheveux gris rêches et un gros nez. Il portait une chemise déchirée, et des bretelles noires qui retenaient son pantalon enfoncé dans des bottes en caoutchouc crottées.

– Vous atteignez un certain âge et, brusquement, vous n'êtes plus personne, vous ne comptez plus. Vous savez quel est le problème des gens de votre âge, jeune fille ?

Valkyrie repensa à sa conversation avec Tapalœil.

– On se croit éternels ? répondit-elle.

– Non. Vous n'avez aucun respect pour vos aînés.

Elle fronça les sourcils. Comment pouvait-elle fournir la bonne réponse si ce n'était jamais la même ?

– Eh bien, que voulez-vous ? reprit le fermier. Pourquoi êtes-vous venus jusqu'ici ? Et vous, là, ajouta-t-il en se tournant vers Skully, pourquoi êtes-vous emmitouflé comme l'Homme invisible ? Vous avez honte de votre visage ?

– En fait… oui, avoua le squelette. Je m'appelle Skully Fourbery. Voici ma partenaire, Valkyrie Caïne.

– Ils distribuent des prix pour les noms les plus ridicules, maintenant ?

– Et vous… c'est comment ?

– Hanratty, répondit le vieil homme. Patrick Hanratty.

– Monsieur Hanratty…, dit Valkyrie.

– Appelez-moi Paddy.

– OK, Paddy...

– Non, attendez, j'ai changé d'avis. Appelez-moi monsieur Hanratty.

Valkyrie sourit patiemment.

– Avez-vous remarqué des choses étranges dans le coin, récemment ?

– Étranges comment ? Étranges dans votre genre ou juste étranges ?

– Étranges, quoi.

Paddy croisa les bras et fit la moue.

– Laissez-moi réfléchir... Il y a O'Leary, un jeune gars du village. Il m'apporte mes courses tous les mercredis. On peut le qualifier d'*étrange*. Il a un drôle de truc dans le sourcil. Une tige de fer. Je me demande à quoi ça sert. Peut-être que ça capte la radio.

– Je crois, dit Skully, que Valkyrie voulait parler de personnes étranges que vous n'aviez jamais vues avant.

– À part vous deux ?

– À part nous deux.

Paddy secoua la tête.

– Désolé, vous êtes les deux personnes les plus étranges que j'ai vues depuis longtemps. Vous voulez bien me dire de quoi il s'agit, ou il faut que je devine ?

– Monsieur Hanratty..., dit Valkyrie.

– Appelez-moi Paddy.

– Vous êtes sûr ?

– Non, je crois pas.

Skully prit le relais :

– Nous avons des raisons de penser qu'une bande de criminels va utiliser votre propriété comme lieu de rendez-vous.

Paddy plongea le regard dans les lunettes noires de Skully.

– Une bande de criminels, vous dites ? Des kidnappeurs ? Des voleurs de bijoux ?

– Des braqueurs de banque.

– Des braqueurs de banque, répéta le vieil homme en hochant la tête. Je vois. Oui, c'est logique. Je comprends qu'ils aient choisi ma propriété. La banque la plus proche étant à plus d'une demi-heure en voiture, ces criminels, après avoir accompli leur audacieux larcin, vont devoir parcourir cinquante kilomètres de routes étroites, en s'arrêtant pour laisser passer un tracteur ou divers véhicules agricoles, avant de traverser ni vus ni connus un village où les habitants n'ont d'autre distraction que de regarder passer les gens, pour ensuite…

– D'accord, dit Skully. Votre propriété ne va pas recevoir la visite d'un gang de braqueurs de banque.

Paddy esquissa un sourire, il savourait son triomphe.

– Vous m'en voyez soulagé. Je vais nous faire gagner du temps, d'accord ? Je n'ai aucune envie de vendre. Je vis ici depuis quarante ans et je ne veux pas partir. Alors, sauf si vous avez quelque chose d'une importance vitale à ajouter, je vais vous demander de partir. Il faut que je retourne travailler.

Skully ne répondit pas immédiatement, et Valkyrie crut qu'il allait laisser exploser sa colère, mais il tourna brusquement la tête comme s'il s'était souvenu qu'il participait à une conversation.

– Oui, bien sûr, dit-il précipitamment. Pardonnez-nous de vous avoir fait perdre votre temps.

Il regagna la Bentley à grandes enjambées, suivi de Valkyrie.

– Que se passe-t-il ? demanda-t-elle.

– J'ai compris, dit-il en marchant. C'est la Grotesquerie.

– Quoi donc ?

Ils atteignirent la voiture et montèrent à bord. Skully tourna la clé de contact, le moteur rugit.

– L'Ancre d'Isthme empêche de sceller la porte entre les réalités. C'est une chose qui est *ici*, mais qui vient de *là-bas*. Voilà pourquoi Batu a dû attendre cinquante ans entre les meurtres :

il avait besoin que le Baron Vengeous ramène la Grotesquerie. La Grotesquerie *est* l'Ancre d'Isthme.

– Mais… Bliss l'a incinérée. Non ?

Skully répondit d'une voix caverneuse alors qu'ils roulaient à tombeau ouvert :

– Il a brûlé ce qu'il pouvait : les membres et la plupart des organes, tout ce qui provenait d'une autre créature. Mais le torse est celui d'un *véritable* Sans-Visage, ou du moins l'enveloppe humaine qu'il occupait, et ces individus sont beaucoup plus difficiles à détruire.

Valkyrie avait presque peur de poser la question suivante.

– Alors… où l'a-t-il mise ? Qui l'a récupérée ? Skully, *qui a la Grotesquerie ?*

– Elle se trouve dans le Sanctuaire, répondit le squelette, avec une drôle d'intonation. Thurid Guild détient l'Ancre d'Isthme.

XIV. La Diablerie

Batu prit la fiole dans sa main droite et versa délicatement quelques gouttes à l'intérieur de son avant-bras gauche.

Brûlant comme de l'acide, le liquide se fraya un chemin sur la peau, dessinant un symbole de sang et de chair roussie.

Une fois le symbole terminé, il reposa la fiole et examina son bras. La douleur était insoutenable.

La Diablerie le regarda.

– Ceci te protégera, dit-elle. Quand les dieux des ténèbres viendront, ce symbole prouvera ta foi.

– Et Sanguin ? demanda Abomine Krav. Doit-on lui parler de cette marque ?

– Sanguin est un mercenaire. Il n'a aucune croyance, il ne mérite donc aucun traitement particulier.

– Tant mieux, dit Krav. Je ne l'aime pas.

Batu quitta la pièce alors que les autres commençaient à se tatouer le symbole sur le bras et il se rendit dans le bâtiment voisin pour inspecter son armée.

Il fit coulisser la porte et alluma la lumière. Les Hommes Creux alignés le regardèrent ; ils attendaient ses ordres.

– Bientôt, leur promit-il.

XV. Effraction

Ils se précipitèrent vers le personnage de cire de Phil Lynott qui se tenait là, avec sa guitare et un petit sourire figé.

– Nous venons voir Mr. Bliss, déclara Skully.

Pendant un instant, rien ne se passa, puis la statue tourna la tête et les regarda.

– Vous avez rendez-vous ?

– Non, mais nous devons voir Bliss. C'est urgent.

– Malheureusement, j'ai reçu des instructions très strictes vous concernant, votre partenaire et vous. Vous ne pouvez pas pénétrer dans le Sanctuaire sans…

– Appelez l'Administratrice dans ce cas ! s'emporta le squelette. Je veux parler à un être humain.

– À votre guise. (Il y eut un moment de silence.) Voilà, l'Administratrice a été avertie de votre présence. Veuillez l'attendre ici, elle ne va pas tarder.

Ils regardèrent fixement le mur, impatients de le voir s'ouvrir. Skully prit son portable, appuya sur la touche « appel », écouta quelques secondes, puis rangea le téléphone dans sa poche sans rien dire. Cela faisait vingt minutes qu'il essayait de joindre Bliss, mais celui-ci ne répondait pas.

Soudain, le mur se mit à gronder et la porte dérobée s'ouvrit. L'Administratrice avança dans le couloir.

Elle sourit poliment.

– Je crains que le Grand Mage soit trop occupé pour recevoir qui que ce soit, mais si vous m'expliquez de quoi il s'agit…

– On ne vient pas voir Guild, dit Skully. On vient pour Bliss.

– Désolée, monsieur Fourbery, Elder Bliss est absent.

– Absent ? Où est-il ?

– Je ne peux pas divulguer cette information, hélas.

– On n'a pas de temps à perdre. Il faut évacuer les restes de la Grotesquerie *immédiatement* !

C'était la première fois que Valkyrie voyait l'Administratrice tiquer.

– Comment avez-vous su ? demanda-t-elle. Le transfert de la Grotesquerie est une opération classée secrète. Seules deux personnes au sein du Sanctuaire sont au courant.

– Ces deux personnes, dit Skully, c'est vous et le Grand Mage ? Pourquoi veut-il déplacer la Grotesquerie ?

– Nous déplaçons très souvent des choses, pour des raisons de stockage, d'espace ou de convenance. Cela n'a rien d'extraordinaire.

– Quand doit-elle être transférée ?

– Je ne…

– *Où* doit-elle être transférée ?

L'Administratrice se hérissa légèrement.

– À vrai dire, je l'ignore. Le Grand Mage informera lui-même l'équipe chargée du transport.

– Combien de personnes compte cette équipe ?

– Je n'ai pas l'intention de…

– Laissez-moi deviner. Guild ne veut pas attirer l'attention, il va donc choisir la discrétion. Deux ou trois Fendoirs, c'est ça ? Dans un fourgon blindé ?

– Le Grand Mage m'assure que ces précautions seront suffisantes.

– Le fourgon va être attaqué, déclara Valkyrie.

L'Administratrice le regarda en plissant les yeux.

– Pourquoi feriez-vous une chose pareille ?

– Ce n'est pas *nous* qui allons attaquer le fourgon, répondit Skully. Par contre, on va être obligés de voler la Grotesquerie.

Après un moment d'hésitation, l'Administratrice fit demi-tour pour partir en courant. Skully tendit la main. Valkyrie sentit les ondulations de l'air alors qu'une bulle se formait autour de la tête de la femme, soudain privée d'oxygène. Elle se mit à suffoquer et Skully s'avança pour la retenir au moment où elle défaillait.

– Je suis vraiment désolé, dit-il.

Valkyrie claqua des doigts et pivota vers la statue de Phil Lynott en brandissant une boule de feu tout près de son visage.

– Si vous donnez l'alerte, je vous fais fondre.

– Inutile, répondit le personnage de cire. Je suis en liaison uniquement avec l'Administratrice. Ils promettent toujours d'étendre mon réseau de communication à tout le Sanctuaire, mais ils ne le font pas. Tant que je suis là pour ouvrir et fermer cette porte, ils sont très contents de faire comme si je n'existais pas.

Skully étendit l'Administratrice évanouie sur le sol.

– Elle va se réveiller dans quelques minutes, dit-il. Soyez gentil de m'excuser auprès d'elle.

Le mur vibra bruyamment derrière eux, mais ils s'engouffrèrent par la porte ouverte avant qu'elle se referme.

– Bien essayé ! lança Valkyrie par-dessus son épaule.

La statue de Phil Lynott haussa les épaules et reporta son attention sur la femme couchée par terre, et juste avant que la porte coulisse, Valkyrie l'entendit qui se mettait à chanter *Killer on the Loose*, *Un tueur en liberté*, encore une des chansons préférées de son père.

Skully la précéda dans l'escalier de pierre.

– Comment on va faire pour ressortir ? s'inquiéta-t-elle. Déjà qu'on risque de se faire remarquer en déambulant tous les deux dans le Sanctuaire, si en plus on se trimballe avec la Grotesquerie…

– On ne repassera pas par ici.

– Mais c'est la seule entrée !

– Ce n'est pas la seule sortie.

Arrivés au pied de l'escalier, ils ralentirent avant de pénétrer dans le hall. Skully avançait calmement, alors que Valkyrie sentait ses genoux s'entrechoquer. Les Fendoirs qui montaient la garde tournèrent la tête pour les regarder franchir la porte la plus proche, mais ils ne tentèrent pas de les arrêter.

Les deux intrus parcoururent le couloir côte à côte, sans se presser, comme s'ils avaient le droit de se trouver là. Ils provoquaient l'étonnement des sorciers qu'ils croisaient, mais nul ne remit en question leur présence. Abandonnant le couloir principal, ils s'enfoncèrent dans les galeries secondaires, plus étroites, et leurs pas s'accélérèrent.

Ils approchaient des Geôles du Sanctuaire où étaient emprisonnés quelques-uns des criminels les plus fous et les plus dangereux au monde. Skully avait parlé de certains d'entre eux à Valkyrie. Des tueurs en série, des sociopathes et des psychopathes de toutes les espèces étaient enfermés dans ces cages. Valkyrie pouvait presque sentir le mal filtrer à travers cette porte, comme un courant d'air glacé et humide qui la fit frissonner.

Devant eux se trouvait le Dépôt, l'immense pièce qui abritait des objets mystiques et magiques, dont les restes de la Grotesquerie. Mais aujourd'hui, contrairement à toutes les fois où Valkyrie était venue ici, deux Fendoirs gardaient la porte à double battant. Skully et Valkyrie s'engagèrent dans un couloir voisin, mine de rien, puis s'arrêtèrent au coin, à l'abri des regards des Fendoirs.

– OK, dit-il. C'est bon.

– C'est bon ? Qu'est-ce qui est bon ? Qu'est-ce qu'il y a de bon dans tout ça ?

– Si les Fendoirs gardent la porte, ça signifie que la Grotesquerie se trouve toujours de l'autre côté. On a un peu de temps. Ce qu'il nous faut, c'est un moyen de diversion.

– On pourrait peut-être libérer un des prisonniers pour que les Fendoirs se lancent à sa poursuite ?

– Tu tiens vraiment à remettre en liberté un tueur en série aux pouvoirs magiques ?

– Je plaisantais, marmonna Valkyrie, sur la défensive.

– En fait, dit Skully, ce n'est pas une mauvaise idée. Mais il ne faut pas choisir un détenu des Geôles, ils sont trop dangereux. Quelqu'un qui se languit dans une simple cellule, ce serait peut-être mieux.

Un large sourire illumina le visage de la jeune fille.

– Vous voyez ? Même mes plaisanteries sont géniales.

Skully repartit sans faire de commentaire et Valkyrie dut presser le pas pour ne pas se laisser distancer.

– Les cellules ne sont pas elles aussi gardées par des Fendoirs ? demanda-t-elle.

– Après les événements de ces deux dernières années – l'attaque de Serpine contre le Sanctuaire tout d'abord, puis le combat contre la Grotesquerie –, les Fendoirs ont été décimés. Désormais, on les traite comme des denrées précieuses et on ne les utilise qu'en cas d'absolue nécessité. Par conséquent, je doute qu'ils surveillent les cellules ordinaires. Nous allons sans doute tomber sur un agent du Sanctuaire qui, avec un peu de chance, nous connaîtra et nous laissera choisir notre prisonnier.

– Ça nous arrive d'avoir de la chance ?

– Il faut positiver, Valkyrie.

Ils atteignirent la zone de détention sans que personne ne s'étonne de les trouver là. Le couloir rétrécit. Des portes en acier se découpaient de chaque côté. Un jeune homme aux cheveux écarlates se leva derrière son bureau, le regard soupçonneux.

– Vous êtes Skully Fourbery, dit-il.

– Exact. Et voici Valkyrie Caïne, ma partenaire. Vous êtes… ?

– Je m'appelle Staven Chialeur. Vous n'avez rien à faire ici.

Skully fit un geste vague.

– Ne vous inquiétez pas, tout est en ordre.

– Le Grand Mage nous a mis en garde contre vous.

– Vous êtes certain qu'il s'agissait de moi ? Il ne parlait pas de quelqu'un d'autre ?

– Vous n'avez pas le droit de venir par ici sans être accompagné, dit Chialeur, en s'efforçant d'insuffler un peu d'autorité à sa voix. Qui vous a laissé entrer ?

– La porte était ouverte.

– J'appelle mon supérieur.

Joignant le geste à la parole, Chialeur tendit la main vers le bouton installé sur son bureau, mais Skully lui saisit le poignet et le tordit. Le jeune homme poussa un hurlement de douleur. Skully contourna le bureau pour plaquer Chialeur contre le mur.

– Les menottes, dit-il.

Valkyrie ouvrit un des tiroirs du bureau. Il contenait une demi-douzaine de sacs en plastique renfermant les effets personnels des détenus. Elle en ouvrit un autre et tomba sur une paire de menottes flambant neuve qu'elle lança à Skully. Celui-ci attacha les mains de Chialeur dans son dos et le relâcha.

Le jeune homme s'éloigna en titubant, les yeux exorbités.

– Vous m'avez attaqué !

– On veut juste vous emprunter un de vos prisonniers, expliqua Valkyrie.

– Je ne peux pas vous laisser faire ! lança-t-il d'un ton hargneux en adoptant une posture de combat que Valkyrie n'avait jamais vue.

Elle l'observa en se demandant s'il pratiquait un art martial assez efficace pour contrebalancer le fait qu'il ne pouvait pas se servir de ses mains. Elle s'attendait à le voir exécuter quelques sauts, peut-être même périlleux, et une succession de coups de pied. En vérité, ce à quoi elle assista ressemblait davantage à une tentative pour asséner un coup de tête dans la poitrine de Skully. Il s'élança tel un taureau ; le squelette fit un écart sur le côté, Chialeur se cogna le genou contre le bureau et tomba par terre en grimaçant.

– Fais le guet, ordonna Skully à Valkyrie.

Il releva Chialeur et l'entraîna vers les cellules. Il l'abandonna contre le mur, plié en deux, et s'approcha de la première porte en acier dont il souleva le petit loquet pour jeter un coup d'œil à l'intérieur. Il abaissa le loquet et passa à la porte suivante.

Valkyrie se posta au coin pour s'assurer que personne ne venait les déranger. En regardant par-dessus son épaule, elle vit Skully pousser Chialeur dans une cellule et faire signe au prisonnier de sortir. Elle reporta son attention sur le couloir. Un sorcier apparut à l'intersection, mais il ne tourna pas la tête dans sa direction. Elle attendit en retenant son souffle ; heureusement, il ne réapparut pas.

Valkyrie se retourna à nouveau pour voir quel prisonnier avait choisi Skully. Les mains menottées devant lui, l'homme lui lança un regard de défi. Elle le connaissait. Il se considérait comme le Tueur Suprême, celui qui transformait le meurtre en œuvre d'art, bien qu'il n'ait pas encore réussi à tuer qui que ce soit. La première fois qu'ils s'étaient rencontrés, il avait tenté de la pousser du haut d'un immeuble. Il n'était pas très intelligent.

– Comme on se retrouve ! lança Vaurien Larsouille.

Valkyrie ne put s'empêcher de rire.

Le rictus du prisonnier s'évanouit et ses épaules s'affaissèrent.

– J'aimerais bien, juste une fois, que les gens arrêtent de rire en me voyant.

– Silence, ordonna Skully en le poussant vers l'avant.

Valkyrie s'efforça de contenir son sourire alors qu'ils revenaient vers le Dépôt.

– J'ai été victime d'un coup monté, déclara Larsouille qui marchait deux pas devant eux. On m'a accusé d'un crime que je n'ai pas commis. Je n'ai rien à faire ici.

– Exact, dit Skully. Tu devrais être dans une véritable prison pour tentative de meurtre.

– Je me suis évadé.

– Ce n'est pas tout à fait exact. Une évasion nécessite un esprit dynamique et aventureux. En vérité, on t'a transféré dans un autre centre de détention et on t'a oublié sur une aire de repos.

– Je me suis enfui.

– Non, ils sont repartis sans toi.

– J'étais un homme libre. Mais on m'a accusé d'un crime que je n'ai pas commis et on m'a réarrêté. Je ne devrais pas être ici. Vous trouvez ça juste, vous ?

– Je trouve ça amusant, murmura Valkyrie.

Larsouille l'ignora.

– Où vous m'emmenez ? C'est pas le chemin des salles d'interrogatoire. Pourquoi vous êtes venus me chercher ?

– Parce qu'on adore ta compagnie.

Larsouille ralentit et son visage devint livide.

– Vous allez m'exécuter, hein ?

– Mais non, dit Skully.

– C'est pour ça que vous voulez rien dire, hein ? Oh, mon Dieu, vous allez m'exécuter.

– Je te promets que non.

– Pourquoi ? Pourquoi vous allez m'exécuter ? Vous avez peur de moi, c'est ça ?

– Je n'ai pas l'impression.

Les jambes du prisonnier se dérobèrent et Skully dut le soutenir pour qu'il continue à avancer.

– Vous redoutez ma colère, dit Larsouille d'une toute petite voix.

Skully l'arrêta, lui ôta ses menottes et le poussa tout doucement.

– Allez, sauve-toi.

Larsouille pivota pour leur faire face.

– Pourquoi ? Vous voulez vous amuser avec moi, hein ? C'est cruel.

– On ne va pas vous exécuter, dit Valkyrie.

L'homme tomba à genoux.

– Par pitié, ne me tuez pas !

Skully secoua la tête en soupirant.

– J'aurais dû choisir quelqu'un d'autre.

– On veut juste que vous détourniez l'attention de quelques personnes, expliqua Valkyrie.

– Je ne veux pas mourir.

– Debout, Vaurien. On ne te fera pas de mal.

– Une fois que j'aurai le dos tourné...

– On ne te fera rien du tout. On veut que tu fasses diversion, mais ce n'est pas tout. On t'offre l'occasion de fuir ! Regarde : tu n'as plus de menottes. Tu n'es pas blessé. Qu'est-ce qui t'empêche de ficher le camp d'ici ?

– OK, dit-il en se relevant. Je cours et c'est tout ?

– Exact.

– Et si je...

Larsouille s'élança au beau milieu de sa phrase, espérant ainsi les prendre par surprise.

– Dans l'autre sens ! lui cria Valkyrie.

Il s'arrêta en dérapant et se retourna.

– Par là, c'est les cellules, dit-elle.

Il regarda autour de lui pour essayer de s'orienter. Finalement, il hocha la tête et revint sur ses pas.

– C'est pas parce que j'accepte de vous aider qu'on est alliés, dit-il.

– Évidemment, dit Skully.

– La prochaine fois que je vous verrai, j'essaierai de vous tuer.

– Évidemment.

– Comment je fais pour sortir d'ici ?

– Va tout droit et tourne à gauche. Ensuite, fie-toi à ton flair.

Larsouille s'arrêta à leur hauteur et lâcha d'un ton rageur :

– On se reverra.

Il trottina jusqu'au coin, jeta un coup d'œil à droite, poussa un couinement et décampa vers la gauche.

– On aurait dû lui préciser qu'il allait devoir échapper aux Fendoirs, dit Skully, alors que les deux gardes franchissaient l'intersection en coup de vent.

Valkyrie et le squelette se précipitèrent vers la porte du Dépôt et, juste avant de se faufiler à l'intérieur, la jeune fille jeta un coup d'œil en arrière au moment où les Fendoirs sautaient sur Larsouille, qui poussait des cris stridents.

XVI. Le vol de la Grotesquerie

Skully sortit de sa poche une petite bobine de fil et entreprit de l'enrouler autour des poignées de la porte.

– Ça va tenir ? demanda Valkyrie, sceptique.

– C'est du Fil Inébranlable. Plus on tire dessus, plus il résiste. C'est extrêmement rare. On raconte qu'il a été fabriqué il y a plus de deux mille ans avec de la paroi d'estomac d'un dragon empereur.

– C'est vrai ?

– Non, c'est juste du fil très solide.

Une fois les poignées de la porte solidement attachées, ils pénétrèrent plus profondément dans la pièce. Le Dépôt était un vaste endroit sombre, où des rangées d'étagères et des tables gémissaient sous le poids des objets magiques qu'elles soutenaient. Au centre, là où trônait jadis le Livre des Noms, sur son piédestal, se trouvait maintenant une cage en acier noir, de la taille d'une camionnette. Les restes de la Grotesquerie, un torse et une tête enveloppés dans des bandages souillés, y étaient conservés, suspendus au-dessus du sol par une dizaine de chaînes. Des symboles étaient gravés sur chacun des barreaux ; ils se mirent à rougeoyer lorsque les deux intrus s'en approchèrent.

– Ne touche pas à la cage, surtout, dit Skully.

– Comment on fait pour l'ouvrir ?

– Avec énormément de prudence, je suppose. Je ne maîtrise pas le langage de ces symboles aussi bien que China, mais je sais reconnaître un champ mortel quand j'en vois un. Il tuera quiconque se risque à glisser la main entre les barreaux, rien que ça.

– On ne peut pas le désactiver ?

– Si, à condition de savoir sur quel symbole il faut appuyer. Hélas, si on se trompe, le champ mortel s'amplifiera et tuera toutes les personnes qui se trouvent dans la pièce.

– Même vous ?

– Vu que je suis déjà mort, c'est ça ?

– Serpine s'est servi de sa main droite écarlate contre vous et ça n'a eu aucun effet. Peut-être que ce serait pareil.

– Si j'en savais un peu plus sur la façon dont je suis devenu un squelette vivant doté d'une grande élégance naturelle, je pourrais essayer. Mais il y a fort à parier que le champ mortel tuerait tout ce qui reste de moi.

– Alors, comment on va faire pour récupérer la Grotesquerie ?

Skully avança entre les rayonnages.

– Il y a certainement quelque chose qui peut nous aider ici, dit-il.

La jeune fille le suivit, en regardant au passage les objets entreposés, sans avoir la moindre idée de la manière dont ils pourraient les utiliser pour ouvrir la cage.

Au hasard, elle prit une boule en bois, deux fois plus grosse qu'une balle de tennis. Une fine rainure courait sur toute la circonférence.

– C'est quoi, ça ? demanda-t-elle en montrant l'objet à Skully.

– Une Sphère de Dissimulation. Il n'en existe pas beaucoup dans le monde.

– Ça sert à quoi ?

– À rendre les gens invisibles.

– Cool !

Valkyrie replaça la boule sur l'étagère et se retourna pour suivre Skully, mais il avait disparu.

Elle entendit un bruit dans une rangée et perçut l'ombre d'un mouvement. Soudain, un grognement retentit et Skully vola au-dessus des étagères. Il retomba sur une table, brisant les fioles qui s'y trouvaient, puis il roula sur le côté et s'écroula sur le plancher en gémissant. Une sorte de colosse aux longs cheveux argentés marcha vers lui à grandes enjambées. Valkyrie le reconnut grâce à la description qu'on lui en avait faite. Abomine Krav.

La Diablerie était ici pour voler la Grotesquerie, avant eux.

Valkyrie recula. Son cœur cognait dans sa poitrine et des pas résonnaient dans son dos.

En se retournant, elle vit Sanguin qui approchait, avec son sourire pervers. Elle fit claquer les doigts de ses deux mains et des flammes envahirent ses paumes, mais le plancher se fissura aux pieds de Sanguin et celui-ci s'enfonça dans le sol. Sur ses gardes, ignorant les bruits du combat que livrait Skully, Valkyrie tendit l'oreille pour suivre la progression souterraine de Sanguin.

Alertée par un craquement, elle comprit qu'il allait réapparaître juste derrière elle. Elle décocha un coup de pied en arrière et sentit un choc. En se retournant, elle découvrit Sanguin étendu par terre, les mains plaquées sur le visage ; ses lunettes noires étaient cassées net en deux et le sang jaillissait de son nez. Malgré la douleur et la fureur qui déformaient son visage sans yeux, il se releva pour se jeter sur elle.

Valkyrie se glissa sous son bras droit et lui faucha une jambe. Déséquilibré, il posa un genou à terre. Elle enchaîna avec un coup de coude à l'arrière du crâne. Sanguin bascula vers l'avant, sur les mains, et exécuta une sorte de ruade vicieuse. Touchée aux chevilles, Valkyrie s'écroula et il la ceintura aussitôt. Elle tenta de se libérer de cet étau, mais il était trop fort pour elle et il la poussa violemment dans un mur de rayonnages. Les étagères basculèrent, les objets se brisèrent sur le sol et Valkyrie les accompagna dans leur chute.

Après s'être relevée péniblement, elle essaya de repousser l'air, mais Sanguin était trop rapide. Un coup de poing qu'elle n'avait pas vu venir faillit lui décrocher la tête et une lumière blanche explosa devant ses yeux. Alors qu'elle allait au tapis une fois de plus, elle sentit le goût du sang sur sa langue. Allongée par terre, elle plaqua sa main sur sa bouche et constata qu'elle s'était cassé une dent de devant. Son corps pesait des tonnes, elle n'avait plus aucune énergie, mais à cet instant, elle ne pensait qu'à sa dent. Quelle galère pour expliquer ça à sa mère !

Une chaussure marron apparut tout près de son visage et Sanguin s'agenouilla en dépliant son coupe-chou ; le sang qui continuait à couler de son nez maculait la veste de Valkyrie.

– Tu l'as bien cherché, grogna-t-il en approchant la lame de sa gorge.

Un coup de feu retentit. Sanguin hurla et bascula sur le côté en se tenant la jambe à deux mains. Derrière lui, Skully voulut changer de cible, mais Krav le désarma d'un revers de la main.

Sanguin se releva en jurant, et, sans se soucier de Valkyrie, il tituba vers la cage. Il appuya la main sur un des symboles qui ornaient les barreaux et celui-ci se mit à clignoter. Valkyrie roula sur elle-même car elle s'attendait à ce que le champ mortel les enveloppe tous, comme l'avait prédit Skully. Mais, curieusement, le symbole s'éteignit, et les autres également. La porte de la cage s'ouvrit et Sanguin y pénétra en traînant la patte. Il tendit la main vers la Grotesquerie ; à ce contact, les chaînes libérèrent leur prise et le torse entouré de bandages tomba lourdement.

– Je l'ai ! s'écria-t-il.

Furieux d'être privé de sa proie, Krav montra les dents à Skully et se dirigea vers la cage à grands pas, tandis que le sol s'effritait, et Sanguin entraîna Krav et la Grotesquerie avec lui sous terre.

Skully ramassa son pistolet, avant de se précipiter vers Valkyrie. Celle-ci prit conscience des coups frappés à la porte. Le Fil Inébranlable tenait bon mais, soudain, elle vit la lame d'une faux traverser l'huis, puis disparaître. Les Fendoirs avaient décidé d'employer les grands moyens.

– Laisse-moi voir ça, dit Skully en l'aidant à se redresser.

Il prit son visage dans sa main gantée et l'obligea à incliner la tête en arrière. Du sang coulait sur son menton et elle s'efforçait de ne pas déglutir.

– Ouvre la bouche.

Elle refusa. Elle avait les larmes aux yeux à cause du choc, mais aussi de la détresse. Billy-Ray l'avait privée de son sourire d'un seul coup de poing.

Skully la releva. Un filet d'air froid s'insinua entre ses dents, lui arrachant un gémissement de douleur. Elle pinça les lèvres.

La porte à double battant finit par céder et Thurid Guild fit irruption dans le Dépôt, flanqué de deux Fendoirs. Il découvrit la cage vide.

– Emparez-vous d'eux ! rugit-il.

Skully saisit Valkyrie par la main et l'entraîna dans le dédale de rayonnages. Un des Fendoirs bondit dans les airs et retomba devant eux, en faisant tournoyer sa faux pour leur barrer le passage. Le squelette déplaça un mur d'air, mais le garde résista aux ondulations. Pendant ce temps, son camarade approchait par-derrière pour les prendre au piège.

Ils ne pouvaient pas se permettre de se laisser arrêter. Maintenant que la Diablerie détenait l'Ancre d'Isthme, ils devaient retrouver et récupérer Fletcher Renn. Mais pour cela, il fallait d'abord sortir d'ici.

Skully tenait encore son pistolet dans la main droite. Il ouvrit le feu, à bout portant, en visant la poitrine du Fendoir. Celui-ci tituba, protégé par son uniforme, et le squelette finit de le déséquilibrer d'un coup de pied. Le Fendoir tomba à la renverse et ils en profitèrent pour sauter par-dessus.

Ils coururent jusqu'au bout de l'allée. Skully se jeta sur la Sphère de Dissimulation et donna un grand coup d'épaule dans l'étagère, qui bascula. Des objets magiques se brisèrent en heurtant le sol, une fumée surnaturelle se répandit et des cris retentirent, comme si une dizaine d'âmes emprisonnées venaient d'être libérées. Profitant de la confusion, Valkyrie se baissa et suivit Skully entre les rayonnages, en direction de la porte. Elle entendait Guild aboyer des ordres aux renforts qui arrivaient.

La fumée, malodorante, l'avait rejointe. Instinctivement, elle inspira par la bouche, et la douleur la fit chanceler. Les mains plaquées sur ses lèvres rouges de sang, elle chassa ses larmes en battant des paupières et vit le squelette disparaître dans une autre allée. Elle voulut s'élancer dans son sillage, mais se figea en voyant un Fendoir surgir devant elle.

Son casque à visière balaya les environs. Elle resta pétrifiée. D'une seconde à l'autre, il allait l'apercevoir.

Des mains gantées émergèrent de la pénombre dans le dos du garde et, d'un mouvement brusque, le firent disparaître.

Valkyrie n'osait toujours pas bouger ; elle attendait que l'affrontement éclate, mais tout était calme.

Jetant un coup d'œil entre les étagères, elle découvrit Guild, le visage déformé par la fureur. Il y eut un mouvement derrière lui et Valkyrie prit conscience qu'un Fendoir se trouvait là quelques secondes plus tôt.

Elle avança pliée en deux, sans bruit. En un éclair, elle traversa le vide entre les rayonnages et suivit une autre rangée qui la rapprocha de la porte. Un nouveau Fendoir entra en courant ; Guild l'arrêta d'un geste.

– Reste ici, ordonna-t-il. Veille à ce qu'ils ne s'échappent pas.

Le Fendoir brandit sa faux. Il était le dernier obstacle entre

Valkyrie et la porte. La fumée surnaturelle se déplaçait sous forme de longues traînées qui montaient et descendaient ; elle passa devant la jeune fille, masquant son champ de vision. Quand elle se dissipa, le Fendoir avait disparu.

Skully jaillit de l'obscurité et attendit près de la porte. Après avoir vérifié que personne ne risquait de l'apercevoir, Valkyrie avança à petits pas jusqu'à l'extrémité de la rangée. Quand Skully lui adressa un signe de tête, elle s'empressa de le rejoindre et, ensemble, ils sortirent dans le couloir.

Ils se mirent à courir.

Un magicien que Valkyrie reconnut vaguement fronça les sourcils en les voyant, mais Skully propulsa l'air et l'homme décolla du sol. Ils prirent le couloir qui se trouvait sur leur gauche pour s'éloigner des zones les plus fréquentées.

– Il y a une autre sortie, dit le squelette, tout en cavalant. Eachan Meritorious m'en a parlé un jour. À n'utiliser qu'en cas d'urgence. Guild ignore que je connais son existence.

Ils firent irruption dans une vaste salle de forme ovale, éclairée par une unique source de lumière qui maintenait les coins dans l'obscurité. C'était là que Valkyrie avait rencontré les Anciens, deux ans plus tôt.

Elle se retourna pour fermer la porte, mais Remus Crux la franchit comme un boulet de canon et la jeune fille se retrouva à terre. Voyant qu'il tenait son arme à la main, Skully se jeta sur lui et immobilisa son bras contre ses côtes. Crux voulut protester, mais le squelette le cueillit au menton d'un crochet du droit. Les genoux de l'inspecteur se dérobèrent et Skully en profita pour le désarmer, avant de l'expédier au tapis.

Valkyrie entendit des bruits de pas dans le couloir. Elle claqua des doigts pour attirer l'attention de Skully. Celui-ci sortit de sa poche de veste la Sphère de Dissimulation et tourna les deux hémisphères dans des directions opposées. Une bulle de brouillard s'en échappa et les enveloppa, ainsi que Crux. Thurid Guild accourait, suivi de trois Fendoirs. Valkyrie s'efforçait d'ignorer la douleur qui enflammait sa bouche et se tenait prête à en découdre, mais Skully posa la main sur son épaule.

– Ils ne peuvent pas nous voir ni nous entendre, dit-il. Tout ce qui est magique se trouve maintenant dissimulé.

Dans sa main, la sphère émettait un léger tic-tac, tandis que les deux hémisphères tournaient lentement pour retrouver leur alignement d'origine.

– Grand Mage, supplia Crux d'une toute petite voix, aidez-moi.

Mais Guild ne pouvait pas l'entendre. Il se tourna vers les Fendoirs.

– Ils ont dû faire demi-tour. Bloquez la sortie. Nul ne doit entrer ou sortir sans mon autorisation. Dépêchez-vous !

Les gardes casqués partirent ventre à terre et Guild rebroussa chemin d'un pas décidé. Crux, toujours à terre, laissa échapper un gémissement. Skully le toisa.

– Ce n'est pas nous qui avons volé la Grotesquerie, Remus. C'est la Diablerie. Voilà qui se cache derrière tout ça. Un certain Jaron Gibet et un individu qui pourrait s'appeler Batu. Concentrez votre enquête sur eux.

– Vous êtes en état d'arrestation, gémit Crux.

– Guild est de mèche avec eux. Il leur a indiqué quel symbole permettait de désactiver le champ mortel. Il ne faut pas lui faire confiance. Vous ne pouvez vous fier qu'à Bliss.

La sphère de bois émit un ultime tic-tac et la bulle de brouillard se dissipa. Skully la remit dans sa poche et entraîna Valkyrie vers un coin sombre. Il claqua des doigts pour faire jaillir une flamme éclatante.

– Tout est une question de synchronisation, lui dit-il. Dès qu'on aura commencé à courir, plus question de s'arrêter, c'est bien compris ?

Elle confirma d'un murmure ; sa dent cassée lui faisait trop mal pour qu'elle ouvre la bouche. Skully se pencha vers elle et parla à voix basse afin que Crux ne l'entende pas :

– Une fois sortis d'ici, on demandera au professeur Râleux de te soigner, OK ? Ne t'inquiète pas.

Elle répondit par un borborygme et le squelette pencha la tête sur le côté ; il semblait compatir à son malheur. Il désigna le mur d'un mouvement du menton.

– Touche-le et prépare-toi à courir.

Valkyrie tendit le bras, sa paume entra en contact avec le mur froid, et un grondement se fit entendre lorsque la cloison s'ouvrit, assez largement pour qu'ils puissent passer l'un et l'autre.

– Maintenant ! s'écria Skully et ils s'élancèrent.

Le mur se referma dans leur dos, au moment même où l'espace situé juste devant s'ouvrait. C'était déconcertant de foncer ainsi vers un obstacle solide qui disparaissait juste avant qu'ils l'atteignent, puis réapparaissait sur leurs talons. Ils sprintaient à l'intérieur d'une bulle d'espace qui traversait le sous-sol à vive allure, dans un grondement assourdissant qui rappelait à Valkyrie la fois où Billy-Ray Sanguin l'avait conduite auprès du Baron Vengeous. Elle n'avait pas aimé cette expérience et elle n'aimait pas davantage celle-ci.

Ils gravissaient une pente ; Valkyrie le sentait dans ses jambes. Skully avait éteint la flamme pour qu'elle ne consume pas l'oxygène et ils fonçaient maintenant dans l'obscurité la plus complète. Valkyrie ouvrit la bouche sur le côté pour inspirer de l'air, tout en essayant de protéger sa dent cassée.

Elle fatiguait. Cela faisait trop longtemps qu'ils sprintaient ainsi. Il fallait qu'elle ralentisse, juste un instant, mais elle savait que cette bulle d'espace qui les enveloppait continuerait sans eux. Et elle n'avait aucune envie de mourir écrabouillée, même si le supplice était bref.

– Je ne pensais pas que ce serait si loin, commenta Skully par-dessus le vacarme.

Le squelette n'ayant pas de souffle, il ne pouvait pas en manquer, et comme il n'avait pas de muscles, ils ne pouvaient pas le faire souffrir. À cet instant, Valkyrie l'envia.

Soudain, sa veste la tira en arrière. Elle comprit immédiatement que la queue-de-pie s'était retrouvée prise sous les décombres, et elle s'empressa d'extraire ses bras des manches. Déséquilibrée, elle trébucha et sentit les doigts gantés de Skully se refermer sur sa main et la relever d'un coup sec, en la traînant presque dans son sillage. Elle parvint à se redresser pour reprendre sa course, mais le squelette ne lui lâcha pas la main.

Une lueur aveuglante apparut tout à coup, accompagnée d'un souffle d'air frais et ils se retrouvèrent dehors. Valkyrie glissa sur l'herbe humide et atterrit sur le dos. Le grondement cessa subitement. Elle demeura allongée, les mains sur la bouche, le souffle court, les yeux plissés le temps qu'ils s'habituent à la luminosité.

Skully enroula son écharpe autour du bas de son visage. Après quoi, il enfonça son chapeau sur ses orbites vides.

– Le jardin du Souvenir, dit-il. Ce n'est pas l'endroit le plus discret pour faire aboutir un passage secret, mais je ne me plains pas.

Valkyrie grogna pour signifier qu'elle non plus n'avait pas envie de se plaindre. Il l'aida à se relever. La chair de poule recouvrait ses bras nus car il faisait frisquet. Autour d'elle, elle n'apercevait qu'un couple âgé qui se promenait. Personne n'avait assisté à leur arrivée. Ils marchèrent vers la grille du parc.

– On a un problème, déclara Skully. En plus de tous les autres, je veux dire. La Bentley est restée au Sanctuaire et on ne pourra pas la récupérer.

Valkyrie gémit.

– La bonne nouvelle, reprit le squelette, c'est qu'après l'accident dont elle a été victime il y a deux ans, j'ai pris la précaution de cacher plusieurs véhicules de remplacement ici et là. Une voiture nous attend à quelques minutes de marche d'ici.

Valkyrie le regarda et marmonna une question.

Skully éclata de rire.

– Non, elle n'est pas jaune. Je suis sûr qu'elle te plaira, celle-ci.

Peu de temps après, ils arrivèrent devant un petit parking situé derrière un immeuble délabré. Valkyrie s'efforçait de masquer sa bouche ensanglantée quand ils croisaient des passants. L'unique voiture garée là était une Ford Fiesta. La jeune fille foudroya Skully du regard.

Il hocha la tête.

– Oui, je sais, elle est plutôt petite.

Elle marmonna autre chose et, cette fois, il secoua la tête.

– Tu seras surprise de voir combien elle est maniable. Certes, elle n'a pas le confort ni la puissance de la Bentley, mais dans les embouteillages, une Fiesta, c'est…

Elle l'interrompit par une succession de grommellements.

– Oui, tu as raison. Elle est plutôt… violette.

Valkyrie était abattue.

Skully récupéra les clés cachées dans le tuyau d'échappement, ouvrit la portière et monta à bord. Valkyrie se glissa à ses côtés, boucla sa ceinture sans enthousiasme, et Skully mit le moteur en marche.

– Du premier coup ! s'exclama-t-il gaiement.

Ils sortirent du parking et prirent la direction du cinéma Hibernia. La Menace Violette n'était pas aussi moche que la Canari Jaune, mais pas loin. Au moins, les gens ne s'arrêtaient pas pour la regarder passer en riant. Après quelques minutes, Valkyrie cessa même d'y penser, et elle put se concentrer sur sa dent cassée.

Ils se garèrent en face du Hibernia. Skully entra le premier dans le cinéma afin de s'assurer que Guild n'avait pas envoyé un escadron de Fendoirs pour les arrêter, puis il fit signe à sa partenaire de le rejoindre. La pluie fit son apparition au moment où ils entraient. Valkyrie franchit l'écran la première pour accéder au centre médical.

Fletcher s'avança en se pavanant ; il voulut lancer une plaisanterie, mais il vit le sang séché sur les mains et le visage de Valkyrie et ouvrit de grands yeux. Ils se croisèrent en silence.

Tapalœil était dans un des laboratoires, en train de boire un thé et de manger un scone. En les voyant arriver, il se mit à grommeler, mais quand Valkyrie s'approcha, il fronça les sourcils. Jusqu'à présent, elle s'était montrée courageuse, mais l'air inquiet de Tapalœil lui fit venir les larmes aux yeux. Incapable de se contenir, elle éclata en sanglots.

Skully eut un mouvement de recul, comme si elle l'avait brûlé ; Tapalœil se précipita.

– Oh, ma jolie, dit-il avec tendresse, ce n'est pas la peine de pleurer. Que t'est-il arrivé ? Attends, laisse-moi regarder. Une dent cassée ? C'est tout ? Ce n'est rien. Une demi-heure de travail, au maximum. Tu n'as aucune raison de t'en faire.

En temps normal, Valkyrie aurait répondu par une remarque humoristique pour montrer qu'elle n'était pas affolée, mais aujourd'hui, les mots lui manquaient.

Tapalœil jeta un regard noir à Skully.

– Vous pouvez aller attendre ailleurs, détective Fourbery. Peut-être que vous pourriez surveiller ce garçon exaspérant que vous m'avez collé dans les bras, et essayer de faire en sorte qu'il ne casse rien. Je vous rends cette jeune fille très rapidement.

Le squelette hocha la tête et regarda Valkyrie, puis il s'en alla.

– On va réparer ce sourire, promit le professeur avec un petit clin d'œil complice. Ne t'en fais pas.

XVII. Un sombre petit secret

China était assise à son bureau en train de cataloguer les nouveaux ouvrages de sa bibliothèque lorsque Remus Crux entra comme un ouragan dans l'appartement. Il effectua une entrée si théâtrale qu'elle faillit hausser un sourcil. S'il avait eu un menton, sans doute l'aurait-il dressé fièrement.

– Remus ! s'exclama-t-elle. Quelle agréable surprise !

– Vos charmes n'auront aucun effet sur moi, ricana Crux. Contrairement à tous les simples d'esprit qui tombent amoureux de vous, je possède une volonté de fer. Vous ne parviendrez pas à embrouiller mon esprit.

– Je crois que je ne pourrais même pas le trouver.

Elle sourit gracieusement et les traits de Crux se relâchèrent, mais il ferma les yeux et secoua la tête pour se ressaisir.

– Arrêtez ça immédiatement ou je vous… arrête.

China se leva. Elle portait du bleu aujourd'hui.

– Mon cher Remus, contrairement à ce que vous avez entendu dire, je ne peux pas contrôler les pensées des gens. Je ne fais rien du tout, je reste là devant vous. Les émotions que vous éprouvez naissent d'elles-mêmes.

Le détective glissa la main sous sa veste. China ne réagit pas quand il sortit son arme pour la pointer sur elle.

– Arrêtez ! grogna-t-il.

– Je ne peux pas.

– Vous influencez l'esprit d'un agent du Sanctuaire. C'est un crime !

– Ah, bon ?

– Vous entravez l'enquête !

– C'est *vous* qui êtes venu me trouver, Remus. D'ailleurs, vous ne m'avez toujours pas dit pour quelle raison. Vous voulez du thé ?

Sans attendre la réponse, elle se dirigea vers le buffet bas. Les symboles qu'elle avait sculptés dans le bois rougeoyèrent sous l'effet de la chaleur tandis qu'elle inclinait la théière au-dessus de la tasse en porcelaine.

Du coin de l'œil, elle vit Remus serrer la crosse du pistolet de toutes ses forces, à s'en blanchir les jointures.

– Skully Fourbery et Valkyrie Caïne, dit-il. Ils sont tous les deux recherchés par la justice et vous allez me les livrer.

– J'ignore où ils se trouvent.

– Mais vous pouvez les trouver. Vous n'avez qu'à utiliser votre réseau d'informateurs et d'espions pour suivre leurs traces.

China s'esclaffa.

– Informateurs et espions ? Vous présentez les choses sous un jour prestigieux.

La soucoupe dans la main gauche, elle porta la tasse à ses lèvres pour avaler une gorgée de thé.

Constatant que son arme n'avait aucun effet sur China, Crux la rangea dans son étui.

– Si vous refusez de faire ce que je vous ordonne, je vous rendrai la vie impossible.

– Je ne voudrais pas vous contrarier, Remus, mais sachez qu'il n'y a rien en vous qui m'inspire la moindre peur. Quand je vous regarde, je vois un petit homme qui manque d'assurance et tente désespérément de sortir de l'ombre de son prédécesseur. Hélas, l'ombre de Skully porte loin, n'est-ce pas ?

Crux sourit.

– Vous pensez que c'est de la jalousie ? Que c'est pour cette raison que je tiens tant à l'appréhender ? Non, ce n'est pas de la jalousie, Miss Spleen. Je sais qui il est. J'ai entendu bien des choses sur lui. Je connais même une histoire que peu de gens connaissent. Je pense que vous savez de quoi je parle.

– Certainement. Vous êtes sûr de ne pas vouloir du thé ?

– Vous ne saisissez pas très bien la gravité de la situation. Cette histoire m'a été racontée par un mourant qui voulait transmettre son lourd secret avant de nous quitter. C'était un nécromancien. Je n'ai jamais beaucoup apprécié ces magiciens de la mort, mais il n'était pas comme les autres. Alors, êtes-vous disposée à m'écouter ?

China soupira et revint vers son bureau avec sa tasse de thé.

– Dites ce que vous avez à dire, Remus. J'ai des choses à faire.

Le détective se pencha en avant.

– Je sais que Skully Fourbery est revenu de l'au-delà, Miss Spleen, et je sais ce qui s'est passé ensuite. Je sais également ce que vous avez fait.

Elle l'observa d'un regard froid, sans rien dire.

– Je connais la vérité depuis deux ans, reprit Crux. Je me suis mis en quête de preuves, mais je n'avais ni les ressources ni les pouvoirs nécessaires. Heureusement, le Grand Mage m'a engagé, et j'ai pu enquêter, en douce. J'ai rassemblé tous les éléments, un par un.

– Sincèrement, je ne vois pas de quoi vous voulez parler.

– Pensez-vous qu'il sache ce que vous avez fait ? La chose dont je parle ? Non, bien sûr que non. S'il savait, vous seriez morte. Je me trompe ?

– Je vous déconseille de me contrarier, dit China en posant sa tasse sur un coin de son bureau. Vous n'aimeriez pas me voir contrariée.

– Amenez-moi Fourbery et Caïne, dit Crux. Arrangez une réunion, tendez-leur un piège. Livrez-les-moi avec un emballage cadeau.

– Non.

– Si vous refusez, je dévoilerai mes soupçons, et vous savez ce qui se passera alors. Fourbery a un faible pour la vengeance, n'est-ce pas ?

Les yeux bleus de China se plissèrent.

– Il essaye de nous sauver.

– Il est de mèche avec la Diablerie.

– C'est absurde !

– Il a aidé l'ennemi, Miss Spleen. Il sera arrêté, jugé et emprisonné. La seule chose qui m'importe, le seul résultat qui m'intéresse, c'est de le mettre hors d'état de nuire. Et j'y arriverai, avec ou sans votre aide. Dans votre intérêt, je vous conseille de coopérer.

– On a besoin de lui.

– Non. C'est un individu imprévisible. Nous avons besoin de quelqu'un qui suit les règles, qui possède une éthique et le sens du devoir. Quelqu'un comme moi. Bonne journée, Miss Spleen. J'attends votre appel.

XVIII. De chair et de sang

Très délicatement, Valkyrie promena sa langue sur la couronne qui enveloppait sa dent brisée ; elle craignait de la déloger. Tapalœil examina son travail et hocha la tête.

– Parfait.

– Ça m'a l'air un peu gros, dit-elle.

– C'est normal. Dans quelques semaines, elle va trouver sa place au milieu de tes autres dents et tu oublieras même qu'elle est là. En revanche, pendant quelques heures, évite de manger des aliments qui t'obligent à mastiquer… et franchement, tu devrais arrêter de recevoir des coups de poing en plein visage.

Valkyrie regarda ses pieds, honteuse.

– Désolée.

– Ce n'est pas à moi qu'il faut dire ça. Ce n'est pas moi qui reçois les coups.

– Merci pour tout ce que vous faites.

Tapalœil soupira.

– J'ai quelques différends avec M. Fourbery, je n'apprécie pas ce qu'on t'enseigne et la façon dont on te traite, mais ne va surtout pas croire que je t'en veux personnellement, ma chère petite.

– Je suis bien traitée !

– Tu es traitée comme une adulte. Ce n'est pas la même chose.

Or quoi que tu puisses faire par ailleurs, tu es encore une enfant et tu devrais être traitée comme telle.

– Vous ne me traitez pas comme une enfant, vous non plus.

Le professeur sourit.

– Bien sûr que si, mais tu sembles croire, à tort, qu'être traitée comme une enfant, ça veut dire être moins respectée qu'un adulte.

– Tout le monde ne voit pas les choses de la même manière que vous.

– Que t'ai-je toujours dit au sujet des autres ?

Valkyrie sourit.

– Ce sont des idiots, répondit-elle.

– Et tu as retrouvé ton joli sourire. Parfois, je crois que je suis encore plus doué que je le pense.

– Est-ce possible ?

– Je ne l'aurais pas cru.

Alors qu'elle prenait sa veste, Valkyrie entendit le soupir d'agacement de Tapalœil. Skully venait d'apparaître sur le seuil.

– On ferait bien d'y aller, déclara-t-il. Tôt ou tard, Guild va envoyer quelqu'un ici pour nous chercher.

– Ah, oui, c'est vrai, dit le professeur, j'héberge des fugitifs, maintenant. Que dites-vous de ça ? Vous me demandez de vous aider et ensuite, vous faites de moi un criminel.

– Ils ne sauront pas que nous sommes venus ici, promit Skully.

– Et le jeune garçon horripilant ? Vous l'emmenez avec vous ?

– Ce serait peut-être plus prudent.

Le professeur s'esclaffa.

– Prudent ?

– On ne peut pas faire confiance à Thurid Guild. S'il découvre qui est Fletcher, il risque de le livrer à la Diablerie. D'ailleurs, c'est peut-être *lui*, la Diablerie.

– Vous vous écoutez parler ? Vous vivez en plein délire ! Vous voyez des ennemis et des complots à tous les coins de rue. Et vous mettez en danger ceux qui vous entourent, sans vous préoccuper le moins du monde de leur bien-être !

– La Diablerie représente une menace bien réelle, professeur.

– Dans ce cas, laissez les dirigeants du Sanctuaire s'en charger. Ils possèdent les ressources nécessaires. Ils ont les Fendoirs. Vous, vous avez une gamine de quatorze ans qui risque sa vie dès qu'elle vous accompagne.

Skully pivota pour s'éloigner. Valkyrie adressa un sourire gêné à Tapalœil et suivit le squelette. Mais le professeur n'avait pas fini. Il courut après Skully, lui empoigna le bras et l'obligea à se retourner.

– Vous n'éprouvez pas une once de culpabilité ? Valkyrie s'est battue contre un adulte, il y a moins de deux heures. Vous n'avez pas honte de ce qui lui est arrivé ?

– Je vais bien, dit la jeune fille, timidement.

– Elle aurait pu se faire tuer, ajouta Tapalœil. Une fois de plus, à cause de vous, elle aurait pu se faire tuer. Cela vous aurait laissé de marbre ?

– Lâchez mon bras, professeur Râleux.

– Pensez à l'époque où vous étiez encore un être humain, Skully, quand vous étiez fait de chair et sang, et dites-moi : vous souvenez-vous d'avoir eu un cœur, ou bien étiez-vous déjà mort à votre naissance ?

Avant que Skully puisse répondre, Clarabelle surgit dans le couloir.

– Elle a disparu ! s'écria-t-elle. La statue de Hideous a disparu !

Skully s'élança aussitôt, suivi de près par Valkyrie. Fletcher, qui sortait d'une autre pièce au même moment, dut faire un bond sur le côté pour ne pas être renversé.

Ils firent irruption dans la salle ; Skully se précipita vers l'endroit où se trouvait la statue précédemment. Valkyrie, quant à elle, fit le tour de la pièce en promenant sa main sur les murs.

Tapalœil et Clarabelle arrivèrent en courant, bientôt rejoints par Fletcher.

– Quelqu'un est entré ici ? demanda le Détective Squelette.

– Non, personne, dit Clarabelle. Qu'est-ce que vous cherchez ?

– Des fissures, répondit Valkyrie.

Elle guettait le moindre signe indiquant que Sanguin s'était introduit dans cette salle.

– Ils l'ont emmené, déclara Skully d'un ton lugubre. La Diablerie. Ils sont entrés ici, d'une manière quelconque, et ils ont enlevé Hideous. Je ne sais pas comment ils ont fait, mais ils l'ont fait.

Tanith arriva sur ces entrefaites. Bien que Valkyrie ne l'ait pas vue depuis plusieurs semaines, elle n'avait pas le cœur à sourire. En revanche, Tanith paraissait d'excellente humeur.

– Salut ! s'exclama-t-elle joyeusement.

– Sors ton épée, dit Skully en dégainant son pistolet. Ils sont peut-être encore dans les parages.

– J'ai perdu mon épée, avoua Tanith. Ensuite, je suis tombée du haut d'un immeuble. Et j'ai reçu un coup de poignard dans la paume.

Elle montra sa main droite, entourée d'un épais bandage.

– Qui est peut-être dans les parages ? demanda-t-elle. Que se passe-t-il ici ?

– Hideous.

Valkyrie ne put en dire davantage.

– Oui, je sais ! s'exclama Tanith avec un grand sourire. C'est stupéfiant !

Skully tourna brusquement la tête.

– Qu'est-ce qui est stupéfiant ?

Le sourire de Tanith s'évanouit et le doute assombrit son regard.

– Euh… Hideous.

– En quoi est-ce stupéfiant ? Il a disparu.

Tanith fronça les sourcils.

– Mais je viens de lui parler !

Ils la regardèrent avec de grands yeux. Soudain, ils entendirent un bruit de pas. En se retournant vers la porte, ils virent entrer un homme. Avec une carrure de boxeur et un costume de tailleur, une tête couverte de cicatrices et un sourire timide, mais sincère.

– Hideous ! s'exclama Valkyrie d'une voix aiguë qui lui fit honte et elle courut se jeter à son cou.

Il grogna devant tant de fougue, avant de rire.

– Pousse-toi, ma petite ! ordonna Tapalœil en s'avançant. Laisse-moi l'examiner.

Valkyrie recula d'un bond pour permettre au professeur d'observer son patient.

– Vous vous souvenez de votre nom ? demanda-t-il en pointant le faisceau d'une lampe dans les yeux de Hideous.

– Oui, professeur. Je m'appelle Hideous Quatépingles. Je suis tailleur, ma couleur préférée est le vert, et je n'ai pas d'animal familier.

Tapalœil lui appuya sur le visage avec son doigt.

– Est-ce que ça fait mal ?

– Ouille ! Oui.

Le professeur recula.

– Parfait. Tout va bien.

Sur ce, il fit demi-tour et repartit à grands pas.

– Son comportement avec les patients ne s'est pas amélioré, commenta Hideous.

Skully vint se placer devant lui. Les deux amis se regardèrent.

– Tanith m'a dit que j'étais resté inconscient un peu plus de deux ans.

– Exact.

– C'est long.

– Oui.

– Pas aussi long que ça aurait pu l'être, mais c'est long quand même. Tu ne… tu ne vas pas me prendre dans tes bras, hein ?

Skully réfléchit un instant.

– Non, je ne crois pas.

– Ce serait un peu trop bizarre, dit Hideous.

– Je comprends.

– Par contre, je veux bien te serrer la main.

– Ça me gêne un peu.

Hideous haussa les épaules.

– Je vois, tu n'aimes pas qu'on envahisse ton espace vital.

Valkyrie assistait à ce spectacle d'un air hébété, elle n'arrivait pas à y croire. En voyant le large sourire de Hideous, elle comprit que c'était un truc de garçons. Les deux amis s'étreignirent et elle sourit à son tour.

Fletcher se pencha vers elle.

– Quelqu'un va-t-il enfin se décider à lui dire qu'il a la tête couverte de cicatrices ? chuchota-t-il.

Elle l'ignora.

La boutique de Hideous semblait accroupie au coin de la rue sale, comme un chien galeux trop vieux et trop bête pour s'abriter de la pluie. La Menace violette se gara devant. Skully et Hideous en sortirent et basculèrent leurs sièges vers l'avant pour permettre à Valkyrie et à Fletcher de descendre à leur tour. L'adolescent faisait un gros effort pour détacher les yeux des cicatrices de Hideous, mais sa gêne était amusante à voir et Valkyrie ne faisait rien pour le mettre à l'aise.

Tanith s'arrêta à leur hauteur. La pluie ruisselait sur son ensemble en cuir tandis qu'elle descendait de sa moto et ôtait son casque. Fletcher avait enfin autre chose à regarder. Valkyrie leva les yeux au ciel.

Hideous salua d'un signe de tête un voisin qui passait dans la rue et eut droit à un discret « bonjour » en retour. Il ouvrit la porte de sa boutique et les fit entrer. À l'intérieur, ça sentait le moisi, mais tout était rangé. Des vêtements inachevés pendaient sur des mannequins, les murs disparaissaient derrière des étagères où étaient empilées des pièces d'étoffe, des plus classiques au plus exotiques.

– As-tu rêvé ? demanda Tanith, comme si cette question n'avait cessé de la tracasser durant tout le trajet.

– Non, répondit Hideous en marchant droit vers les étagères pour promener ses mains sur les tissus.

– Même pas un peu ? À la place de ces deux dernières années, tu n'as qu'un grand vide ?

– Mon dernier souvenir, c'est mon combat contre le Fendoir blanc. Quand j'ai rouvert les yeux, j'étais agenouillé dans cette salle. Quant aux rêves, je ne me souviens d'aucun… mais je ne me souviens *jamais* de mes rêves.

– Moi, j'ai fait un rêve cette nuit, dit Fletcher en regardant Tanith. Et je crois que vous étiez dedans.

– Hier soir, tu ne me connaissais pas encore.

– C'est tragique.

– OK, dit-elle en se forçant à sourire. Je vais me faire un thé. Quelqu'un en veut ?

– Avec grand plaisir, dit Hideous comme s'il le pensait sincèrement.

Fletcher adressa un petit sourire en coin à Tanith.

– Je prendrai un whisky.

– Tu auras un thé comme tout le monde, répliqua-t-elle sèchement, avant de disparaître dans la pièce du fond.

– Je vais vous aider, dit Fletcher en lui emboîtant le pas.

Hideous observa Valkyrie.

– Tes vêtements sont devenus trop petits, on dirait.

– Oui, je crois.

– À ton avis, qu'est-ce qu'on va choisir pour ta nouvelle tenue ? Encore du noir ou tu préfères changer un peu ?

Elle hésita.

– J'aime beaucoup le noir.

– Avec une petite touche d'autre chose ? Je me dis qu'on pourrait peut-être ajouter un peu de couleur ? Au niveau de la doublure, par exemple ?

Hideous tira sur un rouleau de tissu rouge vif et le tint dans la lumière tout en s'adressant à Skully.

– Alors comme ça, Serpine est mort ? Et le Fendoir blanc ?

– On ignore où il se trouve, dit le squelette. Il a abandonné Serpine au moment où celui-ci avait le plus besoin de lui. Ce qui a bien arrangé nos affaires.

– Ensuite, Vengeous est revenu, mais il est mort depuis. Et maintenant, la Diablerie est réapparue, ils vont ouvrir le passage aux Sans-Visage et on va tous mourir.

– Oui.

Hideous posa le rouleau de tissu rouge sur la table et alla en chercher un autre.

– Et le dénommé Batu ?

– Solomon Suaire pense que c'est juste un pseudonyme utilisé par Jaron Gibet, mais je n'en suis pas aussi sûr. En tout cas, ce Batu a libéré Vengeous, il en a fait le cerveau de l'opération et s'est servi de lui pour parvenir à ses fins. Maintenant que Vengeous a disparu, il se pourrait qu'il recommence, en manipulant Gibet cette fois-ci, pour nous expédier sur une mauvaise piste.

– Histoire de détourner notre attention le temps de faire revenir les Sans-Visage, dit Hideous. C'est un plan particulièrement insidieux, je l'avoue. Ça signifie que notre véritable ennemi pourrait être n'importe qui. En as-tu parlé à China ?

– Elle n'a aucune piste.

– Je t'en prie, dis-moi que tu ne lui fais plus confiance.

Voyant Skully hésiter, Hideous soupira.

– Le chef de la Diablerie, qu'il s'agisse de Gibet, de Batu ou de quelqu'un d'autre, prépare son coup depuis des années. S'il y a une personne qui a pu mettre à profit tout ce temps pour faire croire qu'elle était du côté des gentils, c'est China. Manipuler les gens, c'est sa spécialité.

– Je sais ce que je fais.

– Quand il s'agit de China Spleen, tu sais rarement ce que tu fais.

Hideous déposa un rouleau de tissu noir sur la table, hocha la tête puis se retourna.

– Et tes bottes, Valkyrie ?

– Il m'en faut des nouvelles.

– C'est certain. Suis-moi.

Ils abandonnèrent Skully pour pénétrer dans une petite pièce où Hideous avait installé tous ses vieux outils. Différents types de cuir étaient accrochés aux murs, au-dessus des boîtes de clou, de colle, d'aiguille et de fil.

– L'attirail du parfait savetier, dit-il en voyant l'air étonné de la jeune fille.

– Je ne sais pas ce que ça veut dire.

– Skully n'est pas le seul à connaître des mots bizarres, plaisanta Hideous.

Dans le temps, Valkyrie trouvait que les cicatrices qui couvraient l'ensemble de sa tête, à intervalles réguliers, étaient laides. Mais plus maintenant. Elles symbolisaient ce qu'il avait vécu, ce qu'il avait dû endurer et, de ce fait, elles avaient acquis une certaine noblesse.

Le sourire de Hideous se teinta de tristesse.

– Il t'entraîne dans de sacrés guêpiers à ce qu'il paraît.

Valkyrie répondit d'un ton neutre :

– J'ai déjà eu cette discussion avec Tapalœil. Skully ne m'emmènerait pas avec lui si je n'étais pas d'accord.

Elle s'interrompit, laissa s'écouler un moment de silence, puis demanda :

– Hideous, pourquoi vous ne m'aimez pas ?

Il écarquilla les yeux.

– Quoi ?

– Je sais que vous me trouvez trop jeune, mais il y a des personnes plus jeunes que moi qui font de la magie. Partout. Et vous, vous la pratiquez depuis la naissance !

Sans rien dire, Hideous se retourna vers l'évier et remplit une bassine d'eau.

– Enlève tes bottes et tes chaussettes, s'il te plaît.

Elle s'exécuta. Il déposa la bassine par terre et fit signe à Valkyrie de monter dedans. Elle remonta son pantalon et plongea ses pieds nus dans l'eau froide.

– La première fois que nous nous sommes rencontrés, dit Hideous, je t'ai conseillé d'oublier toute cette histoire et de rentrer chez toi. Tu t'en souviens ?

– Oui.

Il agita la main et l'eau dans la bassine parut soudain plus épaisse, plus lourde.

– Je n'ai pas changé d'avis, dit-il. Tu devrais être à l'école. Tu devrais mener la vie que tu menais avant que la magie vienne tout bouleverser. Plus tard, tu devrais aller à l'université, exercer un métier, tomber amoureuse et vivre heureuse. Sinon, tu mourras.

– Tout le monde meurt, répliqua-t-elle en s'efforçant de prendre un air détaché.

– Certes, mais quand tu mourras, ce sera dans des conditions épouvantables.

– Vous pouvez essayer de m'effrayer, ça ne marchera pas.

– Je n'essaye pas de t'effrayer. (Sur un geste de Hideous, l'eau dans la bassine s'écarta.) Voilà, tu peux sortir.

Valkyrie obéit. Hideous fit un autre geste et l'eau retrouva sa forme initiale. Deux empreintes de pied parfaites apparurent dans la bassine. Hideous la posa sur une petite table et y versa presque toute la poudre noire contenue dans une boîte. Sur ce, il observa la jeune fille pendant qu'elle s'essuyait les pieds avec une serviette et enfilait ses chaussettes.

– Skully t'a déjà parlé de ma mère ?

– Il m'a dit qu'elle avait été championne de boxe.

– Ce n'était pas simplement une boxeuse. Ni juste une épouse ou juste une mère, ou autre chose. C'était une femme exceptionnelle. C'était une Sensible, il te l'a dit ?

Valkyrie était en train de remettre ses bottes.

– Elle était médium ? Comme Finbar Wrong ?

– Exactement. Ma mère possédait un don de prophétesse, mais c'était un don qu'elle rejetait. Elle ne voulait pas le cultiver. Ça ne l'intéressait pas de savoir ce que l'avenir leur réservait, à elle et aux autres. Elle préférait le découvrir le moment venu. Mais, parfois, elle n'avait pas le choix. Elle avait des visions, ou bien elle faisait un rêve prémonitoire, elle entendait une conversation qui n'avait pas encore eu lieu.

Valkyrie se leva et plongea son regard dans la bassine. La poudre noire tourbillonnait autour des empreintes laissées par ses pieds, puis se figeait.

– Quel rapport avec moi et le fait que je devrais tout arrêter ?

– Elle t'a vue, dit Hideous. Cela fait partie des rares visions dont elle m'a parlé. Elle m'a annoncé que Skully choisirait une équipière un jour, une fille aux cheveux et aux yeux sombres. Quand je t'ai vue, j'ai compris que c'était toi, et j'ai fait tout mon possible pour te décourager. Mais tu es sacrément têtue, on te l'a déjà dit ?

– Qu'a-t-elle vu ?

– Ta mort.

Valkyrie s'éloigna de la bassine.

– Oh.

– Si tu comptes me demander l'endroit et l'heure, désolé, elle n'a pas été aussi précise.

– Co… comment vais-je mourir ?

– Dans la souffrance. En hurlant.

Elle passa sa langue sur swwwww0ouvelle couronne, sans rien dire.

Hideous sortit de la bassine les deux moulages noirs de ses pieds et les posa sur la table.

– Elle m'a raconté que tu devais combattre un ennemi. Une créature des ténèbres. Skully a lutté à tes côtés pendant un moment mais… Ma mère *sentait* les choses plus qu'elle ne les voyait, tu comprends ? Elle sentait la terreur, la mort, la futilité. Elle sentait que le monde était au bord de la destruction, et elle percevait la présence du mal. Un mal inimaginable.

Valkyrie dut déglutir pour ravaler la boule qui s'était formée dans sa gorge.

– D'où venait-elle, cette créature ?

– Je l'ignore.

– C'était quoi, au juste ? Un vampire, un w, un…

– Je l'ignore.

– Bref, vous savez juste que je vais mourir ? J'ai vu un tas de films sur le voyage dans le temps et je sais que l'avenir n'est jamais certain. Je sais que le fait de *savoir* ce qui va se passer peut changer l'avenir. Et c'est ce que j'ai l'intention de faire. Je m'entraînerai encore plus dur et, le jour où je rencontrerai cette créature des ténèbres, je la réduirai en bouillie, je lui mettrai un collier autour du cou et j'en ferai mon animal domestique.

– Je ne crois pas que tu puisses changer cela.

– Ça veut dire que vous me connaissez mal.

Hideous la dévisagea longuement, puis il inspira à fond avant de pousser un soupir résigné.

– Une dernière chose, ajouta-t-elle. Au cas où vous n'auriez pas remarqué, c'est *moi seule* qui ai pris la décision de continuer.

– Je n'aborderai plus ce sujet.

– Très bien. Ah, au fait, je suis vraiment contente de vous retrouver.

Hideous sourit.

– Merci.

Skully fit son entrée à cet instant.

– Il faut filer.

– J'attends mon thé, dit Hideous.

– On n'a pas le temps de prendre le thé. Quand nous sommes allés à la ferme d'Aranmore, j'ai donné mes coordonnées à Paddy Hanratty au cas où il remarquerait une activité insolite sur ses terres. Il vient de m'appeler. Il a vu un homme brun rôder dans les parages.

– Vous pensez qu'il s'agit de Jaron Gibet ? demanda Valkyrie. Ou de Batu ?

– Oui. Paddy l'a entendu discuter au téléphone ; il parlait de préparer le site, puis il est reparti sans lui expliquer ce qu'il était venu faire là.

– Mauvais, grogna Hideous.

Valkyrie fronça les sourcils.

– Que se passe-t-il ?

Skully la regarda.

– Apparemment, la Diablerie sait exactement à quel endroit la porte va s'ouvrir. Si la chance avait été de notre côté, ils auraient dû passer des heures à sillonner la propriété avant de trouver le point de passage et d'essayer de l'ouvrir. Mais de toute évidence, une fois de plus, la chance n'est pas de notre côté.

– S'ils savent où la porte va s'ouvrir, dit Valkyrie, et s'ils parviennent à mettre la main sur Fletcher, ils pourront passer directement à la dernière phase ?

– Exact.

– Que peut-on faire ?

– Premièrement, il faut découvrir ce que sait notre ennemi pour pouvoir localiser cet endroit nous aussi. Ou plutôt, pour que Fletcher le localise.

Ils retournèrent dans la boutique, où Tanith était assise au plafond, la tête en bas, visiblement agacée. Fletcher levait les yeux vers elle, transi d'amour.

Skully secoua la tête.

– Oh, bon sang…

XIX. L'homme qui allait devenir roi

Rien ne distinguait cette pièce des autres pièces du centre de conférence où des hommes d'affaires montraient des tableaux et des graphiques d'évolution à leurs clients si ce n'est que, dans celle-ci, il n'y avait aucun graphique. Les neuf personnes assises autour d'une longue table regardaient l'homme chauve qui se tenait devant la fenêtre.

Mr. Bliss contemplait Dublin.

– Ce que vous proposez est illégal, dit-il.

– Nous n'avons pas le choix, répondit un homme aux yeux dorés. Nous voyons bien où Guild veut nous emmener et nous n'avons nullement l'intention de le suivre sur cette voie. Le Sanctuaire a besoin d'un nouveau chef.

– Il y a des gens plus qualifiés que moi.

Une femme en gris intervint :

– Certes, mais ils convoitent beaucoup trop ce poste.

– Le remplacement de Guild provoquerait une bousculade au niveau international pour s'emparer du pouvoir.

– À moins que ce remplacement bénéficie d'un consensus international. Bliss, si nous renversons Guild et si vous devenez le Grand Mage, notre standing s'en trouvera renforcé. Les Conseils du monde entier vous connaissent. Nombreux sont ceux qui vous craignent.

– Je n'ai aucune envie de diriger.

L'homme aux yeux dorés reprit la parole :

– Peut-être que ce n'est pas à vous de décider. Quelqu'un doit prendre position. Quelqu'un doit s'opposer à ces nouvelles lois que Guild veut introduire. Je suis navré, mon ami, mais vous seul pouvez le faire sans déclencher une guerre.

Bliss resta muet. Puis il déclara :

– Dans ce cas, on agira à ma manière.

– Évidemment.

– Et nous attendrons que la crise actuelle soit terminée.

– D'accord.

Bliss se retourna vers l'assemblée.

– Très bien.

XX. La ferme d'Aranmore

Skully conduisait la camionnette de Hideous ; Valkyrie voyageait à la place du passager. Hideous, Tanith et Fletcher étaient assis sur des coussins à l'arrière. Malgré les virages serrés et les nids-de-poule dans lesquels ils s'enfonçaient, Hideous et Tanith demeuraient parfaitement immobiles. Fletcher, en revanche, était ballotté comme une vieille chaussure dans une machine à laver et il n'aimait pas ça.

Enfin, ils atteignirent Aranmore et prirent la direction de la ferme. Apparemment, il n'avait pas beaucoup plu par ici. Valkyrie commençait à en avoir assez de la pluie.

Skully arrêta la camionnette et s'assura que son écharpe et ses lunettes noires étaient bien en place. Il enfonça son chapeau sur son crâne et descendit. Valkyrie sauta de l'autre côté, tandis que Paddy marchait vers eux, une pelle à la main, le visage rougi par un effort récent.

– Je vous ai appelés car j'avais promis de le faire si je remarquais quelque chose de suspect, dit-il sans préambule, visiblement agacé. Pas pour vous demander de revenir.

– Nous comprenons, dit Skully, mais nous n'avions pas le choix.

– Vous n'avez pas compris. Je ne vendrai pas cette ferme, ni à vous ni à l'autre type ni à personne d'autre.

– Nous ne cherchons pas à acheter votre maison.

– Tant mieux car vous ne l'aurez pas.

Valkyrie restait muette. Pendant le trajet, ils avaient discuté de la meilleure façon d'aborder le vieil homme. Ils devaient le convaincre de partir avant qu'il lui arrive malheur, mais il y avait un problème : il n'était pas du genre à se laisser effrayer. Alors, ils avaient décidé de lui dire la vérité.

– Êtes-vous adepte d'une religion ? demanda Skully.

Paddy haussa les sourcils, méfiant.

– Vous n'allez pas essayer de me fourguer une bible, hein ?

– Non.

– Alors, quoi ? Vous voulez me convertir ? C'est très flatteur, mais regardez-moi. Est-ce que ça vaut vraiment la peine de vous donner du mal ?

– Nous ne sommes pas ici pour vous convertir, dit Skully.

Un certain amusement perçait dans sa voix.

Paddy les observa tous les deux.

– Vous cherchez à m'embrouiller ?

– Pas du tout. Du moins, ce n'est pas volontaire.

Le vieil homme soupira.

– Oui, j'appartiens à une religion, si vous voulez savoir. Je ne dirais pas que je suis *très* croyant, mais…

– Dans ce cas, vous êtes prêt à accepter l'idée que certains aspects de l'existence dépassent notre compréhension ?

– Plus vous vieillissez, plus vous découvrez que vous ne savez rien, en fait. Alors, oui, j'accepte cette idée.

– Et la magie ?

– Le lapin qui sort d'un chapeau ?

– Non.

– Vous parlez de la vraie magie ? Vous voulez savoir si je crois que la vraie magie existe ?

– Vous y croyez ?

Paddy ne répondit pas immédiatement.

– C'est curieux que vous me demandiez ça. Mon père, Pat Hanratty, il y croyait. Enfin, je pense. C'est l'impression que j'avais, à cause de petites choses qu'il disait quand j'étais gosse. Pourquoi vous me demandez ça ?

Skully se tourna vers Valkyrie, qui claqua des doigts pour faire jaillir une flamme dans sa paume.

Curieusement, un sourire fendit le visage du vieux fermier.

– Impressionnant, je dois dire. Comment vous faites ça ?

– C'est magique, répondit Valkyrie et elle retroussa sa manche pour montrer qu'il n'y avait aucun trucage.

Le sourire de Paddy se figea.

– Je... je ne suis pas sûr de comprendre.

– Votre père avait raison, dit Skully. La véritable magie existe. Et les vrais *sorciers* aussi. Paddy, il y a des gens mauvais qui veulent bouleverser le monde et pour cela, ils ont besoin de vos terres.

– Je ne sais pas ce que vous voulez...

– Cette propriété joue un rôle capital, expliqua Valkyrie en éteignant la flamme dans sa paume. C'est ici que ça va se passer.

– Quoi donc ?

Skully prit le relais :

– Une porte va s'ouvrir, entre notre monde et un autre, et les Sans-Visage vont la franchir.

– Les Sans-Visage... ?

– Ce sont les méchants. Nous, on est les bons.

– Sans vouloir vous vexer, dit Paddy, je crois surtout que vous êtes un peu cinglés tous les deux.

Skully ôta ses lunettes, son écharpe et son chapeau.

– Je retire ce que j'ai dit, murmura le vieil homme. Apparemment, c'est moi qui suis fou.

Valkyrie l'observait attentivement. Il avait le teint pâle et les yeux écarquillés ; elle était prête à se précipiter s'il tombait dans les pommes. Mais Paddy pinça les lèvres et hocha la tête.

– Très bien. D'accord. Je vois. Vous êtes un squelette.

– Exact.

– C'était juste pour vérifier. Et toi, tu fais de la magie aussi ?

– Oui, dit Valkyrie.

– OK. Faut que je m'assoie.

– Avant que vous vous asseyiez, dit Skully, j'aimerais vous présenter quelques amis.

La porte latérale de la camionnette s'ouvrit. Hideous et Tanith en descendirent, suivis de Fletcher.

Paddy dévisagea Hideous.

– Qu'est-ce qui vous est arrivé ?

– J'ai été maudit avant ma naissance, expliqua le tailleur.

– Ah, oui, forcément. Et vous faites tous de la magie ? Même le gamin avec ses cheveux ridicules ?

Fletcher grimaça.

– Je m'appelle Fletcher Renn. Présentement, je suis la personne la plus importante au monde.

Paddy le regarda, puis il reporta son attention sur Skully et sur Valkyrie.

– Est-ce que la magie fait de vous des gens imbuvables ou est-ce que j'ai juste de la chance d'en rencontrer deux en même temps ?

La jeune fille lui sourit.

– C'est de la chance.

Paddy n'en revenait pas.

– Mon père aurait adoré ça. Oui, il aurait adoré. Et vous dites que ma ferme joue un rôle capital ?

– Absolument, répondit Skully.

Il se tourna vers Fletcher pour lui indiquer ce qu'il devait faire. L'adolescent le regarda d'un air sceptique, mais finit par obéir. Les mains levées et les yeux fermés, il avança lentement. Skully le suivit.

Laissant Tanith avec Hideous, Valkyrie et Paddy leur emboîtèrent le pas.

– Vous éprouvez encore le besoin de vous asseoir ? demanda la jeune fille.

– Non, je crois que ça va aller, merci.

Elle regarda la pelle qu'il tenait à la main.

– Vous travaillez dur ?

– Je creuse. Vous avez un tour de magie pour ça ?

– Euh, pas à ma connaissance…

– Dommage, ce serait pratique. Quand je pense à tout le temps que j'ai gâché en creusant des trous avec une pelle. Et j'ai sans doute perdu une bonne partie de ma vie en exerçant d'autres activités. Tout aurait été bien plus facile avec la magie. Ça fait quel effet ?

Pendant un instant, Valkyrie fut tentée de minimiser le pouvoir de la magie, mais l'étincelle dans les yeux du vieil homme l'incita à dire la vérité :

– C'est extraordinaire, avoua-t-elle.

Elle entendit Fletcher qui demandait :

– Qu'est-ce qui vous fait croire que je peux le faire ?

– Tu peux le faire car tu en es capable, tout simplement, répondit Skully. Tu vas commencer par ressentir des picotements quand tu arriveras à un endroit où les parois de la réalité sont les plus fines.

– Des picotements ?

– Ou des démangeaisons. Ou des brûlures.

– Des brûlures ?

– Ou bien tu auras mal aux dents, tu saigneras du nez ou alors tu feras une crise d'épilepsie… difficile à dire.

– Je risque de faire une crise d'épilepsie ?

– Ne t'inquiète pas, je t'empêcherai d'avaler ta langue.

Fletcher grimaça.

Paddy s'adressa à Valkyrie :

– Je peux te poser une question ? Quand tu rencontres des gens que tu as connus avant, des jeunes de ton âge, qu'est-ce que tu ressens ? Tu les méprises ?

– Pourquoi je les mépriserais ?

– Quelqu'un qui court vite méprise les personnes plus lentes. Et dans le cas de quelqu'un qui court vraiment vite, les autres ne sont que des désagréments, avant de devenir une source d'agacement. La supériorité engendre le mépris.

– Je ne suis pas du tout d'accord, dit Valkyrie. Certes, je fais des choses que les autres ne peuvent pas faire, mais eux savent faire des choses dont je suis incapable. Ça s'équilibre.

Paddy sourit.

– Ces personnes sont peut-être meilleures que toi à l'école, au tennis ou pour réparer une bicyclette… mais toi, tu as la magie. Je n'appelle pas ça être à égalité.

– Bon, d'accord. Mais ce n'est pas pour autant qu'il faut mépriser les mortels.

– Les mortels ? C'est comme ça que vous nous appelez ?

Valkyrie rougit.

– Euh… ce n'est pas un terme officiel. Je veux dire… c'est un mot approprié étant donné que vous êtes mortels, mais nous aussi, alors…

Le vieil homme ne put s'empêcher de sourire à nouveau.

– Je crois que la démonstration est faite.

– Hein ? Non, pas du tout !

– Quel nom se donnent ceux qui possèdent la magie ? Les magiciens ?

– Les sorciers, dit-elle. Ou les mages.

– Donc, ils se voient comme des mages et tous les autres sont des mortels. Tu n'as pas l'impression que ces gens se considèrent comme des divinités ?

– Les sorciers ne se prennent pas pour des dieux.

– Et pourquoi pas ? Ils possèdent le pouvoir des dieux, non ? Ils ont la magie au bout des doigts. Leurs agissements influent sur la marche du monde. Si vous échouez dans cette mission, que se passera-t-il ?

Valkyrie hésita avant de répondre :

– Ce sera la fin du monde.

Paddy éclata de rire.

– Formidable ! Magnifique ! Tu vois l'importance de votre travail ? Quand un mortel échoue dans une activité quelconque, que lui arrive-t-il ? Il n'a pas droit à sa prime de Noël ? Il est rétrogradé ? Renvoyé ? Autour de lui, la vie continue. Mais si un mage échoue, si tes amis et toi échouez, l'humanité est menacée. Dès lors, pourquoi vous ne vous verriez pas comme des dieux ? Vous tenez le sort du monde entre vos mains.

– Si on parlait d'autre chose ?

– De quoi ?

– De n'importe quel sujet qui ne me fasse pas passer pour une folle.

Paddy sourit et ils rejoignirent Skully au moment où Fletcher annonçait qu'il ressentait quelque chose. Ils avaient traversé la cour et marchaient maintenant au milieu de grandes herbes. Fletcher avait les yeux ouverts et les doigts écartés. Ses pas rétrécissaient à mesure qu'il approchait de l'endroit stratégique.

– C'est une sorte de bourdonnement, dit-il, dans les doigts, comme quand je me téléporte. Ça y est, je le sens dans tout le corps. (Il se retourna légèrement.) C'est là. Je le sais. Juste là.

Il avait les yeux fixés sur le vide, mais sa voix était ferme et son regard déterminé.

– Qu'est-ce qu'il y a de spécial à cet endroit ? demanda Paddy. C'est pareil qu'ailleurs.

– On ne peut rien voir, répondit Fletcher avec mépris, mais moi, je le *sens*. C'est incroyable. Je peux l'ouvrir immédiatement.

– Non, non, dit Skully. Mais bravo pour avoir localisé la porte.

– Je peux faire mieux que ça, insista l'adolescent. Je peux passer de l'autre côté.

– Je te le déconseille fortement, dit Skully.

À peine eut-il prononcé le dernier mot que Fletcher disparut.

Paddy fit un bond en arrière.

– Nom d'un chien !

Valkyrie se retourna vivement vers Skully.

– Vous croyez qu'il l'a fait ? Il a traversé ?

– Je... je ne sais pas.

Elle plaqua ses mains sur sa bouche.

– S'il est passé de l'autre côté, il est au milieu des Sans-Visage maintenant. Ils vont le mettre en pièces.

Skully secoua la tête.

– Il n'avait pas l'Ancre d'Isthme. Sans cela, il ne peut pas ouvrir la porte, et encore moins la franchir. C'est impossible.

– Alors, où est-il ? demanda le vieux fermier.

Le portable de Valkyrie sonna ; elle le colla à son oreille.

– Salut, Val, dit Tanith au bout du fil. Tu n'aurais pas perdu un truc, par hasard ? Pas très intelligent, le regard vide, une coiffure grotesque ? Ça te dit quelque chose ?

Valkyrie poussa un soupir de soulagement.

– Skully ! Il est retourné à la camionnette.

Le squelette passa devant elle à grandes enjambées.

– Je vais le tuer !

Quand ils retournèrent à Dublin, Fletcher n'avait toujours pas dit un mot. Skully l'avait réprimandé pendant presque cinq minutes à cause de ce qu'il avait tenté de faire, et à la fin de ce savon, même ses cheveux faisaient grise mine. Valkyrie ne s'était pas amusée autant depuis longtemps.

Hideous devait retourner voir Tapaloeil pour un bilan complet et Tanith accepta de l'accompagner. Maintenant que tous les deux étaient revenus dans la partie, Skully avait moins de remords de laisser Fletcher au labo. Quand il lui annonça la nouvelle, l'adolescent plissa les yeux et ouvrit la bouche pour la première fois depuis une demi-heure.

– J'ai la désagréable impression que tout le monde me garde comme si j'étais un enfant.

– Ce n'est pas qu'une impression, répondit Valkyrie avec un sourire.

Skully et elle repartirent au moment où Fletcher demandait à Tanith si elle viendrait le border ce soir.

– Et maintenant, on fait quoi ? interrogea Valkyrie, alors qu'ils regagnaient la Menace violette.

– Nous devons nous préparer au pire. Si, malgré tous nos efforts, ils parviennent à ouvrir la porte et si les Sans-Visage reviennent, nous aurons besoin de la seule arme assez puissante pour les éliminer.

Elle fronça les sourcils.

– C'est-à-dire ?

– Le Sceptre des Anciens.

Le squelette s'installa au volant pendant que Valkyrie montait à la place du passager et bouclait sa ceinture.

– Skully, je vous rappelle que vous avez brisé le Sceptre.

– Non, j'ai brisé le cristal noir qui l'alimentait. En théorie, il suffit de trouver un autre cristal noir et nous disposerons d'une arme capable de tuer un dieu.

– Et vous *savez* où trouver un autre cristal noir ?

Il mit le contact.

– Pas vraiment.

– Est-ce qu'il existe d'autres cristaux noirs ?

– Sans doute.

– Comment en trouver ?

– En cherchant, ma chère Valkyrie.

Elle s'affaissa sur son siège.

– Je déteste les recherches. C'est presque aussi ennuyeux que les devoirs.

– Depuis quand tu n'as pas fait de devoirs ?

– Je fais toujours mes devoirs.

– Non, c'est ton reflet qui les fait.

– Je suis quand même obligée de supporter le *souvenir* des devoirs. C'est presque la même chose.

– J'entends des millions d'élèves de par le monde pleurer sur ton sort.

– Oh, taisez-vous !

– Ne t'inquiète pas, ces recherches seront une partie de plaisir.

– Qu'est-ce qui vous permet de dire ça ?

– Avant de mourir, ton oncle projetait d'écrire un livre sur le Sceptre. Connaissant Gordon, ça veut dire qu'il a dû prendre des tonnes de notes.

Valkyrie retrouva sa bonne humeur.

– Tout ce que j'aurai à faire, c'est lire ses notes ?

– Et moi, pendant ce temps, j'effectuerai des recherches à la bibliothèque. On verra qui trouve la réponse en premier. D'accord ?

Valkyrie s'empêcha de sourire.

– Bon, d'accord, répondit-elle en essayant de prendre un ton bougon.

Son oncle était mort depuis deux ans. Il conservait derrière un mur de son bureau, dans sa vieille maison, un véritable trésor fait de mille secrets. Valkyrie adorait fouiller dans cette pièce dérobée.

De plus, elle n'avait pas bavardé avec son oncle défunt depuis des semaines !

XXI. Une occasion se présente

La sorcière de mer entendit quelqu'un faire tinter sa cloche et elle monta vers la surface. Elle risqua la tête hors de l'eau pour s'assurer que ce n'était pas le squelette et la fille qui revenaient lui infliger d'autres supplices.

Soulagée, elle sortit du lac et toisa l'homme qui se tenait sur la rive.

– Qui vient me déranger ? demanda-t-elle.

– Moi, répondit l'homme.

– Comment t'appelles-tu ?

– Batu.

– Ce n'est pas ton nom.

– C'est celui que j'ai choisi, c'est donc le mien.

La sorcière de mer soupira.

– Pourquoi me déranges-tu ?

Le dénommé Batu la regarda.

– Vous avez été lésée, chère madame. Il y a cinquante ans, je vous ai donné un cadavre, je l'ai laissé s'enfoncer dans vos eaux profondes, mais quelqu'un est venu vous le voler.

La sorcière de mer grogna.

– Je sais ce qui s'est passé, dit-elle. En quoi est-ce que ça te concerne ?

– Je peux vous offrir une occasion de vous venger, dit l'homme qui se faisait appeler Batu. De faire payer ceux qui vous ont lésée.

– Comment ?

– Pour cela, vous devrez quitter ce lac et vous rendre dans la mer, chère madame. Êtes-vous tentée par cette proposition ?

La créature aquatique le dévisagea.

– Vous seriez prêt à me conduire dans la mer ? Vous en êtes capable ?

– Le monde a beaucoup changé depuis que vous avez été emprisonnée dans ce lac. Il existe maintenant des réservoirs assez grands pour vous contenir et des véhicules assez puissants pour vous transporter. Alors, je repose ma question : est-ce que ma proposition vous intéresse ?

– Oui, répondit la sorcière de mer en souriant pour la première fois depuis un siècle. Oh, que oui !

XXII. Conversation avec un oncle défunt

La Menace violette s'arrêta devant la vaste demeure de Gordon. Valkyrie descendit, marcha jusqu'à la porte, sortit la clé de sa poche et l'introduisit dans la serrure. L'alarme retentit aussitôt, avec insistance, jusqu'à ce qu'elle tape le code sur le boîtier.

La maison de Gordon, car ce serait toujours la maison de son oncle, même lorsqu'elle en hériterait le jour de ses dix-huit ans, était vide et silencieuse.

– Je commence par ici, déclara Skully en entrant derrière elle et en se dirigeant vers le salon. Si tu veux bien t'attaquer au bureau, peut-être qu'on trouvera quelque chose avant demain matin.

– Espérons, répondit Valkyrie en gravissant l'escalier monumental.

Elle pénétra dans le bureau, ferma la porte derrière elle et alla droit vers la grande bibliothèque qui occupait tout un mur. Elle tira sur le faux livre et les rayonnages pivotèrent pour permettre l'accès à la petite pièce cachée derrière. Pour une fois, Valkyrie ne jeta même pas un regard aux divers objets disposés sur les étagères. La Pierre d'Écho qui reposait sur son support sur la table se mit à luire et un homme souffrant d'un léger embonpoint apparut dans un scintillement. Avec un grand sourire.

– Bonjour ! lança-t-il. Je devine à ton air sévère que tu es ici à cause d'une affaire sérieuse, et non pas parce que ton cher oncle défunt te manque.

Valkyrie haussa un sourcil.

– Tu es bien Gordon ? Et pas uniquement un enregistrement de sa personnalité ?

– C'est bien moi, déclara fièrement le vieil homme.

– Tu en es sûr ? Tu ne vas pas changer d'avis au beau milieu de la conversation ?

– J'ai pris une décision. Le Gordon de chair et de sang m'a peut-être imprimé sur cette Pierre d'Écho, mais je continue à apprendre, à découvrir, à évoluer. Je me fabrique mes propres souvenirs dorénavant. Je suis une authentique personne, comme il l'était, et puisque nous étions la même personne, je suis lui désormais, maintenant qu'il n'est plus. En vérité, tout cela rejoint la philosophie : je pense, donc je suis.

– C'est bon à savoir, dit Valkyrie. En fait, je te considère comme mon vrai oncle.

– À la bonne heure.

– Ça veut dire que je peux parler de toi à Skully, maintenant ?

– Ah… Pas tout de suite. Je… je ne suis pas encore prêt à avouer aux gens ce que je suis devenu. Mais très bientôt, tu pourras me partager avec d'autres, je te le promets.

– Tant mieux. Ça me gêne de garder ce secret.

– Je comprends et je t'en suis reconnaissant. Alors, dis-moi, comment vont tes parents ?

– Bien. Demain, c'est leur anniversaire de mariage, alors ils partent pour Paris.

– Ah, Paris, dit Gordon avec une tristesse rêveuse. J'ai toujours eu un authentique penchant pour les Français, tu sais. Un de mes romans se passait en France, au milieu des cathédrales et sur les Champs-Élysées.

– Oui, je sais. *Le Mangeur de cerveau.* Un de tes meilleurs livres. Gordon… as-tu déjà entendu parler d'un dénommé Batu ?

– Non, je ne crois pas.

– Nous pensons qu'il est responsable d'une série de meurtres et qu'il veut se servir d'un Téléporteur pour ouvrir un passage entre cette réalité et celle dans laquelle sont emprisonnés les Sans-Visage.

– C'est possible, ça ?

– Skully semble prendre cette menace très au sérieux, alors je pense que oui.

– En quoi puis-je vous aider ?

– Si les Sans-Visage reviennent, nous aurons besoin du Sceptre pour les arrêter.

– Tu ne m'as pas dit que Skully l'avait brisé ?

– Le *cristal* ne fonctionne plus, mais si on réussit à en trouver un autre…

– Ah. Et vous voulez savoir si j'ai découvert des informations sur ce sujet au cours de mes recherches ?

– Exactement.

– Eh bien, vous avez de la chance, car j'ai découvert énormément de choses.

– Tu sais où on peut se procurer un cristal ?

– En fait, oui.

– C'est vrai ? Où ?

Gordon pointa le doigt vers ses pieds. Valkyrie fronça les sourcils.

– Dans tes chaussures ?

– Dans les *grottes.*

– Sans blague ? Il y a des cristaux noirs dans les grottes qui se trouvent sous cette maison ? Tu veux bien m'expliquer pourquoi ?

– Cette maison a été construite sur l'entrée des grottes, il y a des centaines d'années de cela, par un sorcier nommé Anathem Fange.

– Oui, Skully m'a parlé de lui. Il jetait ses ennemis dans ces grottes et les livrait aux monstres.

– Ce n'était pas un homme très sympathique, comme tu peux l'imaginer.

– Est-ce qu'il idolâtrait les Sans-Visage ?

– Non, mais il les étudiait. Il s'intéressait à leur littérature et à leur histoire, et à celles des Anciens également car il enviait leur pouvoir. Il a acheté cette terre, bâti la maison et fait quelques tentatives pour explorer les grottes. Il voulait percer leurs secrets, et il est vrai qu'elles en détiennent de très nombreux.

– Quel genre de secrets ?

– Pourquoi les créatures qui y vivent sont-elles insensibles à la magie ? Y a-t-il quelque chose de spécial dans l'air ? Dans la pierre ? Est-ce à cause d'un mélange de minéraux ? Autre chose ? Il n'existe aucune explication, Valkyrie. On ne sait pas, voilà tout. D'après ses carnets, Fange a entrepris sept expéditions dans les grottes. La première fut menée par une équipe de dix hommes. Fange fut le seul à revenir. Au cours de la deuxième, quinze sorciers disparurent. Là encore, Anathem Fange fut l'unique survivant. Il constata que plus le groupe d'explorateurs était important, plus les attaques étaient violentes. Les créatures semblaient attirées par la magie.

« … Dès qu'il eut fait cette découverte, les expéditions devinrent plus réduites et plus fructueuses. Certes, Fange était toujours le seul à en revenir vivant, mais uniquement parce qu'il tuait ses collègues pour les empêcher de parler.

« … Au cours du sixième voyage dans les grottes, il découvrit un filon de cristal noir. Il ordonna à un de ses compagnons d'en prélever un échantillon mais, dès que le sorcier posa le doigt sur un cristal qui affleurait, il fut consumé par ce que Fange a décrit comme "un éclair noir" et réduit en poussière.

– Sais-tu où se trouvait ce filon ?

– Il y a une carte dans son dernier carnet, sur une de ces étagères. À vrai dire, ce sont ses carnets qui m'ont incité à acheter la maison : je voulais pouvoir explorer les grottes à mon tour. Hélas, je ne suis jamais allé jusqu'au cristal noir. Ne possédant aucune magie, je n'étais pas importuné par les créatures, mais néanmoins, je l'ai échappé belle à plusieurs reprises, et cela m'a convaincu de laisser l'aventure aux aventuriers.

– L'homme qui a tenté de prendre un cristal a été tué. Comment va-t-on faire pour s'en procurer ?

– C'est là que ton héritage de descendante des Anciens va se révéler utile. Ce sont les Sans-Visage qui, les premiers, ont exploité les mines de cristal, en effet, mais les Anciens se sont rendus insensibles au pouvoir de la pierre.

– Ils n'étaient pas *immunisés*. Ils se sont servis du Sceptre pour s'entretuer.

– Car le cristal était incrusté dans le Sceptre et, de ce fait, son pouvoir destructeur pouvait être dirigé sur la personne ou la chose choisie par celui qui le détenait. Là, nous parlons du cristal sous sa forme originale. Je pense qu'il a réagi de cette façon et tué le membre de cette expédition car, contrairement à toi, il n'avait pas du sang d'Ancien dans les veines.

Valkyrie regarda Gordon d'un air dubitatif.

– Tu crois ?

– J'en suis relativement sûr.

– Relativement ?

– Très relativement. Quasiment formel.

– Et tu es prêt à mettre ma vie en jeu ?

Gordon lui adressa un sourire rassurant, qui s'effaça très vite, et il secoua la tête.

– Mon Dieu, non.

– Mais tu penses que je ne crains rien, c'est ça ?

– Ne le fais pas. C'est une idée idiote.

– C'est ta théorie, néanmoins ?

– Une théorie équivaut à une supposition pour un universitaire. Comment pourrais-je savoir ? Ne le fais pas.

– Où est ce carnet ? C'est celui-ci, sur l'étagère derrière toi ?

– Non.

– Est-ce qu'il n'y a pas écrit *Journal d'Anathem Fange* sur la tranche ?

Gordon hésita.

– Euh… non.

Valkyrie s'approcha de la bibliothèque, mais Gordon lui barra le chemin. Elle inspira à fond et tendit la main à travers le visage de son oncle.

– Hé ! s'exclama-t-il. Arrête !

Elle retira sa main en serrant l'ouvrage entre ses doigts. Gordon lui fit les gros yeux.

– Ce n'est pas juste !

– Désolée.

– Tu ne peux pas te permettre de passer la main à travers le visage des gens comme ça. D'abord, c'est mal élevé. Et puis, c'est très désagréable.

Valkyrie posa le carnet sur la table, l'ouvrit et feuilleta les pages jaunies.

– Je suis vraiment désolée.

– Une telle démonstration d'immatérialité, de ce qui est vrai et de ce qui ne l'est… c'est suffisant pour se remettre en question, tu sais.

La jeune fille prit une feuille de parchemin qui se trouvait à l'intérieur du carnet et la déplia. Le plan du réseau de grottes était incomplet : il y avait de grands espaces vides entre les galeries explorées.

– Un homme n'existe qu'à travers l'effet qu'il a sur son environnement, disait Gordon. Si son être même est aussi évanescent que la pensée, que reste-t-il de lui ? Est-ce vraiment un homme ? Ou simplement l'*idée* d'un homme ?

Pendant ce temps, Valkyrie faisait courir son doigt sur le parchemin, de la mention « cristaux noirs » entourée d'un cercle jusqu'à l'entrée des grottes, en suivant le tracé d'une galerie qui franchissait diverses intersections. À en juger par l'échelle qu'avait indiquée Fange, le filon se trouvait à environ trois kilomètres vers l'ouest.

– Je ne pourrai pas me mentir éternellement, je suppose, poursuivait Gordon, d'un ton dépité. Je suis un faux. Une escroquerie. L'ombre du véritable Gordon Edgley. Une pâle imitation d'un grand, d'un très grand homme.

Valkyrie replia la carte et la remit dans le carnet.

– Hein ? Qu'est-ce que tu disais ?

– Rien, grommela-t-il.

– Merci pour ça, dit-elle en quittant le bureau.

La bibliothèque se referma et Valkyrie dévala l'escalier pour se rendre dans le salon.

Perché sur une chaise, Skully passait en revue les ouvrages alignés sur l'étagère du haut.

– J'ai trouvé ! annonça-t-elle.

Le Détective Squelette pencha la tête sur le côté.

– Non. Impossible. Tu ne peux pas avoir trouvé quelque chose.

Elle sourit.

– Il y a du cristal noir dans les grottes sous nos pieds. Apparemment, moi seule peux y toucher, à cause de cette histoire d'Anciens. J'ai même un plan. Alors, impressionné ?

Il y eut un moment de silence.

– Tu es une incroyable frimeuse !

– J'ai été à bonne école.

Skully descendit de la chaise et lui prit le carnet des mains.

– Je ne frime pas, moi. Je fais simplement la démonstration de mes qualités quand cela s'impose.

Il examina la carte.

– J'ai l'impression que nous allons faire un petit tour dans ces grottes, dit-il.

– Maintenant ? Rien que nous deux ?

– Trop de personnes, ça risque d'attirer l'attention. Et nous n'avons pas de temps à perdre. La Diablerie a un coup d'avance sur nous depuis le début. Il faut que ça change.

La clé tourna dans la serrure et le sol de la cave de Gordon s'ouvrit. Valkyrie alluma sa lampe électrique avant de suivre Skully dans l'escalier de pierre qui menait aux grottes.

Le Détective Squelette déchiffrait régulièrement l'air qui les entourait pour s'assurer que personne ne les suivait. Trois fois, ils durent éteindre leurs lampes et s'accroupir dans l'obscurité en attendant que la voie soit libre. Valkyrie guettait avec appréhension l'apparition de plantes grimpantes.

D'étroits faisceaux de soleil, capturés à la surface et renvoyés vers le sous-sol, éclairaient le décor. Le plan tracé par Fange se révéla précis, mais plus ils avançaient, plus il faisait froid et Valkyrie se réjouit d'avoir enfilé un des manteaux de Gordon par-dessus sa tunique sans manches.

Ils suivirent le tunnel jusqu'au bout, après quoi ils durent ramper à travers un orifice creusé dans la roche. Valkyrie imaginait tout le réseau de grottes s'écroulant sur elle. Les espaces confinés l'oppressaient. Ils lui donnaient envie de flanquer des coups de pied, d'agiter les bras, sans raison. Bref, elle n'aimait pas ça du tout.

Skully l'aida à ressortir de l'autre côté et ils consultèrent la carte à nouveau.

– Les cristaux devraient se trouver à la sortie de ce boyau, dit-il. (Tous deux regardèrent le coin en question.) N'oublie pas :

c'est à ce moment-là, généralement, que la situation se dégrade de manière spectaculaire.

– J'avais remarqué.

Ils éteignirent leurs lampes en approchant du coin. Le seul bruit était celui de leurs pas.

– Tu veux passer devant ? chuchota Skully.

– Pourquoi ? répondit Valkyrie dans un murmure.

– Je me disais que tu avais peut-être envie de me prouver quelque chose.

– Quoi, par exemple ?

– Je ne sais pas. Que tu es aussi courageuse que moi peut-être, ou aussi compétente. À moins que tu veuilles me montrer que tu n'as pas besoin d'un homme pour te protéger.

Elle haussa les épaules.

– Je n'ai aucun problème à ce niveau-là.

– Vraiment ?

– Vraiment. Allez, avancez la tête pour voir s'il y a un monstre qui nous attend.

Skully marmonna deux ou trois mots et risqua un coup d'œil au coin de la galerie. Valkyrie, quant à elle, se prépara à frapper ou à courir.

– Tiens, tiens, dit Skully, voilà qui est surprenant.

XXIII. Anathem Fange

Le tunnel débouchait sur une immense grotte, de la taille d'un stade de football. Des faisceaux de lumière transperçaient la voûte telles les étoiles dans le ciel nocturne et venaient frapper la maison qui se dressait devant les deux explorateurs. Stupéfaite, Valkyrie ne parvenait pas à en détacher son regard.

– Cette maison a quelque chose de familier, fit-elle remarquer.

– En effet, confirma Skully.

– Elle ressemble énormément à celle de Gordon.

– En effet.

Ils continuèrent à contempler la maison. Ce n'était pas une réplique *exacte*. Elle était plus étroite, les fenêtres aussi, et la porte ne se trouvait pas à la bonne place. Le toit paraissait beaucoup plus haut et les angles différents. En fait, elle ressemblait à un *souvenir* de la maison de Gordon, vue à travers le filtre d'un mauvais rêve.

Valkyrie n'aimait pas poser des questions évidentes. À vrai dire, elle détestait ça. Mais, parfois, les questions évidentes étaient les seules qui s'imposaient.

– À votre avis, comment elle a atterri ici ? demanda-t-elle.

– Je l'ignore, répondit Skully. Peut-être qu'elle s'est perdue.

Ils s'en approchèrent.

La maison était plongée dans l'obscurité. Certains rideaux étaient tirés. Skully ne prit pas la peine d'en faire le tour. Il frappa à la porte et attendit. Comme personne ne venait, il poussa la porte qui s'ouvrit.

– Y a quelqu'un ?

Pas de réponse. Il sortit son revolver et entra. Valkyrie lui emboîta le pas. Curieusement, il faisait plus froid dans la maison que dans les grottes et elle ne put réprimer un frisson. S'ils n'avaient pas eu leurs lampes électriques, ils auraient été enveloppés de ténèbres.

Il n'y avait pas de lignes à haute tension dans ces galeries souterraines évidemment, pas d'accès à l'électricité ; aussi, lorsque Valkyrie actionna par automatisme l'interrupteur qui se trouvait à l'entrée, elle ne s'attendait pas à ce que des ampoules couvertes de poussière diffusent une lumière verdâtre.

– Intéressant, commenta Skully.

C'était troublant de se retrouver dans un endroit à la fois familier et étranger. L'escalier, imposant et robuste dans la maison de Gordon, était ici étroit et tortueux. Des tableaux ornaient les murs, des images de dépravation et de torture.

Ils pénétrèrent dans le salon et Skully alluma quelques lampes. La même lumière blafarde transforma l'obscurité en une sorte de pénombre malsaine. Cette couleur donnait mal au cœur à Valkyrie.

Un fauteuil et un canapé faisaient face à la cheminée éteinte, sur laquelle trônait un miroir tarabiscoté. Valkyrie donna un petit coup de coude à Skully et tendit le doigt. Quelqu'un était assis dans le fauteuil.

– Pardonnez-moi, dit le Détective Squelette.

La silhouette ne bougea pas. Ils ne voyaient qu'un morceau de bras et le haut d'une tête.

Lentement, ils approchèrent du canapé en faisant un écart pour éviter le fauteuil. Valkyrie aperçut une chaussure. Puis un genou. L'homme avait posé la main droite sur l'accoudoir et la gauche sur sa cuisse. Une large tache sombre s'étalait sur la veste de son costume d'une autre époque. Sa moustache tombante encadrait les coins de sa bouche. Il avait des cheveux bruns et semblait âgé d'une cinquantaine d'années. Ses yeux ouverts regardaient le vide.

– *Hello*, dit Skully d'un ton chaleureux, mais il avait gardé son revolver à la main. Je suis Skully Fourbery et voici mon associée, Valkyrie Caïne. D'après notre carte, il existe un filon de cristal noir dans la roche de cette grotte. En avez-vous déjà vu ?

L'homme assis dans le fauteuil ne tourna pas la tête.

– Si je vous demande ça, reprit Skully, c'est parce qu'il nous en faut absolument et que temps nous est compté. Si quelqu'un sait où on peut trouver ce cristal, je dirais que c'est vous, n'est-ce pas ?

Skully hocha la tête comme si l'homme avait répondu.

– Jolie maison, en tout cas. On en connaît une qui lui ressemble, là-haut à la surface. L'original, en fait. Celle-ci est comme une imitation faite de mémoire, mais ça ne veut pas dire que ce n'est pas une vraie maison. Je suis sûr que vous vivez parfaitement heureux ici, Anathem.

Valkyrie se retourna vivement vers Skully.

– Hein ?

– Je suppose qu'il s'agit d'Anathem Fange. Il est descendu ici il y a des centaines d'années avec l'intention de poursuivre son exploration. Visiblement, il a été blessé, comme l'indique le sang sur ses vêtements, par un camarade ou une des créatures qui habitent dans ces grottes, mais il ne voulait pas mourir ici. Qui le souhaiterait ? C'est sombre et froid, sinistre. Comme c'est une sorte de magicien, il a fait apparaître cette maison afin de décéder dans un environnement plus familier.

– Cette maison est faite de magie ?

– Tu ne le sens pas ? Chaque chose dégage une espèce de *vibration*.

Valkyrie reporta son attention sur l'homme.

– Il est assis là depuis des centaines d'années, à se vider lentement de son sang ?

– Non, non. Il est tout à fait mort, maintenant.

– Dans ce cas, pourquoi la maison n'a-t-elle pas disparu ?

– Parce qu'il n'est pas parti.

Skully s'avança.

Valkyrie le regarda d'un air inquiet.

– Qu'est-ce que vous faites ?

– Je le réveille.

Il donna un grand coup de pied dans le fauteuil, qui bascula à la renverse en entraînant le corps avec lui, mais c'est un cadavre décomposé et réduit en poussière qui heurta le sol et laissa dans le vide l'image floue de l'homme à la longue moustache. Ses yeux papillotèrent comme s'il avait enfin perçu un changement et il tourna la tête.

– Des intrus, siffla-t-il, le visage déformé par une grimace.

Son image se troubla lorsqu'il se leva d'un bond.

– Du calme, dit Skully.

Anathem Fange poussa un cri strident et se jeta sur eux. Valkyrie fit un bond en arrière et lui décocha un coup de poing au moment même où il passait à travers elle.

– C'est un fantôme, expliqua Skully. Il ne peut pas te toucher.

L'ectoplasme de Fange fit volte-face. Son visage prit forme.

– Vous êtes dans *ma* maison, grogna-t-il. Vous êtes des intrus !

Le canapé décolla du sol et fonça droit sur eux. Skully poussa Valkyrie sur le côté.

– Par contre, le canapé, lui, *peut* te toucher, dit-il.

Il repoussa l'air pour détourner la table qui tentait de les attaquer par-derrière.

Fange écarta les bras.

– Je vais faire écrouler cette maison sur vos têtes !

En effet, les murs commencèrent à trembler.

Le Détective Squelette se précipita vers l'immense glace placée au-dessus de la cheminée, la décrocha, pivota sur lui-même et l'abattit sur le magicien. Le verre sembla l'avaler tout entier et Skully plaqua le miroir contre le mur.

Valkyrie avait lu quelque part que les miroirs étaient la seule chose capable de capturer les âmes et les esprits. Le fait qu'elle n'ait pas besoin de demander une explication, pour une fois, lui procura un délicieux sentiment de satisfaction.

– On ne cherche pas l'affrontement, dit Skully, suffisamment fort pour être entendu du fantôme de Fange. On veut juste un cristal noir.

– Les cristaux sont à moi ! s'écria Fange. Libère-moi, démon !

– Je ne suis pas un démon. Je suis un sorcier. Comme vous. Nous ne sommes pas venus pour vous faire du mal.

– Mensonges ! Supercherie ! Tu es un démon des grottes, un monstre comme les autres, envoyé ici pour me torturer ! Pour me rendre fou !

Skully soupira et se tourna vers Valkyrie.

– Inspecte la maison. S'il affirme que cet endroit lui appartient, c'est peut-être qu'il a réussi à mettre la main sur quelques cristaux.

La jeune fille hocha la tête et laissa à Skully le soin d'essayer de raisonner le fantôme. Elle se rendit tout d'abord dans la cuisine, en allumant des lumières au passage. Un énorme poêle noir trônait sous une cheminée qui n'existait pas dans la maison de Gordon. Elle ouvrit un placard et un insecte de la taille de son doigt jaillit et se faufila dans sa manche. Elle fit un bond en arrière, tout en arrachant son manteau et en le jetant à terre, mais l'insecte s'était accroché à son bras nu et grimpait vers son épaule. Elle voulut l'écraser, mais il parvint à s'introduire sous sa tunique. Elle arracha les boutons d'un coup sec, glissa la main à l'intérieur et se saisit de l'insecte ; elle le sentait se tortiller dans son poing. Elle le lança à l'autre bout de la pièce en frissonnant de dégoût.

Quand elle eut retrouvé son calme, elle ramassa le manteau de Gordon, l'épousseta et vérifia qu'aucune autre bestiole ne s'y était introduite. Elle l'enfila, boutonna sa tunique et arrangea ses cheveux. « Ça, c'est répugnant », se dit-elle.

Elle examina le contenu des autres placards, beaucoup plus rapidement, et même de plus en plus vite. Elle imaginait une sorte de chauve-souris surgissant dans un battement d'ailes, alors elle prenait soin de se placer sur le côté quand elle ouvrait les portes. Pas de cristal noir dans les placards, pas d'autres insectes et, fort heureusement, aucune bestiole ressemblant à une chauve-souris.

Valkyrie ressortit de la cuisine, non sans jeter un regard mauvais dans le coin où elle avait lancé l'insecte, puis elle gravit l'escalier pour accéder au premier étage. Chacun de ses pas faisait grincer les marches. Les chambres étaient situées quasiment aux mêmes endroits que celles de Gordon, mais tous les lits étaient à colonnes, et les têtes de lit semblaient avoir été sculptées par un esprit dégénéré. La salle de bains n'avait pas l'air très accueillante et, comme il n'y avait pas de lumière, elle n'y entra pas.

En revanche, elle pénétra dans ce qui aurait dû être le bureau. Mais il n'y avait qu'un rocking-chair au centre de la pièce. La fenêtre donnait sur la grotte. Ce n'était pas une vue à vous couper le souffle.

Valkyrie promena ses mains sur le mur qui donnait accès à la pièce secrète. Ici et là, elle toqua avec son index et tendit l'oreille, mais ça ne sonnait pas creux. Déçue, elle quitta le bureau et redescendit, sur ses gardes. Quand elle revint dans le salon, le fantôme était sorti du miroir et se tenait à côté de Skully.

Il paraissait beaucoup plus calme.

– Les cristaux ne sont pas dans la caverne, expliquait-il d'une voix mal assurée. J'ai volontairement faussé quelques détails sur la carte, afin d'empêcher d'autres personnes de profiter de mon travail. Mais ils ne sont pas loin.

– Pouvez-vous nous y conduire ? demanda Skully.

– Je n'ose pas quitter cette maison. La force obscure qui vit dans ces galeries souterraines me maintient en vie, même si c'est sous la forme d'un esprit. Je ne peux pas m'aventurer hors d'ici.

– Dans ce cas, voulez-vous bien nous dire où se trouvent les cristaux ?

– À quoi bon ? Vous serez transformés en cendres dès que vous les toucherez.

– On connaît une astuce. Alors, êtes-vous prêt à nous aider ?

En entendant Valkyrie entrer dans la pièce, Fange tourna la tête.

– Elle est vivante, dit le fantôme, dont le visage exprimait un sentiment de respect mêlé de crainte.

– Je vous l'ai dit, répondit Skully.

– J'avais presque oublié à quoi ils ressemblaient.

– *Ils ?*

– Les vivants. Ces grottes sont ma demeure depuis si longtemps, je suis *mort* depuis si longtemps, seul ici, sous terre. J'évite les créatures, évidemment. Certaines peuvent me faire du mal, même sous cette forme. Ces grottes sont une malédiction pour les sorciers.

Il se rapprocha de Valkyrie.

– Tu es splendide, murmura-t-il.

Elle lança un regard inquiet à Skully, qui s'empressa de venir se placer entre eux.

– Alors, acceptez-vous de nous aider ? répéta-t-il.

Le fantôme détacha les yeux de la jeune fille, à regret, pour se retourner vers le squelette. Sa tête devint floue pendant un court instant.

– Évidemment, répondit-il.

À ces mots, le mur situé derrière lui se déplaça et une porte apparut.

– Mais soyez prudents. Les cristaux sont mortels.

Fange resta où il était, tandis que Valkyrie suivait Skully dans un tunnel aux parois rocheuses veinées de minces filons de cristaux qui brillaient d'une lumière noire.

Skully observa sa jeune partenaire.

– Tu es sûre que tu ne risques rien ?

– Sûre et certaine.

– Comment le sais-tu ?

Elle posa la main sur le cristal le plus proche.

– Vous voyez ?

Il la regarda d'un air hébété.

– C'était un geste totalement inconsidéré !

– *Potentiellement* inconsidéré, rectifia-t-elle. En fait, c'est une théorie de Gordon que j'ai trouvée dans ses notes.

– Il aurait pu se tromper.

– J'ai foi en ses théories. Donnez-moi le burin.

Il sortit l'outil de sa poche et le lui tendit. Valkyrie appuya le ciseau contre la roche et se servit de la crosse du revolver de Skully comme d'un marteau. Mais elle parvint à peine à érafler la roche.

– Tiens le burin, dit Skully.

Il fit craquer ses doigts et balança sa main en avant. Un souffle d'air concentré frappa le burin et un morceau de cristal se détacha de la paroi, un peu plus gros que celui qui ornait autrefois le Sceptre. Valkyrie l'enveloppa dans un bout d'étoffe. Skully lui tendit une petite boîte dans laquelle elle le déposa, puis il la referma et la remit dans sa poche de veste. Elle lui rendit son arme et le burin.

– Un jeu d'enfant, commenta-t-elle.

– Ne recommence jamais ça, dit-il d'un ton sévère. Tu aurais pu être transformée en poussière et j'aurais été obligé d'expliquer à tes parents pourquoi ils enterraient leur petite fille chérie dans une boîte d'allumettes.

– Vous auriez eu affaire à Tapalœil aussi.

Le squelette la regarda alors qu'ils rebroussaient chemin.

– Justement, je voulais te demander… Au sujet des remarques de Tapalœil… Tu crois, toi aussi, que je devrais te traiter différemment ?

– Non, dit Valkyrie sans la moindre hésitation.

– Ne réponds pas si vite.

– Noooooon… dit-elle d'une voix traînante.

– Très drôle. Mais la question reste posée. Peut-être que je devrais te laisser dans la voiture parfois.

– Je ne reste jamais dans la voiture, lui rappela-t-elle.

– Parce que je n'ai jamais insisté.

– Ça ne changerait rien.

– Je peux être très autoritaire quand je veux.

– Oui, mais pas assez.

Le squelette soupira, puis ils débouchèrent dans le salon. Le corps de Fange gisait toujours sur le sol, près du fauteuil renversé, et son fantôme, debout juste à côté, les regardait.

– Vous n'êtes pas morts ? s'étonna-t-il. Voilà qui est surprenant.

– Merci pour votre aide, dit Skully. Peut-on vous rendre service en échange ?

– Vous m'avez réveillé, c'est suffisant.

– Qu'allez-vous faire maintenant ? demanda Valkyrie.

Fange sourit.

– Je vais être heureux, je crois. Oui, c'est ce que je vais faire.

– J'espère que nous nous reverrons, Anathem, dit Skully. Vous êtes… quelqu'un d'intéressant.

Fange s'inclina et, ce faisant, il croisa le regard de Valkyrie. Elle hocha poliment la tête et suivit Skully jusqu'à la porte d'entrée.

– C'est China qui détient le Sceptre, dit-il juste avant de sortir de la maison. Elle seule pourra l'utiliser, donc. En supposant qu'il fonctionne une fois qu'on aura remplacé le cristal.

– Et s'il ne fonctionne pas ?

– Dans ce cas, je suis sûr que je trouverai une idée géniale pour…

La porte d'entrée claqua juste au moment où Valkyrie s'apprêtait à la franchir. Elle se retourna brusquement. Fange glissait vers elle et sur la projection de son visage se dessinait un sourire, négligé pendant des siècles.

– Toi, tu restes ici, dit-il. Le squelette peut retourner à la surface, mais toi, tu m'appartiens.

XXIV. La maison mutante

Elle entendait Skully tambouriner à la porte et s'époumoner :

– Valkyrie ? Ouvre !

– Non, je ne vous appartiens pas, dit-elle à Fange. Laissez-moi m'en aller.

– Tu ne me quitteras jamais.

Elle passa devant lui d'un pas décidé, revint dans le salon et atteignit la première des fenêtres… juste au moment où le mur la recouvrait. Les autres fenêtres subirent le même sort, scellant ainsi toutes les issues.

Valkyrie se retourna, furieuse.

– Vous n'avez pas le droit de me garder ici !

– Qui m'en empêche ? Tu es vivante. Tu respires. Cette maison n'a pas vu un être vivant depuis des siècles.

– Cette maison n'existe pas ! Vous-même vous n'existez pas ! Vous n'êtes qu'un fantôme !

Valkyrie fit claquer ses doigts et une flamme jaillit dans sa paume.

– Tu ne peux rien me faire, dit le fantôme.

Elle marcha vers le corps de Fange allongé sur le sol et en approcha la flamme.

– Si vous ne me laissez pas sortir, je brûle votre cadavre. Je n'hésiterai pas.

– Tu ne veux pas rester ici avec moi ? Tu me tiendrais compagnie. Tu me parlerais du monde extérieur. Tu serais la reine de ces ténèbres.

– Je vais vous brûler !

Fange sourit ; sa dépouille tendit le bras et la saisit par le poignet. Sous l'effet de la surprise, Valkyrie poussa un cri et la flamme s'éteignit. Le corps se releva et l'obligea à reculer jusqu'au mur. Elle décocha un coup de poing qui l'atteignit au visage. La pommette gauche s'enfonça dans la tête ! Écœurée, elle retira sa main. Des bouts de chair restèrent collés à ses jointures.

– Je sens la vie qui est en toi, dit Fange, comme si de rien n'était. Elle m'envahit, moi aussi. Ensemble nous régnerons sur les mondes froids et vides.

Valkyrie regarda le fantôme et fit appel à toute sa volonté pour maîtriser sa voix.

– Je n'ai pas envie. Je suis toujours vivante, moi, et je veux retourner à la surface.

Le fantôme secoua la tête et le cadavre fit de même.

– La lumière te fait mal aux yeux. Le soleil te brûle la peau. Une fois que tu seras devenue ma reine, tu n'auras plus à t'inquiéter de tout ça.

Elle se libéra et passa à travers le fantôme en courant, tandis que son enveloppe charnelle se reconstituait. Le corps se redressa et s'élança à sa poursuite.

Arrivée dans le hall, Valkyrie gravit l'escalier quatre à quatre. Elle jeta un coup d'œil par-dessus son épaule au moment où le cadavre s'agrippait à la rampe pour monter à son tour en posant maladroitement les pieds sur les marches. Quand Valkyrie atteignit le palier, le fantôme s'y trouvait déjà ; il l'observait.

– Tu n'as aucun endroit où t'enfuir, dit-il. Je suis le maître de cette maison et je saurai te protéger. Tu es mon invitée.

Valkyrie se précipita vers le bureau de Gordon, ou plutôt son imitation, mais la porte était verrouillée. Elle donna un grand coup de pied dedans, mais la porte ne trembla même pas sur ses gonds. Le fantôme lui sourit.

Elle fit claquer ses doigts et lança une boule de feu en direction du corps de Fange. Le projectile incandescent l'atteignit en pleine poitrine et le fit trébucher. En voulant éteindre les flammes, il perdit l'équilibre, heurta la rampe et passa à travers. Le fantôme émit un sifflement et fut obligé de détacher son regard de Valkyrie. Elle en profita pour donner un grand coup d'épaule dans la porte, qui céda cette fois. Entraînée à l'intérieur par son élan, elle poussa l'air devant elle et la fenêtre vola en éclats.

– Il n'est pas bon être mon ennemi ! lança Fange.

Valkyrie plongea vers la fenêtre, mais celle-ci se déplaça ! Elle remonta le long du mur et glissa au plafond, jusqu'à ce qu'une pluie d'éclats de verre lui tombe sur la tête. Le papier peint prit l'apparence d'un millier de visages, tous identiques : c'était celui de Fange. Ils la foudroyaient du regard et répétaient ses paroles, comme un écho.

– Mes ennemis souffrent ! déclarèrent le fantôme et ses mille visages. Mes ennemis saignent. Ils hurlent, supplient et pleurent.

La fenêtre quitta le plafond pour redescendre sur un des murs, offrant la vision fugitive des pièces qui se trouvaient derrière, avant de filer comme une flèche sur le plancher, en direction de Valkyrie. La fenêtre s'arrêta sous ses pieds et elle tomba à travers, mais parvint à se retenir au bord. Ses jambes pendaient dans le vide. Le corps de Fange se trouvait juste en dessous, dans la cuisine ; il tendait les bras pour essayer d'attraper ses bottes.

Elle le repoussa en donnant des coups de pied et réussit à remonter. La pièce changeait de visage à toute vitesse. Des couleurs balayaient les murs, qui avançaient et reculaient tels les poumons d'une énorme bête. La fenêtre rétrécit aux dimensions d'un œil. Des tapis jaillissaient entre les lattes du plancher, puis se ratatinaient et mouraient. Anathem Fange était furieux ; il était en train de perdre le contrôle de sa maison.

Sur le mur vide, celui qui dissimulait la pièce secrète dans la maison de Gordon, une porte apparut, et Valkyrie la franchit d'un bond. Le couloir était sombre et beaucoup trop long. Elle voyait mentalement l'extérieur de cette demeure qui ne cessait de muter pour satisfaire les besoins frénétiques de son maître.

– Tu es mon ennemie ! lui cria Fange. Tu n'es pas ma reine ! Tu es mon ennemie !

Elle bifurqua dans le couloir, sans savoir où elle allait, et déboucha dans une pièce bien éclairée, au centre de laquelle trônait une grande table dressée pour un banquet. Des bougies étaient allumées et le vin était déjà servi dans les verres à pied. Il n'y avait ni fenêtre ni porte.

Une partie du plancher s'affaissait et s'achevait par des marches. En voyant le corps gravir l'escalier, Valkyrie recula. Le fantôme les rejoignit sous forme d'un nuage de fumée et se matérialisa devant elle.

– J'ai essayé d'être *gentil,* grogna-t-il. J'étais *content* de te voir. J'étais *heureux* que tu sois là.

– Rien ne vous oblige à faire ça, Anathem.

– Mais tu m'as rejeté. *Moi !*

Les plats du banquet fondirent sur la table, se transformant en une sorte de bouillie qui dégoulina sur les côtés. Les bougies fondirent elles aussi, mais sans s'éteindre. Le tapis recouvrit l'escalier et le plancher se scella.

Valkyrie devait trouver une issue. Il lui fallait une porte ou une fenêtre et pour cela, elle devait attiser la colère de Fange.

– D'accord, je serai votre reine, déclara-t-elle subitement.

Une grimace déforma le visage du fantôme.

– Je ne suis pas idiot.

– Je resterai ici avec vous et je serai votre reine. C'est ce que vous voulez, non ?

– Tu cherches à négocier parce que tu as peur, dit le fantôme, alors que son corps approchait. Tu mens car tu redoutes la mort qui va venir te rendre visite.

Valkyrie écarta les mains et l'air ondoya. Le corps s'affala, puis se releva tant bien que mal.

– Tes derniers instants seront mémorables ! lança le fantôme.

Il se déplaça sur le côté sans toucher le sol et disparut à l'intérieur de son corps ravagé.

Contrairement à leur rencontre initiale, lorsque le corps et l'esprit étaient encore rassemblés pour donner l'apparence d'un homme normal, cette nouvelle forme n'avait pas de telles prétentions. Sa fonction était rudimentaire : le fantôme avait repris possession de son enveloppe charnelle et la manipulait comme un simple instrument de destruction. La tête bougea, se releva et regarda Valkyrie avec des yeux qui n'existaient plus.

– Il y a bien longtemps que je n'ai pas fait couler le sang d'un être humain, dit Fange dont la nouvelle voix évoquait des grattoirs et du papier de verre.

Il s'élança de manière soudaine, très vite, arracha Valkyrie du sol et la plaqua sur la table. Elle se contorsionna et lui enfonça son genou dans les côtes, mais les terminaisons nerveuses du fantôme étaient desséchées et mortes depuis belle lurette. Elle agrippa alors son poignet et décocha un coup de pied ; quand il la lâcha pour la frapper, elle roula à terre.

Elle eut à peine le temps de se relever avant que la table se liquéfie entre eux pour le laisser passer. Elle fit claquer ses doigts et lança une boule de feu. Celle-ci explosa contre le bras de Fange ; elle repoussa la masse d'air et il tituba.

Les murs fondaient, le sol vacillait et toute la pièce commençait à s'enfoncer lentement à l'intérieur de la maison.

– Je suis Anathem Fange. Je suis le maître de la réalité !

– Vous perdez le contrôle.

– Je suis le maître de la réalité, répéta-t-il avec rage. Tu es inconsciente pour oser t'opposer à moi.

– Vous êtes fou.

– Silence ! rugit-il.

Le tapis se transforma en une flaque qui enveloppa ses pieds et prit l'apparence de chaussures reluisantes, grimpa le long de son corps, recouvrant ses haillons d'une nouvelle tenue et sa peau morte d'une pellicule toute neuve qui semblait vivante.

– Je suis redevenu moi-même, dit-il une fois que son nouveau visage eut trouvé sa place.

Soudain, la pièce s'affaissa et pendant une seconde, Valkyrie n'eut plus que le vide sous ses pieds. Elle heurta le sol une fois de plus et roula sur elle-même. La pièce s'était effondrée sur le salon, l'écrasant comme une crêpe. Pendant que chaque pièce essayait de retrouver son intégrité et d'imposer sa propre forme, les murs ondoyèrent et une fenêtre apparut.

Skully surgit lui aussi, arme au poing. Il ouvrit le feu ; les balles pulvérisèrent la vitre et pénétrèrent dans le corps de Fange qui hurla de rage. Valkyrie courut vers la fenêtre et sauta par l'ouverture. Skully l'attrapa dans ses bras et ils traversèrent la grotte ventre à terre. Sans cesser de courir, elle jeta un regard en arrière. La maison se déplaça et toutes les fenêtres, sauf deux, disparurent, et la porte d'entrée s'élargit. Les fenêtres restantes formaient une paire d'yeux gigantesques qui foudroyait les deux fugitifs ; la porte dévoila deux rangées de dents et hurla sa fureur. Planté à l'intérieur de la bouche, Fange n'osait pas franchir le seuil.

– Je te retrouverai ! brailla-t-il. Je te retrouverai, petite !

Arrivés à l'entrée de la galerie, ils s'y engouffrèrent, et même si elle savait que Fange ne pouvait pas les suivre, Valkyrie ne ralentit pas.

XXV. Le raid

Un peu après vingt et une heures ce soir-là, une grande camionnette de boulanger se gara derrière le cinéma Hibernia. Sans attirer l'attention. Une voiture aux vitres fumées vint s'arrêter juste à côté. Là encore, personne ne la remarqua.

Tanith était appuyée contre l'encadrement de la porte d'une chambre d'amis devant le centre médical. Hideous avait apporté une partie de son matériel pour pouvoir travailler pendant que Tapalœil effectuait les tests nécessaires. Tanith observait Hideous assis à une table, en train de confectionner de nouveaux vêtements pour Valkyrie. Il parlait de sa mère.

Les portes arrière de la camionnette de boulanger s'ouvrirent et des hommes en descendirent, sans bruit et sans se faire repérer. Ils étaient entièrement vêtus de gris et portaient des faux sur leur dos.

– Ma mère était boxeuse, expliquait Hideous, tout en vérifiant la couture d'une manche. Elle a eu quatre fois le nez cassé, mais d'après mon père, elle était toujours la plus belle, où qu'ils se trouvent.

– J'ai entendu plusieurs histoires sur elle, dit Tanith. Apparemment, c'était une femme remarquable.

Hideous sourit.

– J'ai combattu à ses côtés lors de la bataille du Rocher-Noir, et j'ai vu les meilleurs hommes de Mevolent faire demi-tour et décamper. Elle a affronté Serpine et Vengeous et les a obligés à battre en retraite l'un et l'autre. « Remarquable » est un qualificatif qui ne lui fait pas honneur. Elle était absolument magnifique, jusqu'au dernier jour.

– Comment est-elle morte ?

– Elle a commis une erreur. Elle s'est dressée contre Lord Vile.

Un vieillard qui se déplaçait avec la vigueur d'un jeune homme descendit de la voiture aux vitres fumées. Son allure était celle d'une personne habituée à exercer l'autorité. Son regard était froid. L'individu qui lui emboîta le pas avait un visage flasque et ne possédait pas la même prestance, mais sa détermination était bien visible.

Le vieillard au regard froid entra dans le cinéma et l'autre homme adressa un signe aux personnages en gris. Telle une masse liquide, ils s'infiltrèrent dans le bâtiment en passant par les fenêtres, les issues de secours et les verrières.

Perchée sur un toit, non loin du cinéma, une silhouette dressée dans l'obscurité observait la scène.

Hideous posa la veste sur le côté pour s'attaquer à la tunique.

– Nous avions une règle en ce temps-là, dit-il. Vous ne vous dressiez pas seul contre Vile. Vous attendiez que votre armée soit rassemblée derrière vous, vous attaquiez tous ensemble et vous priiez pour que quelqu'un atteigne la cible.

– Vile était dangereux à ce point ?

Hideous haussa les épaules.

– Peut-être, peut-être pas. Difficile de séparer ce monstre de sa légende. Après avoir surgi de nulle part, il est devenu le général le plus redouté de Mevolent, puis il a disparu, tout cela en l'espace de quelques années. Il possédait sa fameuse armure, et son pouvoir de nécromancien, et partout où il allait, il laissait une traînée de destruction dans son sillage. Ma mère s'est dressée contre lui et il l'a tuée. Il m'aurait tué moi aussi sans…

Clarabelle fit son entrée dans la pièce et Hideous se tut.

– Avez-vous vu le professeur ? demanda-t-elle.

– Non, désolée, répondit Tanith. Un problème ?

– Il y a un homme dans la salle de cinéma. Il insiste pour parler au professeur Râleux et refuse de donner son nom. Il est fort impoli.

– Essayez de trouver le professeur, suggéra Hideous. Pendant ce temps, nous irons voir qui est ce monsieur et ce qu'il veut.

– Ah, je vous en serais très reconnaissante, dit Clarabelle, et un sourire éclaira son visage.

Elle repartit en fredonnant.

Tanith et Hideous se dirigèrent vers le cinéma et descendirent l'escalier qui s'enfonçait dans l'obscurité. Ils franchirent la porte dissimulée dans l'écran et débouchèrent sur la scène. Un homme se tenait dans l'allée centrale, au milieu des sièges moisis.

– Monsieur Quatépingles, dit Thurid Guild d'une voix qui résonnait légèrement. Je vous souhaite un agréable retour parmi les vivants.

– Guild ! Qu'est-ce qui vous amène ici ?

– Grand Mage, rectifia-t-il. Mais vous êtes resté statufié pendant deux ans, je peux donc vous pardonner cette étourderie.

– Ce n'était pas une étourderie.

– Que peut-on faire pour vous ? demanda Tanith en prenant le ton le plus glacial et agressif possible.

– Vous ne pouvez rien faire pour moi, dit Guild. Je suis ici pour parler au propriétaire de cet établissement.

– À quel sujet ?

– Une affaire qui concerne le Sanctuaire, je le crains.

Tanith regarda autour d'elle. La salle de cinéma était plongée dans la pénombre.

– Vous êtes venu seul ?

– Pourquoi serais-je venu accompagné ? Je suis entouré d'amis, non ?

– Ça dépend, répondit Hideous. Considérez-vous Skully Fourbery comme un ami ?

Guild esquissa un sourire.

– Fourbery est un traître.

– C'est aussi ce qu'il pense de vous, souligna Tanith.

– Skully Fourbery est de mèche avec la Diablerie. Avec sa jeune complice, il a participé au vol des restes de la Grotesquerie, dans un but crapuleux. Pris la main dans le sac, il a refusé d'obtempérer, attaqué le personnel du Sanctuaire et réussi à s'échapper. C'est un ennemi du Sanctuaire et de tous les gens raisonnables.

Tapalœil émergea de l'écran pour rejoindre Tanith et Hideous.

– Eh bien, que voulez-vous, Grand Mage ?

– Ah, professeur ! Je réclame juste un peu de votre temps.

– Mon temps est précieux. Dites ce que vous avez à dire.

Guild hocha la tête, humblement.

– Vous n'êtes pas sans savoir, je suppose, la menace que représente la Diablerie. Vous connaissez leurs plans concernant les restes de la Grotesquerie et le dernier des Téléporteurs, un jeune garçon nommé Fletcher Renn.

– Oui.

– Eh bien, j'ai des raisons de penser que ce garçon est retenu ici même. J'aimerais que vous me le remettiez, si vous voulez bien.

– Grand Mage, je vous assure que je ne…

Guild l'arrêta d'un geste.

– Professeur. J'ai pour vous beaucoup d'estime. J'admire votre travail et vos principes. C'est pourquoi je vous supplie de ne pas vous faire du tort en essayant de me mentir, alors que je sais pertinemment que ce garçon est ici. Je préfère encore que vous restiez muet, plutôt que de bredouiller quelques demi-vérités maladroites. C'est indigne de vous.

Tanith se tourna vers Tapalœil et vit le rouge lui venir aux joues.

– Grand Mage, dit-il, ne croyez pas connaître une personne après quelques rencontres. Une telle présomption peut provoquer de l'agacement et décourager immédiatement toute envie de coopérer. De même, ne flattez pas les gens dans l'espoir de les inciter à coopérer et, surtout, ne faites jamais preuve de condescendance, en aucune circonstance. La vérité, c'est que si je connais effectivement l'existence de Fletcher Renn, j'ignore où il se trouve. Alors, désolé, je ne peux pas vous aider.

Guild secoua la tête.

– Vous me décevez, professeur.

Soudain, une alarme stridente se fit entendre à travers l'écran. Tanith et Hideous se retournèrent brusquement.

– Si j'étais vous, je resterais ici, leur conseilla Guild.

– Qu'avez-vous fait ? demanda Tapalœil, mais à en juger par l'effroi qui se lisait dans son regard, Tanith devina qu'il connaissait déjà la réponse.

Guild n'était pas là pour exiger qu'on lui remette Fletcher Renn ; il était là pour faire diversion.

– Mes Fendoirs ont franchi les défenses de votre centre, dit le vieil homme, d'un ton presque las. Ils ont reçu ordre d'annihiler toute résistance, sans brutalité, mais ils utiliseront la force s'ils estiment que cela est nécessaire.

– Vous n'avez pas le droit ! rugit le professeur.

– Nous sommes venus chercher le garçon et nous ne repartirons pas sans lui.

Hideous s'était déjà précipité vers l'écran ; Tanith s'apprêtait à le suivre quand elle aperçut d'autres intrus dans le cinéma. Ils descendaient les allées dans la pénombre, sans bruit, pour rejoindre Guild au pied de la scène.

Abomine Krav. Murder Rose. Billy-Ray Sanguin. Jaron Gibet. Murder Rose brandissait l'épée de Tanith.

– Vous êtes dans le coup, lâcha cette dernière.

Guild lui adressa un sourire glacial.

– De quel coup parlez-vous, Miss Low ?

Il s'aperçut qu'elle regardait derrière lui, alors il se retourna en fronçant les sourcils. Gibet le frappa et il tomba à quatre pattes. Murder Rose ricana et lui décocha un coup de pied. Il bascula sur le côté et demeura immobile.

– Tuez-les ! ordonna Gibet.

Krav bondit sur scène et chargea. Il renversa Hideous. Rose se jeta sur Tanith, mais celle-ci exécuta un saut périlleux au-dessus de sa tête. Sanguin se précipita vers elle. Son coupe-chou manqua de peu sa gorge, au moment où elle pivotait sur elle-même. Sa botte l'atteignit au ventre.

Murder Rose abattit l'épée, mais Tanith esquiva cette nouvelle attaque. La folle aux lèvres écarlates avançait en souriant. Tanith n'avait pas le temps de se livrer à des fantaisies, cette femme était trop forte.

Hideous avait échappé à l'étreinte de Krav et lui bourrait les flancs de coups de poing. Tanith voulut lui crier que ça ne servait à rien, mais Hideous ne tarda pas à s'en rendre compte par lui-même. Krav le ceintura de nouveau.

Tanith tourna le dos à Sanguin. L'occasion est trop belle ! pensa-t-il. Alors qu'il cherchait encore à reprendre son souffle, il se jeta sur elle, mais elle se retourna et l'envoya valdinguer dans Murder Rose. Sous le choc, celle-ci laissa échapper l'épée et Tanith lui rentra dedans, tête la première.

Tapalœil courut se placer derrière Krav et appuya sa main rougeoyante dans son dos. Krav sursauta et, une seconde plus tard, il se mit à hurler en gesticulant sous l'effet de la douleur. Tapalœil fut projeté à terre, mais Hideous repoussa une masse d'air et Krav se retrouva éjecté de la scène.

Sanguin récupéra l'épée sur le sol, avec un grand sourire ; il avait maintenant une lame dans chaque main. Tanith repoussa Murder Rose et se baissa, juste au moment où Sanguin essayait de la décapiter ; l'acier formait une tache floue et éclatante entre eux. Heureusement, il n'était pas habitué à manier une arme de cette taille, ses mouvements étaient trop amples, et Tanith se jeta sur lui avant qu'il puisse rectifier son erreur. Elle referma sa main sur la sienne, tout en lui décochant un coup de genou et écarta le rasoir puis abattit son poing sur l'avant-bras de Sanguin. Instinctivement, il ouvrit la main et elle en profita pour lui reprendre l'épée.

– Assez ! cria Gibet et Sanguin battit aussitôt en retraite.

Murder Rose foudroya Tanith du regard, mais elle recula, elle aussi, sans protester. Abomine Krav montra les dents avant de suivre les autres. Au passage, il ramassa Thurid Guild.

– Nul doute que le garçon s'est téléporté dans un endroit sûr, leur cria-t-il dans la pénombre. Il a dû fuir dès qu'il a senti le danger, comme nous l'avions prévu.

– Vous ne l'attraperez jamais, rétorqua Hideous.

– Ce n'est pas notre intention. Nous voulons qu'on nous le livre. Donnez-nous le garçon et nous vous rendrons le Grand Mage.

Il montra le corps inanimé de Thurid Guild que Krav tenait négligemment dans ses bras.

– L'échange aura lieu dans un endroit public, pour vous dissuader de tenter un coup tordu. Le pont sur la Liffey, demain à midi. Si vous êtes en retard, on le tue.

Sur ce, ils s'en allèrent.

XXVI. Le Sceptre

Quelqu'un observait l'immeuble de China.

Il était garé dans la rue, pas trop près afin de rester discret, et quand même assez pour voir la porte d'entrée. La nuit était froide et il avait enfilé un manteau épais. C'était un Élémentaire et, parfois, une lumière scintillait à l'intérieur de la voiture lorsqu'il s'échauffait.

– Un membre de la Diablerie ? demanda Valkyrie.

Ils se trouvaient un peu plus loin, au coin de la rue. Le crachin, emporté par le vent du soir, se faufilait à l'intérieur de son col. L'eau coulait dans son dos et la faisait frissonner. Skully, lui, semblait indifférent au mauvais temps. Elle aurait aimé avoir un chapeau comme le sien, ou une de ses nombreuses écharpes.

Il secoua la tête.

– Non, c'est un agent du Sanctuaire, dit-il. Guild leur a sûrement ordonné de surveiller tous nos complices connus. Il essaye de nous isoler.

– Dans ce cas, ils surveillent certainement le laboratoire de Tapalœil, soupira Valkyrie.

Elle mourait d'envie de se mettre à l'abri et au chaud.

Une voiture qui passait trop près du trottoir roula dans une grande flaque. Un an plus tôt, ses vêtements l'auraient protégée mais, ce soir, l'eau sale parvint à s'infiltrer par une demi-douzaine d'endroits. Elle se crispa et dut se retenir pour ne pas hurler.

Elle foudroya du regard la voiture qui s'éloignait comme si de rien n'était, puis elle se tourna vers Skully.

– Appelez China. Dites-lui de nous retrouver quelque part avec le Sceptre pour qu'on installe le nouveau cristal, et comme ça, je pourrai aller me changer. Je suis trempée et gelée.

– Son téléphone est certainement sur écoute.

– Alors, comment va-t-on faire pour la voir ?

À cet instant, l'agent du Sanctuaire mit le contact et déboîta brusquement sur la chaussée. Ils le regardèrent partir à toute allure.

– Inquiétant, commenta Valkyrie.

– Tu penses que c'est un piège ?

– Ou bien, il y a une urgence ailleurs en ville. Mais à cheval donné on ne regarde pas la bouche, comme on dit, répondit-elle en s'efforçant de prendre un ton léger. Sauf quand il est en bois. Allons-y !

Ils traversèrent précipitamment la rue, en scrutant les environs pour s'assurer qu'il ne s'agissait pas d'une embuscade. Ils atteignirent l'immeuble sans incident et gravirent l'escalier. Les pieds de Valkyrie clapotaient dans ses bottes.

Quand ils arrivèrent au troisième étage, Skully frappa à la porte, et le mystérieux homme mince vint leur ouvrir ; d'un simple regard, il leur fit signe d'entrer. Ils parcoururent le labyrinthe des rayonnages de la bibliothèque, quasiment vides.

China Spleen les attendait. Vêtue d'une robe de soie rouge. Sur la table à côté d'elle se trouvait un coffret en chêne. Un symbole ressemblant à une dent de requin transperçant une étoile était gravé dans le bois.

– Les gens ont peur, déclara-t-elle, d'un ton qui trahissait clairement sa désapprobation. Tous les sorciers du pays se préparent à se battre ou à fuir. C'est mauvais pour les affaires.

Skully acquiesça.

– C'est souvent comme ça, la fin du monde.

– Je ne m'abaisserai pas à répondre, même par une réplique sarcastique. Alors, avez-vous récupéré le cristal ?

– Oui.

Elle promena la main sur le coffret en chêne et le symbole rougeoya brièvement. Le coffret s'ouvrit avec un déclic, laissant apparaître une baguette en or, maintenue par des pinces en argent. Celles-ci s'écartèrent lentement et China sortit le Sceptre des Anciens.

– Tu as déjà ôté le vieux cristal, fit remarquer Skully.

– Je voulais l'examiner. Si j'avais su qu'un simple contact risquait de me réduire en poussière, j'aurais laissé quelqu'un d'autre s'en charger.

Elle tendit le Sceptre à Valkyrie, qui prit le cristal noir dans sa poche. Elle l'introduisit dans l'espace vide. Mais il était plus gros que le précédent et elle dut forcer pour le mettre en place.

Pendant qu'elle s'escrimait, Skully regarda China.

– Tu es consciente de ce que ça signifie, hein ? Il nous faut ta parole que si la porte entre les mondes s'ouvre, tu seras de notre côté.

– Tu ne peux que l'espérer, étant donné que, en tant que propriétaire du Sceptre, je suis la seule à pouvoir l'utiliser.

– J'ai besoin de garanties, China.

– Je ne donne pas de garanties. Tu vas devoir me faire confiance.

Valkyrie parvint enfin à introduire le cristal dans le Sceptre. La pierre noire se mit à luire aussitôt.

– Voilà, c'est fait, annonça-t-elle, étonnée d'y être arrivée.

China lui prit le Sceptre des mains.

– Reculez ! ordonna-t-elle.

Elle le pointa sur le coffret en chêne et rien ne se produisit. Elle regarda l'arme d'un air perplexe.

– Ça ne marche plus.

– Le cristal est peut-être mal mis, suggéra Valkyrie. Ou bien il est trop gros.

– C'est moi qui me suis servi du Sceptre en dernier, dit Skully en le reprenant à China. C'est peut-être moi, son propriétaire.

Il le pointa sur le coffret, mais aucun éclair n'en jaillit.

Valkyrie était dépitée.

– On a perdu notre temps. Et maintenant, on n'a plus rien pour affronter les Sans-Visage.

– Regardez ! s'exclama China. Le cristal brille, ça veut dire que le Sceptre est alimenté en magie. Simplement, il n'identifie pas son propriétaire.

Skully le tendit à Valkyrie.

– Essaye.

Elle fronça les sourcils.

– Il ne m'appartient pas. Vous vous en êtes servi après Serpine, puis vous l'avez donné à China. Il est à l'un de vous deux, je n'ai rien à voir là-dedans.

– Quand je l'ai donné à China, il était cassé. Tu viens de remplacer sa source d'énergie et tu as été la première personne à le tenir depuis qu'il a ressuscité.

Ne voyant toujours pas où se trouvait la logique là-dedans, Valkyrie prit le Sceptre malgré tout et le pointa sur le coffret en chêne.

– Comment on fait pour lancer un éclair ?

– Penses-y très fort, ça suffit.

– Oui, d'accord, mais faut-il se concentrer sur un ordre précis, du genre « feu ! » ou est-ce qu'il suffit de le… ?

Un éclair noir jaillit du cristal et la table fut réduite en poussière. Le coffret tomba lourdement sur le sol.

Valkyrie n'en revenait pas.

– J'ai manqué la boîte.

– Oui, mais si on veut voir les choses du bon côté, tu as détruit la table.

Le cristal s'alluma de nouveau et un autre éclair jaillit. Cette fois, une étagère disparut dans un tourbillon de sciure de bois. China poussa un cri d'effroi et Valkyrie un cri de surprise.

– Je l'ai pas fait exprès ! s'exclama-t-elle. J'y ai juste pensé et...

Skully eut juste le temps de tirer China en arrière, avant qu'un éclair frappe les rayonnages derrière elle.

Valkyrie pivota sur elle-même et fourra le Sceptre dans les mains du Détective Squelette.

– Reprenez ce machin !

– Mes livres ! se lamenta China.

– Je ne peux pas m'en servir ! Je ne peux pas m'en servir, Skully ! J'ai beau me dire que le Sceptre ne doit pas tirer, je ne pense qu'à ça ! C'est plus fort que moi !

– C'est rien, dit Skully d'un ton apaisant. Personne n'a été blessé.

– Mes livres ! pesta China.

– Je suis vraiment désolée, je...

Valkyrie se retrouva à court de mots.

China la foudroya du regard, puis elle reporta sa fureur sur Skully.

– Certains de ces livres étaient uniques !

– Je comprends.

– D'une valeur inestimable ! Plus que ça, même. Les secrets qu'ils renfermaient, les histoires qu'ils contenaient...

– Je me ferai un plaisir de rembourser les dommages causés.

– On ne peut pas rembourser des livres inestimables ! C'est pour ça qu'on dit qu'ils ont une valeur inestimable !

– Dans ce cas, laisse-moi au moins payer pour les étagères.

– Les étagères ?

China hurla, puis leur tourna le dos, les mains plaquées sur le visage. Valkyrie l'entendit compter jusqu'à dix, lentement.

À dix, elle se retourna et essaya de sourire. Après quelques instants, elle réussit à être convaincante.

– Valkyrie, il semblerait que tu sois la nouvelle propriétaire du Sceptre. C'est une excellente nouvelle. Cela signifie, entre autres choses, que tu ne dois pas laisser l'arme ultime entre les mains d'une personne en qui tu n'as pas confiance.

– China…, dit Skully, mais elle le fit taire d'un geste.

– Tu ne peux pas t'en servir, évidemment, ajouta-t-elle. Pas dans l'immédiat, en tout cas. Tu dois le cacher.

Valkyrie plissa le front.

– Pourquoi ?

– Si la Diablerie apprend qu'il fonctionne, tu deviendras la cible numéro un. Ils essaieront de te capturer vivante, puis de te soumettre, et ils te maintiendront en vie afin que le Sceptre n'appartienne pas au prochain ou à la prochaine qui le ramassera.

– Il y a une autre raison, renchérit Skully. S'ils parviennent à s'en emparer, nous n'aurons plus rien pour arrêter les Sans-Visage. C'est l'arme de la dernière chance ; elle doit rester cachée jusqu'à l'ouverture de la porte.

– Si elle s'ouvre, souligna Valkyrie.

– Optimiste jusqu'au bout, ironisa China.

– On aura quand même besoin de ton aide, lui dit Skully.

– Mon œil ! Vous vous débrouillerez très bien sans moi. De plus, la porte entre les mondes débouche dans une ferme. Une *ferme*, Skully ! Ai-je une tête à posséder une paire de chaussures pour aller à la ferme ?

Le serviteur filiforme se précipita pour lui glisser quelques mots à l'oreille. Elle hocha la tête et regarda ses visiteurs.

– Je crois que vous devriez retourner au Hibernia. Il y a du nouveau.

XXVII. En un clin d'œil

Mr. Bliss vint à leur rencontre alors qu'ils marchaient vers le Hibernia d'un pas énergique. Après leur avoir raconté ce qui s'était passé, il leur expliqua que Remus Crux était parti avec les Fendoirs pour tenter bêtement de rattraper la Diablerie, alors que ses membres s'enfuyaient en emmenant Guild. Le gros problème dans ce genre de situation, c'était que l'ennemi avait trop d'avance, et par-dessus le marché, personne ne savait dans quel véhicule ils se déplaçaient, ni même s'ils en avaient un. Néanmoins, Bliss avait laissé partir Crux, simplement parce qu'il voulait en être débarrassé.

Ils descendirent l'allée centrale du cinéma à grandes enjambées, alors que Hideous et Tanith émergeaient sur la scène par la porte découpée dans l'écran. Valkyrie les observa pour voir s'ils étaient blessés ; Tanith croisa son regard inquiet et lui adressa un clin d'œil. Un signe discret, mais rassurant. Le cœur de Valkyrie cessa de cogner dans sa poitrine.

– Désolé, dit Hideous en s'adressant à Skully. On a fait de notre mieux, mais…

– Ta mission n'était pas de protéger Guild, lui rappela le squelette, mais de protéger Fletcher. Où est-il ?

– Ici, répondit l'adolescent dans le dos de Valkyrie.

Celle-ci sursauta, se retourna et le foudroya du regard. Il disparut et réapparut sur la scène, à côté de Tanith.

– Vous n'allez pas me livrer à ces dingues, hein ? Je sais bien qu'ils ont pris un otage, mais c'est un vieux bonhomme, il est déjà presque mort. C'est moi qui suis le plus important, c'est moi qu'il faut protéger, pas vrai ?

– On ne fera aucun échange, déclara Tanith.

– En fait, si, rectifia Bliss.

Tout le monde le regarda. Il se dressait tel un rocher au milieu d'une mer déchaînée.

– C'est de la folie ! s'exclama Hideous. Vous voulez qu'on leur remette le dernier des Téléporteurs uniquement parce qu'ils nous l'ont demandé ? En échange de Guild, qui plus est ?

– Si on n'obéit pas, ils n'hésiteront pas à tuer le Grand Mage.

– Bliss, dit Skully, si on leur remet Fletcher Renn, notre monde disparaîtra.

– Et si on les laisse tuer Thurid Guild, rétorqua Bliss, sans se départir de son calme, le monde sombrera dans le chaos.

– Je préfère le chaos à la mort, déclara Hideous.

Bliss secoua la tête.

– L'Irlande est le berceau de la magie. Les premiers Anciens étaient issus de notre peuple. Il a combattu les Sans-Visage sur *ces* côtes. Notre terre renferme des secrets, magnifiques et terrifiants, convoités par divers Conseils dans le monde. Si nous perdons encore un Grand Mage, deux ans seulement après avoir perdu Meritorious, combien de temps, à votre avis, nos amis et voisins attendront-ils avant d'intervenir ?

– Vous savez tous que je ne suis pas une fervente admiratrice du Sanctuaire d'Angleterre, dit Tanith, mais eux-mêmes ne seraient pas assez idiots pour tenter de prendre le pouvoir.

– S'ils pouvaient affirmer qu'ils ont agi dans leur propre intérêt, ils pourraient décider que le jeu en vaut la chandelle. Ce n'est pas une affaire politique. C'est une question de pouvoir. Nous avons le devoir de protéger ce qui est à nous, pas par égoïsme, mais par nécessité. Placée entre de mauvaises mains, la magie de cette terre pourrait changer le visage de notre monde.

Skully ôta son chapeau et chassa une peluche imaginaire sur le bord.

– Si nous livrons Renn et si le complot de la Diablerie réussit, notre monde sera détruit de toute manière.

– C'est pourquoi, détective, votre mission est de faire en sorte que ça n'arrive pas. Vous avez deux tâches à accomplir : récupérer Thurid Guild vivant, relativement sain et sauf, et veiller à ce que la Diablerie ne s'empare pas de Fletcher Renn.

– Vous êtes en train de dire que nous devons les doubler ?

– Exactement.

Skully haussa les épaules.

– C'était mon intention, de toute façon.

– Sommes-nous toujours considérés comme des fugitifs ? demanda Valkyrie.

– Hélas, oui, dit Bliss. En l'absence de Guild, c'est moi qui commande, mais tant qu'il y aura un espion au sein du Sanctuaire, c'est beaucoup trop dangereux de vous faire revenir. Je ferai tout mon possible pour tenir Remus Crux à l'écart, mais je lui laisse son statut de détective numéro 1, afin de donner du grain à moudre à notre espion.

– Dehors ! s'exclama Tapalœil.

Il venait de franchir la porte découpée dans l'écran.

– Dehors, répéta-t-il. Tout le monde. Ouste ! Vous êtes dans un centre de sciences magiques, un lieu de savoir, conçu pour soigner. Ce n'est pas un lieu de violence.

– Professeur... dit Skully.

Tapalœil le fit taire d'un geste.

– Vous avez fait entrer la mort et la destruction sous mon toit, détective Fourbery. Ça ne date pas d'aujourd'hui. Et si je ne rechigne jamais à vous rafistoler, vous et vos amis, je refuse de rester les bras croisés pendant que vous transformez ce laboratoire en quartier général. Cet après-midi, ces installations ont été envahies par des Fendoirs ! Et comme si ça ne suffisait pas, voilà que des adorateurs fanatiques des Sans-Visage ont attaqué d'autres personnes à l'endroit même où vous vous trouvez. J'ai fait le serment de soigner les gens, mais aujourd'hui, j'ai été forcé d'utiliser mes pouvoirs pour faire du mal. C'est impardonnable. Impardonnable !

Valkyrie se fit toute petite ; elle redoutait l'instant où Tapalœil se servirait de ses blessures comme d'une arme supplémentaire contre Skully. De fait, il la regarda, puis reporta son attention sur le Détective Squelette… Sans insister.

– Je veux bien vous soigner, reprit-il, mais je ne serai pas complice de vos affrontements. Maintenant, sortez tous !

Sur ce, il pivota sur lui-même et retraversa l'écran. Quelques secondes plus tard, l'image de la porte s'effaça et les épais rideaux se refermèrent. Les quelques lumières restantes dans la salle s'allumèrent.

Bliss fut le premier à s'en aller. Les autres regardèrent Skully qui remettait son chapeau. Ils enfilèrent leurs manteaux, Hideous récupéra deux gros sacs, et tout le monde quitta le cinéma.

La pluie avait cessé. Skully déverrouilla les portières de la Menace violette.

– On retourne chez moi, je suppose, dit Hideous en lançant les sacs dans sa camionnette.

– OK, répondit Fletcher, en prenant Valkyrie par le bras. On se retrouve là-bas.

Et ils se téléportèrent.

C'était comme si elle avait cligné des yeux, simplement, et durant ce bref instant, il y avait eu un souffle d'air, elle s'était sentie légère, son estomac s'était soulevé ; il n'y avait plus rien autour ni sous elle, uniquement la main de Fletcher sur son bras. Cette main était la seule chose réelle, douce et réconfortante.

Soudain, ils se retrouvèrent sur le toit de la boutique de Hideous. Submergée par une vague de vertiges, Valkyrie faillit tomber à genoux. Fletcher lui souriait.

– Ça va ? demanda-t-il gentiment.

Elle lui décocha un direct à la mâchoire qui le fit reculer en titubant.

– Hé, pourquoi tu as fait ça ? beugla-t-il.

Une fois les vertiges dissipés, elle le foudroya du regard.

– C'est le choc, répondit-elle. On ne peut pas téléporter les gens sans leur demander leur avis ! Et si ça c'était mal passé ? Si tu ne m'avais téléportée qu'à moitié ?

– C'est impossible.

– Ou si tu m'avais lâché le bras ?

– Impossible.

– Si on avait réapparu dans un mur ou un truc comme ça ?

L'adolescent sembla hésiter.

– Ça, c'est un risque, admit-il. Mais, quand je suis déjà allé quelque part, je visualise cet endroit dans ma tête et ça me suffit. À vrai dire, je pensais que ça te plairait.

Le téléphone de Valkyrie sonna. C'était Skully. Valkyrie lui assura que tout allait bien et qu'elle l'attendait chez Hideous. Puis elle raccrocha.

– Il a dit qu'il allait te tuer.

Fletcher haussa les épaules.

– Il dit tout le temps ça.

– Cette fois, il parle sérieusement.

– Quelle importance ? S'il me remet à ces fous, je suis mort de toute façon.

Valkyrie ne répondit pas. Fletcher contempla la ville qui les entourait.

– C'est très joli vu d'en haut, commenta-t-il. Tous ces lampadaires. Tout étincelle sous la pluie. C'est pareil à Londres. Parfois, on arrive à en oublier comme c'est sale.

Il croisa son regard et demanda :

– Qu'est-ce qui attend ce vieux bonhomme, Guild ? Tu crois qu'ils vont le tuer ?

Valkyrie hésita.

– Je ne sais pas.

– Tu t'en fiches ?

– Hein ? Non, absolument pas !

– Tu ne l'aimes pas.

– Je ne souhaite pas sa mort pour autant.

Fletcher resta muet pendant un moment. Finalement, il se jeta à l'eau :

– Est-ce que Tanith a un petit ami ?

Valkyrie le regarda d'un air interloqué, stupéfaite par ce brutal changement de sujet.

– Tu n'as aucune chance.

– Tu n'en sais rien.

– Si.

– Donne-moi trois bonnes raisons.

– Deux suffiront. La première, c'est qu'elle est beaucoup trop vieille pour toi. La seconde, c'est que tu es horripilant.

– Hé, c'est pas parce que tu es trop jeune pour apprécier mes charmes que je n'en ai pas. Je suis un bon parti.

– C'est ce que dit ta maman ? plaisanta-t-elle.

– Non. Ma mère est morte.

Elle perdit son sourire.

– Oh.

– Et toi, ta famille ? Qu'est-ce qu'ils pensent de tes aventures magiques, de toutes ces enquêtes que tu mènes ?

– Ils ne sont pas au courant. Chez moi, j'ai un miroir ; dès que je pose la main dessus, mon reflet en sort et il se tape tous les trucs ennuyeux à ma place, comme aller à l'école, faire mes devoirs et être gentille avec les gens.

– Ton reflet est vivant ?

– Ouais.

– Sans rire ? Ouah, cool ! Et comme ça, tout le monde croit que tu es une fille ordinaire ?

– Ils pensent que je suis un peu bizarre, mais en gros c'est ça.

– Incroyable. Donc, vous êtes deux ?

– En quelque sorte.

Fletcher replongea dans le silence, et au bout d'un moment, Valkyrie commença à se demander à quoi il pensait.

– Génial, dit-il. Je pourrais avoir un miroir comme ça, moi aussi ? Peut-être qu'on pourrait échanger mon reflet contre ce dénommé Guild. À moins que mon reflet possède les mêmes dons que moi, ce qui irait à l'encontre du but recherché.

– Non, les reflets ne peuvent pas faire de magie, mais ça ne marcherait pas. Généralement, les sorciers repèrent un reflet à des kilomètres.

L'adolescent haussa les épaules.

– Ça vaut le coup d'essayer. Une chose est sûre : vivement que tout ça se termine que je puisse reprendre ma vie d'avant.

– C'était quoi, ta vie *d'avant* ? Qu'est-ce que tu faisais de tes journées ?

– Ce qui me plaisait. Je possède un pouvoir, sans jamais avoir eu besoin de m'exercer. On ne m'a rien dit, je n'ai rien fait, c'est arrivé comme ça. C'est inné. Je peux aller partout, faire n'importe quoi. Voilà ce que je fais de mes journées : tout ce que je veux.

– Tu devrais demander à quelqu'un de te former.

– À qui ? Tous les autres Téléporteurs sont morts.

– Comme ne cesse de me le répéter Skully : la magie, c'est la magie. Les principes de base sont toujours les mêmes, quel que soit ton pouvoir.

Fletcher grimaça.

– Ça ressemble trop à l'école.

Valkyrie sourit.

– C'est plus drôle. Tu possèdes peut-être un don inné, mais tu ne seras jamais aussi bon que tu pourrais l'être si tu ne t'entraînes pas.

Il disparut et répondit, dans son dos :

– Je suis déjà assez doué.

Valkyrie soupira et se retourna : il était déjà reparti.

– Belle preuve de maturité.

Il lui tapota l'épaule. Elle rit et tenta de l'attraper, mais il surgit devant elle, avec son petit air suffisant.

Ils attendirent sur le toit pendant encore dix minutes, pendant lesquelles Valkyrie s'efforça de ne pas sourire en écoutant les réflexions exaspérantes de Fletcher. Mais elle avait beau résister, il l'amusait. Quand les phares de la Menace violette et de la camionnette de Hideous apparurent, Fletcher lui tendit le bras et elle s'y accrocha. Une fois de plus, ce fut comme si elle clignait des yeux, et elle se sentit emportée. Puis elle se retrouva dans la rue. Elle s'accrocha à lui, le temps que les vertiges se dissipent.

Ils se séparèrent lorsque Skully arriva à grands pas. Il toisa Fletcher, qui semblait nerveux. Hideous et Tanith s'empressèrent de les rejoindre.

– Ne refais jamais ça, dit le squelette.

Fletcher se contenta d'acquiescer.

– Il y a quelqu'un dans la boutique, murmura Hideous.

Ils suivirent la direction de son regard fixé sur la porte : elle était entrouverte. À l'intérieur, tout était sombre.

Skully dégaina son arme et se tourna vers Fletcher.

– Oublie ce que je viens de dire. Téléporte-toi quelque part. Valkyrie, accompagne-le.

Sans dire un mot, elle agrippa le bras de l'adolescent et lui montra le ciel. Il hocha la tête et ils se retrouvèrent instantanément sur le toit. Cette fois, la sensation de vertige fut brève. En silence, elle avança sur le toit vers la verrière. Fletcher la suivit et ils s'accroupirent pour regarder à travers les carreaux.

La lueur des lampadaires transperça l'obscurité lorsque la porte s'ouvrit en grand. Valkyrie ne les voyait pas, mais elle imaginait Skully et les autres se dispersant dans la boutique, inspectant tous les coins en se déplaçant avec détermination, mais sans aucun bruit. Quelques secondes plus tard, elle entendit un échange de paroles sur le ton de la conversation.

Quelqu'un alluma la lumière.

Skully était en train de rengainer son revolver, pendant que Tanith faisait de même avec son épée. Hideous s'éloigna de l'interrupteur pour les rejoindre et faire face à Solomon Suaire, accompagné de deux autres nécromanciens.

– Rien à craindre, dit Valkyrie à Fletcher. Allons-y.

Ils se redressèrent et il lui prit la main. Le temps d'un battement de paupières, ils se retrouvèrent dans la boutique. Toutes les têtes se tournèrent au moment de leur arrivée soudaine. Suaire salua Valkyrie d'un petit signe de tête avant de reprendre :

– Vous avez devant vous la totalité du contingent des nécromanciens. La majorité d'entre nous estime que nous devrions vous laisser livrer vos combats seuls.

– Mais vous n'êtes pas de cet avis ? demanda Skully.

– J'estime que c'est un point de vue égoïste, et mes collègues sont d'accord avec moi.

Les collègues en question étaient habillés en noir. La femme portait une cape posée sur ses épaules, dont l'extrémité semblait se tortiller dans l'obscurité. L'homme était armé d'un pistolet à silex glissé dans un étui fixé autour de sa cuisse. Ni l'un ni l'autre ne paraissaient très sympathiques.

– Trois nécromanciens, ça ne fait pas un contingent, déclara Hideous, nullement impressionné.

– Quatre, rectifia Suaire et il frappa le sol avec sa canne.

Une silhouette émergea de la pièce du fond. Skully dégaina aussitôt son arme, l'épée de Tanith envoya des éclairs et le feu jaillit dans les mains de Hideous.

Le Fendoir blanc vint se placer à côté de Suaire.

Le Détective Squelette arma son revolver.

– Expliquez-vous, Suaire. Cet individu figure sur la liste des personnes les plus recherchées par le Sanctuaire depuis plus de deux ans.

Le nécromancien sourit d'un air innocent.

– Je vous assure, Skully, que mon collègue n'était pas responsable de ses actes.

– Il a failli me tuer ! rugit Tanith.

– Sur ordre de Scelerian Serpine, souligna Suaire. Sa volonté ne lui appartenait plus.

Le Fendoir blanc demeurait parfaitement immobile. La faux qui avait transpercé Tanith était fixée dans son dos.

– Comment a-t-il échoué avec vous ? demanda Skully.

Le nécromancien haussa les épaules.

– C'est *notre* technique que Serpine a utilisée pour le ressusciter. Quand on a compris ce qu'il avait fait, nous avons réussi à briser l'emprise qu'il exerçait sur le Fendoir et celui-ci nous a rejoints.

– Ça venait donc de *vous*, quand il a ignoré les ordres de Serpine dans le Sanctuaire ?

– C'était nous, en effet. Si seulement nous avions pu briser l'influence de Serpine plus tôt, Miss Low n'aurait pas été blessée, et M. Quatépingles n'aurait pas été transformé en décoration de jardin.

En entendant cela, Hideous bondit, mais Skully le retint.

Tanith s'approcha du Fendoir blanc, qui la toisa ; elle voyait son reflet dans la visière.

– Possède-t-il des pouvoirs de nécromancien ? demanda-t-elle en adressant la question à Suaire, sans quitter des yeux l'individu à la faux.

– Non. Ce n'est qu'un Fendoir, mais un des meilleurs. Il est également mort, capable de se rafistoler tout seul et quasiment impossible à arrêter. C'est le résultat de nos techniques et, en tant que soldat, son instinct le pousse à obéir à *nos* ordres et à se placer de *notre* côté. En l'occurrence, et je m'en réjouis, notre côté est aussi le vôtre.

Tanith se retourna et s'éloigna.

– Je ne le veux pas de mon côté.

– Moi non plus, grogna Hideous.

– Quoi qu'il en soit, dit Suaire, il fait partie du contingent de nécromanciens que vous avez réclamé. Nous trois, plus le Fendoir blanc. À moins, évidemment, que vous pensiez pouvoir arrêter la Diablerie sans nous.

Skully rangea son arme.

– Si nous survivons à cette affaire, Suaire, il faudra que nous ayons une petite conversation, vous et moi.

XXVIII. Les adieux

Le samedi matin, Valkyrie se faufila dans sa chambre par la fenêtre, juste au moment où son reflet se réveillait.

– Tu as une sale tête, fit-il remarquer alors qu'il se redressait dans le lit.

– Merci ! répondit Valkyrie en lançant sa veste dans la penderie.

Elle n'avait dormi que deux heures, sur le canapé de Skully, et elle se sentait vidée. Elle s'assit au bord du lit pour ôter ses bottes.

– Tes parents partent pour Paris dans une demi-heure, dit son reflet. Tu es rentrée pour leur dire au revoir ?

– Exact.

– Tu veux que je retourne dans le miroir ?

Valkyrie se déshabilla et expédia sa tenue noire dans un coin, d'un coup de pied, puis elle s'enveloppa dans son peignoir.

– Je ne reste pas longtemps, dit-elle. Je prends juste une douche, j'embrasse mes parents et je repars.

– Je reste ici, alors ?

– Cache-toi sous le lit, au cas où maman entrerait.

Le reflet obéit et Valkyrie regarda disparaître un pied nu.

– Tout va bien, là-dessous ?

– Ça va. J'ai même retrouvé une de tes culottes.

– Bonne nouvelle. Ne fais pas de bruit, surtout.

À pas feutrés, Valkyrie se rendit dans la salle de bains, verrouilla la porte et fit couler la douche. Elle poussa un soupir d'extase lorsque l'eau chaude cascada sur son corps. Elle baissa la tête, ferma les yeux, et en quelques secondes, ses cheveux se retrouvèrent plaqués sur son crâne. Elle sentait disparaître la crasse, la poussière et la sueur et c'était bon. Une fois de plus, elle promena sa langue sur sa couronne qui lui paraissait toujours aussi énorme, craignant de la déloger en appuyant trop fort.

Elle se lava les cheveux. Ses muscles se relâchaient, elle commençait à se détendre. Elle ignorait qu'elle était aussi tendue, et elle se disait qu'un massage serait le bienvenu. China saurait certainement qui appeler pour ça.

Valkyrie réfléchissait à ce qu'elle allait dire à ses parents et sentit son ventre se nouer. Trop souvent au cours de ces deux dernières années elle avait été obligée de leur faire des adieux qui pouvaient être définitifs, et cela lui semblait de plus en plus dur.

Une fois récurée de la tête aux pieds, elle sortit de la douche et se sécha. Elle entendit un bruit de pas derrière la porte.

– Bonjour, ma chérie !

– Bonjour, maman !

Valkyrie ôta la buée sur le miroir pour se regarder. Son visage était intact. Aucune éraflure, aucun bleu. Revigorée par la douche, elle ne paraissait plus aussi fatiguée. Rien dans son apparence n'était susceptible d'inquiéter ses parents ; ils partiraient sans la moindre appréhension.

À condition, évidemment, que Valkyrie puisse leur dire au revoir sans donner l'impression qu'elle ne les reverrait plus jamais.

Elle inspira à fond, remit son peignoir et retourna dans sa chambre. Après avoir enfilé un jean, un T-shirt et un sweat-shirt à fermeture Éclair, elle choisit une paire de baskets. Elle s'entraîna à sourire devant sa glace et, quand elle fut certaine d'être convaincante, elle descendit l'escalier d'un pas lourd, la mine renfrognée.

– Ah, je vois une jeune fille ronchon, commenta son père lorsqu'elle entra dans la cuisine.

– Pourquoi je ne peux pas venir avec vous ? gémit-elle. Au lieu d'aller chez Beryl ?

– Parce que c'est un week-end en amoureux, répondit-il. Ce ne serait pas très romantique si on devait te traîner avec nous, non ?

Valkyrie se laissa tomber sur une chaise.

– Pourquoi avez-vous besoin de romantisme dans votre vie ? Vous êtes déjà mariés. Les voyages en amoureux, ça devrait être réservé aux gens comme moi.

Son père fronça les sourcils.

– Tu ne penses pas déjà à ça, quand même ? Tu n'as que quatorze ans. Tu devrais plutôt t'intéresser à autre chose. Aux poupées, par exemple.

– Depuis quand tu ne m'as pas vue avec une poupée, papa ?

– Je sais qu'on t'en a offert une quand tu étais petite, mais tu t'es moquée d'elle et tu l'as rouée de coups.

– J'étais un bébé adorable.

Sa mère les rejoignit.

– Desmond, où est ton passeport ?

– J'en ai besoin ?

– On prend l'avion. Alors, oui, tu en as besoin. Où est-il ?

– Euh... à l'endroit habituel ?

– Je t'ai posé la question hier soir et tu m'as assurée que tu l'avais.

Le père de Valkyrie hocha la tête d'un air songeur.

– Oui, je m'en souviens. Mais j'ai peut-être menti.

– Oh, pour l'amour du ciel, Edgley !

Sa mère appelait son père par son nom de famille seulement lorsqu'elle était furieuse contre lui.

– Il est quelque part, dit-il en riant. Occupe-toi de tes bagages, je te promets que je l'aurai retrouvé avant qu'on parte.

– On part dans sept minutes.

Il déglutit.

– Pas de problème.

La mère de Valkyrie poussa un long soupir et ressortit de la cuisine. Valkyrie la rappela.

– Dis, maman, à quel âge tu as eu ton premier petit ami ?

– Mon premier véritable petit ami ?

– Oui.

Desmond grimaça.

– Peux-tu préciser ce que tu entends par « véritable » ?

– À treize ans, répondit sa mère. Desmond, trouve-moi ton passeport !

– Qu'est-ce que tu entends par « véritable » ? répéta-t-il, mais elle ne répondit pas. (Il se retourna vers sa fille.) À l'époque où ta mère et moi étions jeunes, c'était différent. On vivait dans un monde d'innocence. On devait attendre plus d'un an pour simplement se tenir la main. C'était la règle et on était heureux comme ça.

– Je crois que tu inventes un peu, papa.

– Les garçons sont horribles. Je sais de quoi je parle, j'en étais un.

On sonna à la porte. Pendant que son père cherchait son passeport et que sa mère finissait de boucler les valises, Valkyrie alla ouvrir.

– Bonjour, Valkyrie, dit Remus Crux.

Elle se pétrifia. Il portait toujours le même pantalon et le même blazer, mais il avait complété sa tenue par un petit sourire écœurant.

Elle sentit sa bouche devenir sèche. À voix basse, elle demanda :

– Qu'est-ce que vous faites ici ? Vous n'avez pas le droit de venir ici.

– J'ai un mandat d'arrêt vous concernant, répondit Crux d'un ton doucereux. Vous pensiez que je ne serais pas capable de découvrir qui vous êtes et où vous vivez ? Si vos liens de parenté évidents avec feu Gordon Edgley ne suffisaient pas à vous trahir, une douzaine de vampires vous ont pourchassée dans les rues de cette charmante bourgade l'été dernier. Je suis détective, Miss Caïne. Les déductions, c'est mon métier, et ce mystère n'était pas particulièrement difficile à résoudre.

– Mes parents sont là. Vous ne pouvez pas faire ça.

– Vous avez le choix. Soit je vous arrête sur-le-champ, soit vous me dites où se trouve le squelette et où il détient le Grand Mage.

– C'est la *Diablerie* qui a enlevé Guild. C'est Batu qui le détient.

– D'après ce que j'ai pu découvrir au cours de mon enquête, ce Batu n'existe pas. Personne ne vous reproche rien, Valkyrie. Vous comprenez, n'est-ce pas ? Skully vous a dévoyée. Il est coutumier du fait. Vous n'êtes pour rien dans tout cela. Mais maintenant, il est temps de faire le bon choix.

Elle le foudroya du regard.

– Vous n'avez pas le droit de venir chez moi pour me menacer.

– Alors, êtes-vous disposée à me dire où il se trouve ?

– Non.

– Dans ce cas, je vous arrête.

Valkyrie voulut fermer la porte, mais Crux la bloqua avec sa main.

– Fichez le camp ! s'écria-t-elle. (La colère faisait trembler sa voix.) Il y a des règles. Vous ne pouvez pas afficher vos pouvoirs devant des non-initiés. Comme mes parents. Si vous m'emmenez, vous nous démasquerez tous.

L'inspecteur du Sanctuaire introduisit son visage dans l'ouverture de la porte.

– Vous êtes en état d'arrestation.

Valkyrie tourna vivement la tête lorsqu'elle entendit sa mère approcher, en tirant sa valise. Quand elle se retourna, Crux avait disparu.

– Qui était-ce ? demanda-t-elle.

– Personne. Quelqu'un qui s'est trompé d'adresse.

Sa mère hocha la tête et aperçut un passeport sur la table, tout près d'elle.

– Desmond ! cria-t-elle dans l'escalier. J'ai trouvé ton passeport. Il faut y aller, maintenant.

Valkyrie ouvrit la porte en grand, comme si elle voulait laisser passer sa mère avec sa valise. Elle sortit de la maison et scruta les environs du regard pour s'assurer que Crux était invisible.

Son père descendit, prit le passeport sur la table et l'ouvrit.

– Ce n'est pas le mien, dit-il. C'est celui d'un type très laid à l'air idiot.

La mère de Valkyrie soupira.

– Monte dans la voiture.

– C'est moi qui te fais ce cadeau d'anniversaire, protesta-t-il. Ça veut dire que c'est moi qui commande.

– Monte dans la voiture.

– Bien, ma chérie, marmonna-t-il.

Il prit son sac et sortit d'un pas traînant.

Il s'arrêta pour serrer sa fille dans ses bras et lui adresser un clin d'œil.

– Sois sage, d'accord ? Et sois gentille avec tes cousines. Il faut bien que quelqu'un se dévoue.

Il marcha jusqu'à la voiture et ce fut au tour de sa mère de l'embrasser.

– Beryl t'attend pour le déjeuner. Ce ne sera pas aussi affreux que tu le penses.

L'espace d'un instant, Valkyrie parvint à chasser Crux de ses pensées. Elle observa sa mère en regrettant de ne pas pouvoir l'avertir de ce qui risquait d'arriver.

– J'espère que vous allez vous éclater.

C'est tout ce qu'elle trouva à dire. Elle regarda ses parents charger leurs bagages dans le coffre et sortir de l'allée en marche arrière. Son père conduisait et sa mère lui faisait des signes. Valkyrie plaqua un sourire sur son visage et agita la main elle aussi, jusqu'à ce que la voiture disparaisse.

Et elle détala. Quelques secondes s'écoulèrent avant qu'elle sente la présence de Crux dans son dos. Elle bifurqua et se faufila entre un piquet de clôture et un muret pour traverser à toutes jambes le talus herbeux qui bordait un champ de choux-fleurs. Elle entendit vibrer la clôture et se retourna juste à temps pour voir Crux se glisser péniblement dans l'espace étroit.

Elle quitta le talus et courut à travers le champ. Ses pieds pesaient des tonnes, la terre se collant à ses baskets. Pas facile de conserver son équilibre sur ce terrain inégal, mais elle le faisait tout le temps quand elle était enfant : après l'école, ses copines et elle se pourchassaient sur le chemin de la maison en essayant tous les raccourcis possibles. Il fallait conserver un certain rythme pour franchir les profonds sillons, un rythme que Crux ne possédait pas, visiblement. Soudain, il se prit le pied dans une épaisse tige de chou-fleur et s'affala de tout son long dans la terre.

– Vous êtes en état d'arrestation ! brailla-t-il.

Le temps qu'il se relève, Valkyrie était déjà au milieu du champ. Mais à force de cavaler comme ça, les pieds lestés par la boue et obligée de soulever les genoux très haut, elle était épuisée. Elle changea de direction pour foncer vers un trou dans la haie. Au moment où elle jetait un coup d'œil par-dessus son épaule, elle vit Crux s'affaler de nouveau.

Arrivée en bordure du champ, elle se précipita vers le fossé, sans ralentir. Quand elle avait huit ans, elle avait tenté d'exécuter ce saut et s'était retrouvée dans l'eau jusqu'à la taille, la peau griffée par les ronces. Mais c'était il y a longtemps.

Elle repoussa l'air derrière elle pour amplifier son bond, et atterrit de l'autre côté. Ses jambes fatiguées flageolèrent légèrement.

Heureusement, il n'y avait ni choux-fleurs ni rien d'autre dans ce champ et Valkyrie le traversa en diagonale, sans cesser de courir. Quand enfin, elle escalada la barrière qui bordait le chemin, à l'autre extrémité, elle était à bout de forces. Elle se retourna une fois de plus et vit Crux sauter par-dessus le fossé, puis s'arrêter en titubant, penché en avant, les mains sur les cuisses ; on aurait dit qu'il allait s'évanouir.

Elle frotta ses semelles sur le chemin pour se débarrasser des restes de terre, puis repartit en tournant le dos à la ville. Elle devait trouver un endroit isolé pour se cacher, après quoi elle appellerait Skully et lui demanderait de venir la chercher. Elle tenait absolument à être présente quand il s'occuperait de Crux.

Elle atteignit l'endroit où la route se scindait. Un bruit de moteur lui fit tourner la tête. Une camionnette noire venait de s'arrêter devant la barrière, au moment où Remus Crux l'escaladait. Même de loin, Valkyrie constata qu'il était crotté de la tête aux pieds. Il s'adressait d'une voix pantelante à la personne qui se trouvait dans la camionnette. La portière arrière s'ouvrit et un Fendoir en descendit.

– Oh, zut, dit Valkyrie.

Crux tendit le doigt et le casque gris du Fendoir se tourna vers elle.

Elle se remit à courir.

Elle savait que les Fendoirs étaient rapides, mais c'était la première fois que l'un d'eux la poursuivait. Il ressemblait à ces athlètes qu'elle avait vus aux jeux Olympiques, les sprinters du cent mètres, et il allait de plus en plus vite ! Jamais elle ne parviendrait à le distancer, se dit-elle, et si elle essayait de l'affronter, elle craignait qu'il se serve de la faux fixée dans son dos.

Un tracteur tirant une charrue surgit d'un champ voisin dans un grondement mécanique. Valkyrie fonça dans sa direction, ivre de soulagement. Les Fendoirs constituaient à la fois la police et l'armée du Sanctuaire, et elle savait qu'ils seraient soucieux de ne pas alerter les « civils », contrairement à Crux.

Le tracteur s'arrêta et le fermier en descendit. Valkyrie le connaissait, c'était un ami de son père. Il se glissa entre la charrue et le tracteur afin de resserrer les chaînes qui les reliaient. Elle se retourna : le Fendoir avait disparu.

– Salut, Steph ! lui lança le fermier avec un grand sourire, mais un peu surpris, visiblement, par l'état de son jean et de ses baskets. Qu'est-ce que tu fabriques ?

– Bonjour, Alan, répondit-elle en essayant de reprendre son souffle. Je suis sortie faire un jogging.

– Ah, d'accord.

Ayant vérifié que les chaînes étaient suffisamment tendues pour empêcher la charrue de tanguer, le fermier s'essuya les mains sur son pantalon.

– Tu n'es pas vraiment habillée pour faire un jogging.

– C'était une envie subite, j'ai pas vraiment réfléchi.

– C'est aussi ce que j'ai dit quand j'ai épousé Annie. Tout va bien ?

– Apparemment.

– Tes parents sont partis pour le week-end ?

– À l'instant.

– Et tu as déjà des ennuis ?

– Comme toujours.

– Je ne te le fais pas dire. Tu es sûre que tout va bien ?

– Oui, à part que je vais devoir passer le week-end chez Beryl. Vous rentrez chez vous ? Ça vous embête de me déposer près de la grand-rue ?

– Et ton jogging ?

– Le jogging, c'est dépassé.

– Allez, grimpe !

Un sourire apparut sur le visage de Valkyrie, jusqu'à ce qu'elle entende un bruit de moteur dans son dos. Son sang se glaça lorsque la camionnette noire s'arrêta à leur hauteur pour laisser descendre Crux.

Alan l'observa, il remarqua la boue sur ses vêtements et la fureur dans ses yeux, et il vint se placer devant Valkyrie.

– Vous désirez ? demanda-t-il.

– Écartez-vous de mon chemin, grogna Crux.

– Vous avez assez de place pour passer avec votre camionnette, la route n'est pas si étroite.

– Ce n'est pas votre tracteur qui gêne, nigaud, c'est *vous*.

Valkyrie n'en revenait pas. Ce comportement allait à l'encontre de toutes les règles qu'on lui avait enseignées.

Alan la regarda.

– C'est à cause de ce type que tu as décidé de courir, Steph ?

– Je ne le connais pas. Je ne l'ai jamais vu.

– Tu veux bien me rendre service ? Appelle la police.

– Je suis inspecteur, déclara Crux en avançant.

Alan lui décocha un direct en pleine mâchoire.

– N'approchez pas d'elle, dit-il d'un ton calme, alors que Crux battait en retraite, fou furieux.

Valkyrie prit Alan par le bras pour le retenir.

– C'est bon, dit-elle. Allons-nous-en. D'accord ? S'il vous plaît. J'ai envie de rentrer.

– Si j'étais vous, dit Alan en s'adressant à Crux, je quitterais la ville illico. Que je ne vous revoie pas traîner par ici. C'est compris ?

Crux le foudroya du regard. Lorsque Alan se retourna, Crux frappa l'air du plat de la main. Le fermier se retrouva projeté contre son tracteur et s'écroula sur le chemin. Valkyrie hurla et se précipita vers lui, mais il y eut un éclair gris et quelqu'un lui tordit le bras dans le dos. Elle tomba à genoux, tandis que les menottes se refermaient sur ses poignets, et avant qu'elle puisse réagir, elle se retrouva attachée.

Le Fendoir la remit debout.

– Vous n'avez pas le droit de faire ça ! s'écria-t-elle, pendant qu'un deuxième Fendoir s'accroupissait près d'Alan.

Il palpa son pouls et hocha la tête en regardant Crux.

– Il va revenir à lui dans quelques minutes, dit l'inspecteur du Sanctuaire. Espérons qu'il aura retenu la leçon.

– Vous avez attaqué un civil !

– C'est *lui* qui m'a attaqué. J'ai des témoins.

– Vous avez utilisé la magie contre lui, alors qu'il avait le dos tourné. Espèce de lâche !

Crux soupira.

– Je n'ai fait que mon devoir. Si un civil est blessé ou, Dieu nous en préserve, tué lors de la poursuite d'un fugitif, la responsabilité incombe au fugitif.

– Attendez un peu que Bliss apprenne ce qui s'est passé.

Crux agrippa les menottes et les tordit sauvagement. Valkyrie poussa un cri de douleur.

Il se pencha vers elle.

– Vous pensez peut-être qu'Elder Bliss va venir à votre rescousse, mais c'est un homme très occupé et, parfois, mes rapports s'égarent avant d'arriver sur son bureau. Il est fort possible qu'il n'apprenne même pas que vous avez été arrêtée.

– Vous le regretterez. Je vous jure que vous allez le regretter.

– J'en doute, dit Crux en la conduisant jusqu'à la camionnette pour la pousser à l'intérieur. À vrai dire, si votre capture me mène jusqu'à Skully Fourbery, j'aurai peut-être même droit à une promotion.

Il claqua la portière et le soleil disparut.

XXIX. Compagnons de cellule

– Malheureusement, dit Crux en conduisant Valkyrie vers les cellules, nos locaux sont un peu surpeuplés en ce moment. C'est sans doute dû au fait que le Sanctuaire a enfin un inspecteur principal qui connaît son travail.

– Je l'ai déjà vu ? ironisa Valkyrie.

Crux tira rageusement sur ses menottes.

– Ça signifie, reprit-il, que vous allez devoir partager une cellule.

La jeune fille blêmit.

– Quoi ? Non, vous ne pouvez pas faire ça !

– Ce n'est pas l'idéal, j'en conviens, mais nous n'avons pas le choix, dit Crux, sans parvenir à masquer sa joie.

Valkyrie tenta de se libérer, mais il la retint d'un coup sec.

– Vous ne pouvez pas faire ça ! hurla-t-elle, en espérant que quelqu'un l'entende. Je veux parler à Mr. Bliss.

– Elder Bliss est accaparé par les affaires du Sanctuaire. Je vous assure que nous allons régler ce problème. Mais en attendant, il va falloir être gentille et vous montrer partageuse.

Il ouvrit la porte d'une cellule et la poussa à l'intérieur. La porte claqua derrière elle ; l'homme allongé sur le lit étroit se retourna et l'observa.

– Caïne ! grogna Larsouille.

Le guichet de la porte s'ouvrit.

– Donnez vos mains ! ordonna Crux.

– Laissez-moi sortir d'ici ! cria Valkyrie.

– Introduisez vos mains dans la fente, à moins que vous préfériez rester menottée.

L'œil droit de Larsouille était enflé et fermé, son nez tuméfié et sa bouche fendue. Il se déplaçait lentement comme si tout son corps lui faisait mal.

Valkyrie passa les mains à travers le guichet et Crux lui ôta ses menottes.

– Cette cellule est scellée par la magie, bien évidemment, l'informa-t-il, alors essayez d'être sage.

Elle se plia en deux pour qu'il puisse voir ses yeux par l'ouverture.

– Inspecteur Crux, vous ne pouvez pas faire ça.

Il lui sourit, avant de refermer le guichet. Elle se retourna au moment où Larsouille se levait.

– Ils m'ont brisé les doigts, gémit-il en montrant sa main bandée. Les Fendoirs m'ont brisé les doigts et ils m'ont tabassé. Ça vous a bien amusés, hein ? Toi et le squelette. Vous avez bien ri quand vous m'avez obligé à faire diversion.

Valkyrie avait la bouche sèche. Elle ne voyait aucune échappatoire, aucun endroit pour se cacher. Elle ne pouvait pas se servir de ses pouvoirs magiques et elle ne portait même pas ses vêtements protecteurs. Bref, ce n'était qu'une fille comme les autres, enfermée dans une pièce exiguë avec un adulte qui voulait la tuer.

– Je vais te tabasser à mort, déclara Larsouille. Je voulais que mon premier meurtre soit une œuvre d'art. Quelque chose de magnifique. Mais je crois que je vais devoir me contenter d'un acte brutal. Comme ça, je ne pourrai que progresser.

– Vous ne sortirez jamais de prison, dit Valkyrie. (Les mots avaient du mal à franchir ses lèvres.) Si vous me tuez, vous passerez le restant de votre vie dans une cellule identique à celle-ci.

– Non, je sortirai tôt ou tard. Un événement se produira et je sortirai. Comme toujours.

– Vous serez un meurtrier. Et les meurtriers sont davantage surveillés.

– Pourquoi donc ? Parce que les gens en ont peur ! Les gens auront peur de *moi* !

Larsouille fit un pas en avant et Valkyrie recula instinctivement ; elle sentit le métal glacé de la porte à travers ses vêtements.

– Et Skully ? demanda-t-elle.

– Je le vois pas dans cette pièce.

– Il n'est pas bon de l'avoir comme ennemi, Vaurien. Vous le savez bien. Quand il apprendra que j'ai été arrêtée, il viendra me chercher. Il se présentera à la porte comme avant-hier, il entrera et il découvrira ce que vous avez fait. Vous voulez vraiment être là quand ça arrivera ?

Larsouille hésita.

– Ils m'enfermeront dans un endroit sûr. Ton ami n'est plus en odeur de sainteté, au cas où tu ne l'aurais pas remarqué. Ils me placeront dans une cellule spéciale où il ne pourra pas me trouver.

– Il vous trouvera quand même. Il vous traquera sans relâche.

Larsouille ricana.

– Qu'il essaie !

Valkyrie connaissait les règles. Tanith les lui avait assez souvent rabâchées. En l'absence d'autre option, quand le recours à la violence apparaissait comme une nécessité virtuelle et que toute fuite était interdite, la règle était de frapper en premier, sans prévenir.

Larsouille était un adulte. Il mesurait presque deux mètres et il était moyennement fort pour un homme de sa taille. Valkyrie était une jeune fille de quatorze ans, grande pour son âge, et depuis deux ans, elle s'entraînait au combat avec deux spécialistes. Physiquement, Larsouille lui était supérieur, mais il était blessé. Il faisait peser tout le poids de son corps sur sa jambe droite et il se tenait légèrement tordu. Elle le soupçonnait d'avoir des côtes fêlées.

Frapper en premier, sans prévenir.

Elle décocha un coup de pied dans la jambe gauche de Larsouille, qui poussa un hurlement. Elle voulut lui enfoncer son coude dans le visage, mais il avait levé les bras et les agitait dans tous les sens. Elle le repoussa pour se donner de l'air mais il parvint néanmoins à lui écraser son poing sur la mâchoire. Sa tête fut projetée en arrière ; elle se cogna contre la porte et faillit tomber.

Il enchaîna avec un deuxième crochet, mais elle esquiva le coup qui l'atteignit à l'épaule. Si elle avait porté sa veste noire, le choc aurait été absorbé par le tissu. Là, elle recula en chancelant.

Larsouille repartit à l'assaut. Cette fois, Valkyrie saisit sa main bandée et la tordit. Il poussa un hurlement de douleur et en oublia son attaque. Valkyrie s'écarta de la porte et, sans lâcher ses doigts cassés, elle le fit tourner autour d'elle. Pour finir, elle tira son bras vers le sol et il tomba à genoux.

– Lâche-moi ! supplia-t-il, les larmes aux yeux. Je ne voulais pas vraiment te tuer, je te le jure ! C'était pour rire !

Elle le libéra et il plaqua sa main contre sa poitrine. Elle en profita pour lui coincer la tête afin de lui donner un grand coup de genou dans l'articulation de la mâchoire. Il bascula à la renverse et ne se releva pas.

En reculant, Valkyrie heurta le lit et se laissa tomber sur le maigre matelas, en position assise. Elle avait le souffle coupé et ne parvenait pas à détacher les yeux du corps inerte de Larsouille.

Son épaule l'élançait. Le premier coup de poing l'avait atteinte à la tempe et elle avait l'oreille en feu. Dieu soit loué, il ne l'avait pas frappée sur la bouche. Elle ne se sentait pas capable de perdre une autre dent.

Elle se demandait ce qu'elle allait faire quand il reviendrait à lui. Il n'y avait rien dans cette cellule pour le ligoter, et personne n'avait été alerté par les bruits de lutte.

Elle avait battu Larsouille. Elle l'avait expédié au tapis sans utiliser la magie. Certes, il était déjà blessé, et elle l'avait attaqué par surprise ; il n'en demeurait pas moins qu'elle avait affronté un adulte et qu'elle l'avait battu.

Elle sourit, mais son sourire s'évanouit lorsqu'elle songea à ce qui aurait pu arriver si elle ne l'avait *pas* battu. Sans doute serait-elle couchée sur le sol de la cellule à sa place, morte.

Elle se décolla du lit et ôta le bandage qui entourait la main blessée de Larsouille. Ses doigts étaient salement enflés, la peau violacée et jaune. Il ne gémit même pas lorsqu'elle noua une extrémité de la bande autour des doigts et l'autre à un pied du lit en fer. Au moins, comme ça, il ne pourrait pas lui sauter dessus quand il se réveillerait.

Elle se rassit, le plus loin possible de Larsouille. Elle attacha ses cheveux en queue-de-cheval en se demandant si Skully s'était aperçu que quelque chose clochait. Elle essaya de deviner ce qu'il allait faire.

Premièrement, il l'appellerait sur son portable, en vain. Au bout d'un moment, il irait chez elle, ou plus vraisemblablement, il enverrait Tanith, quelqu'un au physique plus passe-partout. Il interrogerait le reflet et, avec un peu de chance, il comprendrait ce qui s'était passé. Ensuite, il viendrait la chercher.

Valkyrie se cala contre le mur et attendit.

XXX. Beryl

Beryl Edgley était une femme très occupée.
Elle n'avait vraiment pas le temps d'accueillir des enfants abandonnés et de s'en occuper. Cela étant, quand Melissa Edgley lui avait demandé si elle pouvait garder Stephanie pendant qu'elle partait en week-end à Paris, Beryl avait relevé le défi avec bonne grâce, évidemment.

Sa nièce avait toujours été une enfant entêtée, dotée d'une langue bien affilée et d'un fort caractère qu'elle trouvait détestables. Même si elle devait reconnaître que, depuis quelques années, Stephanie avait mis de l'eau dans son vin. Beryl aimait croire que ce nouveau comportement était le résultat des remarques discrètes et des conseils qu'elle avait adressés à Melissa et à Desmond concernant la manière d'élever les enfants. Les jumelles de Beryl, Carol et Crystal, n'étaient pas parfaites, loin s'en faut, et elles avaient l'une et l'autre beaucoup trop maigri ces derniers temps mais, au moins, elles ne buvaient pas, ne fumaient pas et ne fréquentaient pas des voyous, contrairement à un grand nombre de leurs camarades.

Toute la famille, à laquelle s'était jointe Stephanie, déjeuna autour de la table de la cuisine, sans dire un mot. Fergus avait les yeux rivés sur la télévision et les jumelles picoraient sans enthousiasme. En vérité, seule Stephanie semblait manger avec appétit ce que sa tante avait déposé devant elle. Ce qui était plutôt surprenant, compte tenu de ce qui s'était passé un peu plus tôt dans la journée.

On sonna à la porte et Beryl alla ouvrir. Une jeune femme se tenait sur le seuil, tout sourire. Elle avait des cheveux blonds ébouriffés et portait une tenue en cuir marron beaucoup trop moulante. Sa poitrine débordait presque de son blouson cintré.

– Vous devez être Beryl, dit-elle avec un accent anglais. J'ai beaucoup entendu parler de vous.

Beryl se méfiait des inconnus. Depuis qu'elle avait vendu l'immense yacht que leur avait légué le frère de Fergus, elle soupçonnait tout le monde d'en vouloir à leur argent.

– Et vous êtes ? demanda-t-elle, en se tenant bien droite afin de toiser la visiteuse.

– Je m'appelle Tanith. J'aimerais savoir si Stephanie est ici.

– Elle est à table.

– Pourrais-je la voir, juste un instant ?

Beryl fronça les sourcils.

– Je vous ai dit qu'elle était à table. Elle déjeune. Elle ne peut pas venir à la porte pendant qu'elle mange.

La jeune femme prénommée Tanith observa Beryl, puis sourit de nouveau.

– Elle pourrait peut-être s'arrêter de manger pour venir à la porte. Ce que j'ai à lui dire ne sera vraiment pas long. Ensuite, elle pourra retourner déjeuner. Qu'en pensez-vous, Beryl ?

– J'aimerais mieux que vous m'appeliez Mrs Edgley.

Tanith prit une profonde inspiration qui menaça de faire craquer la fermeture de son blouson.

– Mrs Edgley, soyez gentille, allez me chercher Stephanie, vous voulez bien ?

– Je n'apprécie pas votre ton.

– Je n'apprécie pas vos chaussures.

Beryl regarda ses pieds en se demandant ce qu'on pouvait

trouver à redire à ses chaussures, et Tanith en profita pour la contourner et entrer dans la maison. Avant que Beryl comprenne ce qui se passait, l'intruse avait pénétré dans la cuisine.

– Nom d'un chien… murmura Fergus.

– Stephanie, dit Tanith, je peux te parler un instant ?

Beryl revint dans la cuisine comme un ouragan, furieuse, au moment où Stephanie se levait. Les jumelles regardaient l'inconnue avec curiosité, et Fergus l'observait avec des yeux écarquillés, subjugué.

– Stephanie, je t'interdis de quitter cette pièce ! rugit Beryl.

– Il s'agit d'une affaire privée, dit Tanith.

– Et vous êtes dans une *propriété* privée ! Fergus, appelle la police !

Celui-ci ne pouvait détacher son regard de l'intruse.

– Si votre visite a un rapport avec ce qui s'est passé dans la matinée, ajouta Beryl, la police aura très certainement envie de vous parler !

Tanith fronça les sourcils à son tour.

– Que s'est-il passé dans la matinée ?

Stephanie ouvrit la bouche pour répondre, mais Beryl reprit la parole :

– Alan Brennan est venu m'annoncer qu'il avait été agressé par un homme qui pourchassait Stephanie. Agressé ! Ici, à Haggard !

– Qui était cet homme ?

– Aucune idée, dit Stephanie. Je ne me souviens de presque rien. Sûrement le choc. Il a dû me confondre avec quelqu'un d'autre. Après avoir agressé M. Brennan, il est reparti et je suis rentrée à la maison.

– On l'a retrouvée cachée sous son lit, précisa Beryl, ce qui provoqua les ricanements de Carol et de Crystal.

– As-tu vu Val ? demanda Tanith à Stephanie, en ignorant totalement Beryl. Sais-tu ce qui lui est arrivé ?

Stephanie haussa les épaules.

– Elle devait revenir, normalement. Mais je ne l'ai pas vue.

– Qui est cette Val ? demanda Beryl, perdue. Que vient-elle faire dans cette histoire ? Un fou dangereux qui se fait passer pour un policier rôde dans les parages !

Tanith dressa l'oreille.

– Il a dit qu'il était policier ?

– Il a dit à M. Brennan qu'il était inspecteur.

– Crux…

– Je vous demande pardon ?

– Je connais cet homme, dit Tanith. Vous avez raison, c'est un fou. Avez-vous prévenu la police ?

Fergus se manifesta enfin :

– Ils… euh, ils ont dit qu'ils passeraient dans l'après-midi.

– Dites-leur de ne pas se donner cette peine. Cet homme a des antécédents psychiatriques. Il a juste oublié de prendre ses médicaments ce matin. Je suis son médecin.

– Quel genre de médecin s'habille en cuir de la tête aux pieds ? demanda Beryl, méfiante.

La jeune femme lui adressa un sourire éclatant.

– Le genre qui peut se le permettre, répliqua-t-elle. Merci de m'avoir accordé un peu de votre temps. Je vous souhaite à tous une bonne journée. Au revoir, Stephanie.

– Au revoir, dit Stephanie et elle se rassit pour finir son assiette.

Beryl suivit Tanith jusqu'à la porte d'entrée. Son esprit débordait de questions, mais la jeune femme marcha d'un pas décidé sans se retourner. Au moment où elle atteignait le trottoir, une épouvantable voiture violette s'arrêta à sa hauteur et elle monta à bord. Beryl tenta d'apercevoir le conducteur, mais elle ne vit qu'un homme coiffé d'un chapeau, avant qu'ils disparaissent.

Beryl plissa le front. Elle avait la désagréable impression de connaître cet individu…

XXXI. Vieux amis

Crux fit irruption dans l'appartement de China. Elle se retourna et le jaugea d'un œil froid.

– On a la fille ! déclara l'inspecteur, triomphalement. J'ai suivi sa trace et je l'ai arrêtée. Je l'ai moi-même jetée dans une cellule.

– Elle a quatorze ans, dit China. Vous avez été très courageux.

– Gardez vos sarcasmes. La Diablerie détient le Grand Mage.

– Tout le monde ne parle que de ça en ville. Mais apparemment, vous préférez vous attaquer à Skully plutôt qu'au véritable ennemi.

– C'est *lui*, le véritable ennemi. J'ai longuement réfléchi : tout concorde.

– Qu'est-ce qui concorde, Remus ?

L'inspecteur gonfla le torse, les mains sur les hanches.

– Skully Fourbery *est* Batu.

Cette fois, China le regarda d'un air hébété.

– Oh, bon sang... Vous êtes encore plus bête que vous en avez l'air.

Crux s'approcha d'elle.

– Où est-il ? Où ont-ils emmené le Grand Mage ?

– J'ai essayé de vous aider, Remus. Je vous ai dit où Skully avait installé son quartier général. Vous l'avez pris d'assaut, et que s'est-il passé ? Vous avez laissé filer Skully, vous avez laissé filer

Valkyrie, et le Grand Mage a été enlevé. J'ai fait ce que j'ai pu. Ce n'est pas ma faute si vous n'êtes pas doué pour ce métier.

– Je connais mon travail, China. Je vous rappelle que j'ai réussi à percer votre petit secret.

– Vous n'avez rien percé du tout. Un mourant vous a tout dit car vous étiez la seule personne présente à cet instant.

– Où est le squelette ?

– Je l'ignore.

– Alors, où va-t-il aller ?

– Ah, ça je sais. Quand il apprendra que vous avez arrêté Valkyrie, vous ne serez plus obligé de le chercher : c'est lui qui viendra à vous.

– Je n'ai pas peur de Skully Fourbery.

– Bien sûr que si, Remus. Comme tout le monde.

– Vous avez refusé de coopérer dans le cadre d'une enquête du Sanctuaire ; de plus, vous constituez une entrave au bon déroulement de cette enquête. Par conséquent, vous êtes en état d'arrestation.

Crux brandit ses menottes d'un geste théâtral. China soupira, mais n'opposa aucune résistance quand il lui attacha les mains dans le dos.

– Une fois de plus, dit-elle, vous vous focalisez sur la mauvaise personne. Skully tout d'abord ; moi, maintenant. Alors que vous devriez vous occuper de la Diablerie. Pourquoi agissez-vous ainsi, Remus ? Avez-vous peur de vous attaquer à eux ? C'est pour cette raison que vous traquez tout le monde *sauf* eux ?

– Vous me mènerez à l'ennemi. Vous complotez avec Skully…

– Si Skully était réellement Batu, il n'aurait pas ramené Fletcher Renn, n'est-ce pas ? Il l'aurait enfermé quelque part en attendant qu'il ait besoin de lui.

– Vos tentatives de déduction logique sont aussi pathétiques que vos tentatives de séduction.

China éclata de rire.

– Remus, je vous jure que je n'ai *jamais* tenté de vous séduire.

L'inspecteur du Sanctuaire rougit.

– Vous avez commis une grosse erreur en me sous-estimant, China. Vous avez refusé de croire que j'étais un homme de parole. Je vous ai expliqué ce qui allait se passer. J'ai été parfaitement clair. Malgré cela, vous n'avez pas voulu m'aider, je suis donc obligé de dévoiler votre secret.

– J'ignore où se trouve Skully.

– Trop tard.

Crux la prit par le bras et l'entraîna vers la porte.

– Écoutez-moi, Remus. Peu importe ce que vous croyez savoir, peu importe ce qu'on vous a raconté, vous ne connaissez pas toute l'histoire.

– Vous pourrez raconter tout ça à votre ami quand il vous trouvera, répliqua Crux. Je suis sûr qu'il sera ravi de vous écouter.

– Vous ne savez pas ce que cela peut provoquer.

Il lui sourit.

– J'ai une petite idée.

Crux ouvrit la porte. Un homme se tenait sur le seuil.

– Bonjour, China, dit Jaron Gibet.

Il entra dans l'appartement et Crux s'empressa de reculer, sans lâcher China cependant. Elle se libéra d'un mouvement brusque.

– Vous êtes dans le coup, vous aussi, dit Crux, pendant que Gibet refermait délicatement la porte. Vous êtes tous dans le coup. Vous êtes de mèche !

– C'est tout à fait juste, inspecteur, dit Gibet avec un petit sourire. Tout le monde est dans le coup. Il s'agit d'un complot d'une ampleur qui dépasse les gens de votre espèce. China, Skully Fourbery, et même le Grand Mage, tous y participent. Nous envisagions de vous inviter à la ferme d'Aranmore pour assister au dernier acte, mais nous avons organisé un vote et personne n'a voulu faire le trajet avec vous. Ne le prenez pas mal, surtout.

Crux frappa l'air du plat de la main, mais Gibet eut le réflexe de s'écarter. Il glissa son pied sous la table basse et l'envoya valdinguer dans la poitrine de l'inspecteur. Celui-ci tituba sous le choc et dégaina son arme. Gibet, plus rapide, la lui arracha.

– Le combat, ce n'est pas votre truc, hein ? ricana Gibet et il expédia l'inspecteur à l'autre bout de la pièce.

Crux s'écroula et se releva précipitamment. La panique s'empara de lui. Gibet bloquait la sortie. Il dut se dire qu'il n'avait aucune chance car il lui tourna le dos et courut vers la fenêtre. Sans hésiter, il bondit, traversa la vitre et disparut dans le vide.

Gibet marcha vers la fenêtre d'un pas nonchalant, étonné mais pas inquiet. Il se pencha au-dehors et sourit.

– Il est vivant, annonça-t-il. Il ne décampe pas très vite, mais il est toujours en vie. On dirait qu'il a une jambe cassée. Et peut-être un bras aussi. Tu l'entends crier ? Quelle voix de fausset !

– Que viens-tu faire ici, Jaron ? demanda China.

Il se retourna vers elle.

– Rien ni personne ne peut nous arrêter, j'espère que tu en es consciente. Dans une heure, Fletcher Renn sera entre nos mains, puis nous nous rendrons à la ferme, la porte s'ouvrira et nous gagnerons. C'est écrit, depuis toujours.

– Vous allez faire revenir sur Terre une race de dieux vengeurs qui nous haïssent. J'espère que *vous* en êtes conscients.

– Aie confiance, China. Peut-être qu'ils prendront le pouvoir, peut-être qu'ils décamperont aussitôt, peut-être qu'ils se détruiront, ou peut-être qu'ils se contenteront d'exister, tout simplement. Ce n'est pas à nous de les juger. C'est toi-même qui m'as dit ça, il y a longtemps. Tu m'as dit que ce monde leur appartenait. Nous avons veillé sur lui pendant des millénaires, il est temps de le rendre. Tu as été un bon professeur.

– Tu *étais* un excellent élève, reconnut-elle. Mais si tu es venu pour essayer de me faire rentrer au bercail, je vais être obligée de te décevoir.

– C'est ce que tu as répondu au Baron Vengeous quand il t'a posé la question ?

– Grosso modo, oui.

– Mais il était seul, et il ignorait que Batu orchestrait tout. Les choses ont changé. Tu as l'occasion de revenir au sein de la Diablerie. Batu est un bon chef. Il a un plan. Mais il ne peut pas rivaliser avec toi. Il ne le pourra jamais.

China sourit.

– Tu veux que je prenne le pouvoir, juste au moment où le plan de Batu porte ses fruits ? Quelle délicieuse traîtrise !

– La Diablerie est à toi, China, depuis toujours. Ta famille s'est vouée aux dieux obscurs pendant mille ans. Tu as ça dans le sang. Dans le cœur. Tu ne peux pas t'en débarrasser aussi facilement.

– Mon frère a réussi.

– Mr. Bliss est… unique.

– Et Batu ?

– Un ordre de toi et il meurt.

China se dirigea vers le centre de la pièce, en réfléchissant. Elle s'arrêta et regarda Gibet.

– C'est une offre tentante, je le reconnais, mais impossible de nier la réalité. J'ai trahi une race de dieux sadiques qui détestent l'humanité. Pourquoi aurais-je envie qu'ils reviennent ?

Gibet soupira.

– C'est bien triste. Je ne voulais pas être obligé de te tuer.

– Et moi, je ne voulais pas être obligée de mourir. Je suppose que tu n'as pas appris le fair-play depuis notre dernière rencontre ?

– Tu veux savoir si je suis prêt à t'ôter ces menottes ? J'ai peur que non.

Il ramassa l'arme de Crux par terre.

– Mais ce sera vite fait, je te le promets.

China tapa du pied.

– Comme c'est généreux de ta part, dit-elle.

Elle recula d'un pas et tapa du pied encore une fois.

Gibet fronça les sourcils.

– Personne ne t'entend, China.

Elle se déplaça et tapa du pied une troisième fois. Gibet reporta son attention sur le tapis et plissa les yeux en reconnaissant les trois symboles sur lesquels elle avait frappé. China quitta ses magnifiques chaussures et se plaça au centre du cercle. Elle sourit lorsque le plancher s'enfonça.

Elle tomba dans la trappe et atterrit lourdement dans le couloir du deuxième étage. Le plafond se referma au-dessus de sa tête, juste au moment où Gibet s'apprêtait à la suivre. Elle se releva et courut vers l'escalier.

Quelqu'un attendait forcément Gibet devant l'immeuble. Soit quelqu'un dans une voiture – Abomine Krav ou Murder Rose – soit quelqu'un capable de se déplacer par ses propres moyens, comme Sanguin. Elle n'avait pas envie de vérifier.

China atteignit le premier étage. Les pas de Gibet résonnaient lourdement dans l'escalier au-dessus de sa tête. Elle parcourut le long couloir à toute allure ; ses pieds nus adhéraient au plancher. Elle avait aménagé un grand nombre de sorties de secours dans cet immeuble et elle courut vers la plus proche.

Une fois de plus, des événements qui échappaient à son contrôle l'avaient entraînée au cœur de la tourmente. Mais il en fallait plus que ça pour l'impressionner.

XXXII. L'échange

Le pont sur la Liffey porte trois noms.

C'est un pont pour piétons, d'un peu plus de quarante mètres de long, qui enjambe la Liffey et relie le quai Aston au quai Ormond. Des deux côtés, des marches permettent d'accéder à la passerelle et il est éclairé par trois lampadaires qui coiffent des portiques en fer forgé.

Son nom de baptême est Wellington Bridge, son *véritable* nom est Liffey Bridge, mais il est plus connu sous son nom d'emprunt.

Quand elle était toute petite, Tanith était venue à Dublin avec ses parents. À l'époque, quand elle avait traversé ce pont pour la première fois, il fallait franchir des tourniquets et s'acquitter d'un droit de péage d'un penny et demi. Les tourniquets avaient été enlevés quelques années plus tard, vers 1919, mais pour tout le monde, ce pont restait le pont du Penny et demi, un nom qui fut raccourci par la suite. On ne disait plus que le pont du Demi-Penny.

C'était sur ce pont aux trois noms qu'ils devaient remettre Fletcher Renn à leurs ennemis, c'est-à-dire leur donner exactement ce dont ils avaient besoin pour provoquer la fin du monde.

– C'est une très mauvaise idée, déclara Tanith.

– Je suis entièrement d'accord, murmura Fletcher Renn qui se tenait près d'elle.

Ils avaient barré l'accès au pont et installé des panneaux pour informer les passants que des travaux d'entretien allaient avoir lieu. Deux tentes à rayures rouges et blanches avaient été dressées, une à chaque bout, afin de protéger les ouvriers des éventuelles intempéries. Il n'y avait pas beaucoup de vent aujourd'hui, et si des nuages noirs menaçants passaient dans le ciel, il n'avait pas encore plu.

Tanith et Fletcher se trouvaient sous la tente située sur la rive nord de la Liffey. Une bourrasque sonore s'y engouffra lorsque Hideous les rejoignit, puis le rabat de toile retomba, étouffant le vacarme de la circulation.

– Personne ne nous espionne, les informa-t-il.

Il secoua la tête en ôtant la capuche de son manteau à la coupe impeccable, laissant voir les cicatrices sur son crâne.

Tanith, Fletcher et lui reportèrent leur attention sur le milieu du pont, où Skully était en train de sortir de son manteau une Sphère de Dissimulation. Il déplaça les deux hémisphères dans un sens opposé et une bulle de brouillard s'en échappa : elle l'enveloppa tout d'abord, puis sembla avaler le pont et les deux tentes. Il déposa la sphère à ses pieds.

– C'était quoi, ce truc ? demanda Fletcher, hébété.

– Ça nous rend invisibles à toute personne qui se trouve à l'extérieur de la bulle, expliqua Hideous. Comme ça, aucun passant ne verra ni n'entendra ce qui se passe sur la passerelle.

– Autrement dit, si je meurs dans d'atroces souffrances, je ne dérangerai personne ? C'est rassurant.

Skully revint sous la tente.

– Des nouvelles de Valkyrie ? lui demanda Hideous.

– Toujours rien, répondit le squelette d'un ton lugubre. Quand on aura récupéré Guild, on l'obligera à la libérer. Puis vous me laisserez seul dans une pièce avec Crux, pour cinq longues et douloureuses minutes. En attendant, concentrons-nous sur notre tâche.

– C'est quoi, le plan ? demanda Fletcher. Comment va se dérouler l'échange ?

– En théorie, dit Hideous, Guild et toi, vous avancerez sur le pont en même temps, vous vous croiserez au milieu et continuerez à marcher jusqu'à l'autre rive. Mais dans les faits, ça ne se passera pas du tout comme ça.

– Voici comment ça va *vraiment* se passer, enchaîna Tanith. Au début, les deux camps vont jouer le jeu. Puis un des deux camps va décider de doubler l'autre. Alors, l'autre camp ripostera par un autre coup fourré. Et le premier camp réagira en conséquence.

L'adolescent hocha la tête.

– La question, c'est donc de savoir combien de coups fourrés vous avez en réserve ?

– Exact. Le camp qui en a le plus l'emporte.

Hideous interrogea Skully du regard.

– Deux, dit le squelette.

– C'est… très peu.

– Dans certains cas, rien ne vaut la simplicité.

– Un cas comme celui-ci ?

– Je ne pense pas, reconnut Skully.

– Nos options sont limitées, expliqua Tanith. C'est un lieu public, nous sommes en plein jour. On ne peut pas rameuter cent Fendoirs prêts à intervenir.

– Vous avez cent Fendoirs ?

– Euh, non.

– Il s'agit d'une opération secrète, dit Skully. Il y a un espion au sein du Sanctuaire, et tant qu'on ne l'aura pas démasqué, on ne peut faire confiance à personne.

– Si *nos* options sont limitées, les leurs aussi, fit remarquer Hideous.

– Exact ! renchérit Fletcher. Il a raison. Ils sont attachés autant que vous à cette règle du « jamais en public », hein ?

Skully semblait dubitatif.

– Oui, bien sûr, dit-il, sans réussir à se montrer convaincant.

– Les voici, dit Tanith avec sang-froid.

Ils jetèrent un coup d'œil à l'extérieur. En effet, à l'autre extrémité du pont, une camionnette noire s'était arrêtée le long du trottoir, provoquant des coups de Klaxon rageurs de la part des automobilistes qui se trouvaient derrière. Abomine Krav en descendit et les protestations cessèrent aussitôt.

Murder Rose apparut à son tour, suivie de Sanguin, puis de Gibet qui tenait Thurid Guild. Celui-ci avait les mains attachées par des menottes et le visage contusionné. Ce petit groupe attirait l'attention, mais il disparut très vite sous la tente de chantier.

– C'est quoi, nos coups fourrés ? demanda Fletcher.

– Si tu t'y attends, dit Skully, tu vas les dévoiler sans le vouloir.

L'adolescent était de plus en plus pâle.

– Franchement, je commence à avoir des doutes.

– Ils ne veulent pas te faire de mal, dit Tanith pour le rassurer.

– Non, ils veulent juste se servir de moi pour détruire le monde et, étant donné que je fais partie de ce monde, ce n'est pas très rassurant. Vous pensez tous que je suis sûr de moi et que rien ne peut me démonter…

– Aucun de nous ne pense ça, dit Hideous.

– Bref, ce que je veux dire, c'est que j'ai aucune envie de marcher jusque là-bas au risque d'être enlevé. Je ne sais même pas ce qu'ils vont me demander de faire.

– Mr. Bliss veut récupérer Guild, dit Skully, et son argument se tient. La mort du Grand Mage pourrait avoir des conséquences catastrophiques.

– *Pourrait*, souligna Fletcher. Par contre, s'ils me mettent le grappin dessus pour me ramener chez les Sans-Visage, les conséquences *seront* catastrophiques. Dans le premier cas, c'est une possibilité, dans le second, c'est une certitude ! Pourquoi suis-je le seul à raisonner de manière logique ?

Skully le regarda droit dans les yeux.

– Quand tu as vécu aussi longtemps que nous, tu vois les choses à long terme et tu agis en conséquence.

Sanguin sortit de la tente opposée et s'avança sur le pont d'un air joyeux.

– C'est parti, dit Tanith. Fletcher, je suis vraiment désolée pour tout ça, mais tu vas devoir nous faire confiance.

– Oh, bon sang…

Sanguin n'était plus qu'à quelques pas.

– Vous n'avez pas intérêt à les laisser s'emparer de moi, chuchota l'adolescent.

– *Toc, toc*, dit Sanguin avec son accent traînant.

Il pénétra sous la tente, souriant, les mains en l'air.

– Comment ça va, les gars ? C'est pas pour dire, mais vous en faites des drôles de tronches ! Quelqu'un de plus sensible que moi pourrait penser que vous n'êtes pas contents d'être ici. Allons, c'est un échange, quoi ! On est là pour s'amuser !

– Tu parles beaucoup, dit Tanith, pour ne pas dire grand-chose d'intéressant.

– La dame à l'épée ! s'exclama Sanguin avec un large sourire. Vous m'avez manqué, vous savez. Bien des nuits je suis resté éveillé à songer à toutes les manières dont je pourrais vous tuer. Mon scénario préféré est un peu bêta, mais c'est celui où je vous tranche la gorge, votre tête bascule en arrière, vous avez les yeux écarquillés, suppliants, et moi, je vous attrape par les cheveux et je… (Il s'interrompit et éclata de rire.) Ah, pardon, je deviens sentimental, alors que le boulot nous attend. On m'a chargé de tout orchestrer, alors… Allons-y, orchestrons !

– Envoyez-nous Guild, dit Skully.

– C'est pas comme ça que ça va se jouer, et vous le savez bien. Les règles sont simples, mais je vais expliquer lentement, à cause de l'autre avec sa tête d'abruti… À vous de deviner à qui je fais allusion.

Sans mouvement brusque, il sortit de sa poche une paire de menottes.

– Je vais passer ces jolis bracelets au jeune Fletcher, reprit-il. Pour être sûr qu'il tente pas un truc débile, genre se téléporter. Ensuite, il marchera jusqu'à mes amis, là-bas, et ils vous enverront votre patron. C'est super simple, finalement. Un jeu d'enfant.

Sanguin regarda autour de lui et demanda :

– En parlant d'enfant, où est la fille ? Sa mine renfrognée me manque.

Skully ignora la question.

– Tu resteras avec nous, de ce côté, jusqu'à ce que l'échange ait eu lieu.

Sanguin secoua la tête.

– J'ai des ordres, je dois retourner là-bas.

– On ne veut pas courir le risque de te voir disparaître avec Fletcher.

– On est sur un pont, sac d'os. Je voyage sous terre, à travers les murs, partout où je peux me faufiler… Comment je pourrais me glisser sous cette petite passerelle ?

– N'empêche, tu restes ici.

– Pas question.

L'épée de Tanith glissa hors de son manteau et la lame vint se poser sur le cou de Sanguin. Il n'hésita pas longtemps.

– Vous savez quoi ? dit-il. J'ai changé d'avis. Je vais rester ici, sans dire un mot.

Hideous se plaça derrière lui et lui tordit le bras dans le dos, de telle manière que le moindre mouvement se traduise par une douleur insoutenable et une déchirure des ligaments.

– Je comprends pas pourquoi vous me mettez pas les menottes, tout simplement, grogna Sanguin.

– Parce que tu nous as dit, l'année dernière, que les menottes ne pouvaient pas t'arrêter.

– J'ai dit ça, moi ?

– Oui.

– Je mentais. Les menottes me privent de tous mes pouvoirs. Juré !

– Évite de parler, dit Hideous. Ça m'énerve.

– Tanith, dit Skully et il sortit de la tente.

Tanith le suivit et ensemble ils traversèrent lentement le pont. Gibet et Murder Rose vinrent à leur rencontre.

Sous eux coulait la Liffey, sombre et sale.

– Skully, dit Gibet lorsqu'ils se rejoignirent au milieu, vous êtes venu pour nous supplier ? Pour pleurer ? Peut-être que vous aimeriez changer de camp ? C'est trop tard, mais ce serait très amusant de vous voir essayer.

– Où est votre maître, Gibet ?

– Je n'ai pas de maître, dit-il en souriant. La Diablerie est une famille d'individus qui partagent les mêmes avis.

– Batu est votre maître. C'est lui qui vous donne vos ordres, qui vous distribue vos missions, et qui vous caresse la tête quand vous en avez besoin. Alors, où est-il ? Il nous observe, hein ?

Gibet sourit.

– Il est dans le coin. (Murder Rose lui murmura à l'oreille.) Ah, oui, très bien vu, Rose. Où est notre associé texan ?

– Il reste avec nous pour le moment, en attendant la fin de l'échange.

– Sage décision, sans doute. Vous ne voulez pas qu'on essaye de vous rouler. Envoyez-nous le gamin, avec les menottes.

Sur ce, Gibet se retourna et regagna sa tente, suivi de Murder Rose.

Tanith et Skully repartirent vers la leur.

– Alors, tu es prêt ? demanda le squelette à Fletcher.

Ce dernier regarda Tanith et elle vit ce qu'il ne cherchait même plus à cacher : il avait peur. Ses yeux revinrent se poser sur Skully en papillotant et il tendit les mains pour qu'on lui passe les menottes.

– Vous avez un plan, hein ?

– Oui, dit Skully.

– Vous pouvez me dire ce que c'est ?

– On sauve le monde et on rentre à la maison.

– C'est un bon plan.

– Je suis très doué parfois.

Des gouttes de pluie commencèrent à s'écraser sur la toile de la tente.

– Je veillerai à ce qu'il ne t'arrive rien, ajouta le squelette.

– Vous croyez que Valkyrie va bien ?

– Crux l'a certainement enfermée dans une cellule. À vrai dire, il y a de fortes chances pour qu'elle soit plus à l'abri que nous à cet instant.

– OK.

– Ils ne te feront pas de mal, dit Tanith. Ils ont besoin de toi.

Fletcher hocha la tête.

– Quand tout ça sera fini, ça vous dirait d'aller boire un café avec moi ou autre chose ? Si vous me connaissiez mieux, je vous plairais. Moi, je me connais depuis des années et je m'adore.

Elle sourit.

– Peut-être.

– C'est vrai ?

– Non.

Il répondit au sourire de Tanith par un rictus incertain, puis pénétra dans la bulle et disparut. Tanith y introduisit sa main et la regarda devenir invisible instantanément, puis elle avança d'un pas et elle put le voir sortir de la tente. Skully était à côté d'elle, et Hideous traîna Sanguin pour qu'il assiste à ce qui se passait.

Fletcher monta sur le pont. À l'autre extrémité, la tente s'ouvrit et Thurid Guild apparut. Ils marchèrent l'un vers l'autre sous la pluie.

Skully se tourna vers Sanguin.

– Qu'est-ce qu'ils mijotent ?

– Qui mijote quoi ?

Hideous resserra l'étau de sa main et Sanguin débita dans un souffle :

– Ils ne mijotent rien ! C'est un échange dans les règles !

– Hideous, casse-lui le bras.

– Non, Hideous, pas le bras !

– Fais-le.

– Il y a une bombe !

Skully se pencha vers lui.

– Où ?

– Dans la veste de Guild, lâcha Sanguin entre ses dents. Il n'en sait rien. C'est Gibet qui tient le détonateur. C'est une petite bombe, mais assez puissante pour tuer tout le monde. Moi, y compris. Alors, si vous pouviez me rendre service et l'empêcher d'approcher, ce serait sympa.

Tanith reporta son attention sur le pont. Fletcher et Guild s'étaient rejoints au milieu, et maintenant, ils se croisaient sans échanger un mot. Puis Skully surgit près d'elle, son arme pointée par l'ouverture de la tente, sur Guild.

– Qu'est-ce que tu fais ? demanda-t-elle, affolée.

– Je l'empêche d'approcher, répondit le squelette et il tira.

La balle atteignit Guild à la jambe. Il s'écroula en hurlant. Fletcher fit un bond en arrière.

Horrifiée, Tanith saisit Skully par le bras.

– Tu es devenu fou ?

– Ne bouge pas ! cria Skully à l'adolescent. Reste derrière lui ! (Il ôta la main de Tanith.) Gibet ne fera pas sauter la bombe si Fletcher risque d'être atteint par la déflagration.

Il y eut un mouvement dans la tente opposée : Abomine Krav en sortit avec Murder Rose, mais avant qu'ils puissent se précipiter vers Fletcher, Skully fit claquer ses doigts et expédia une boule de feu dans les airs. Elle franchit la bulle de dissimulation et s'embrasa avant de s'éteindre. Cette lumière vive attira l'attention de quelques passants et Tanith vit trois silhouettes vêtues de noir – deux hommes et une femme – converger vers la tente de l'ennemi, à l'autre extrémité du pont.

Les nécromanciens.

Une explosion d'obscurité se produisit à l'intérieur de la tente et Gibet sortit ventre à terre. Il heurta Murder Rose et tous les deux s'affalèrent. Les nécromanciens montèrent sur le pont à sa suite, entourés d'ombres mouvantes.

Gibet se ressaisit rapidement. Il sortit une arme de sa veste et ouvrit le feu. La nécromancienne, qui était la plus proche, se servit des ombres de sa cape pour absorber les balles et, lorsqu'elle pivota, la cape tournoya et s'allongea comme une lame vers Gibet qui dut plonger pour éviter d'être coupé en deux.

Murder Rose courut vers Solomon Suaire, qui rassembla l'obscurité dans sa canne et s'en servit à la manière d'un fouet. Les ombres jaillirent telles des lances, atteignirent la jambe de Rose et la traversèrent. Elle poussa un hurlement strident, avant de s'écrouler.

Tanith vit le troisième nécromancien tirer sur Krav avec son pistolet à silex, plusieurs fois sans avoir besoin de recharger. Touché de plusieurs balles, Krav mit un genou à terre, tout en essayant désespérément de repousser l'obscurité qui se répandait sur sa poitrine.

– Je crois que le moment est venu, dit Sanguin.

Tanith regarda autour d'elle. Sanguin tenait un objet dans sa main depuis le début, et personne n'avait pris la peine de vérifier. Et il venait de le lâcher…

Il y eut un grand éclair blanc et Tanith recula en titubant, aveuglée. Elle entendait les autres brailler des jurons autour d'elle et Sanguin qui s'esclaffait car il n'avait pas d'yeux et ne pouvait donc pas être aveuglé.

Mais Skully non plus.

Le rire de Sanguin fut interrompu par un bruit d'étranglement, *gurk*, et Tanith reconnut le bruit d'un corps qui s'écrase au sol, suivi d'une respiration douloureuse. Quelqu'un passa près d'elle à toute vitesse et sortit de la tente ; il y eut des coups de feu et des cris.

Elle cligna des paupières, des images apparurent, floues et brumeuses, mais elles prirent rapidement forme. Elle discerna une silhouette vêtue de marron, Sanguin, recroquevillée sur le sol, mais Hideous demeurait une simple masse diffuse.

– Où est Skully ? demanda-t-il.

– Il s'est lancé à leur poursuite, lui dit Tanith.

Les traits de Hideous restaient flous, mais elle commençait à distinguer ses cicatrices en relief.

– Typique, l'entendit-elle murmurer. Vous voyez clair ?

– Évidemment, mentit-elle.

Elle dégaina son épée et s'élança sur le pont. À travers la pluie et la brume, elle ne discernait que des vagues d'obscurité à l'autre extrémité, là où les nécromanciens accomplissaient leur mission.

Skully se trouvait devant elle : grand, mince, reconnaissable. Il agita le bras et un corps qui ne pouvait qu'être celui de Krav fut projeté dans les airs.

Elle heurta une marche avec son pied et trébucha, mais sa vision s'éclaircissait rapidement. Devant elle, la silhouette indistincte de Fletcher était agenouillée près de Guild. Malgré sa cécité partielle, elle remarqua que le Grand Mage était livide et perdait son sang.

Elle se précipita vers eux en entendant Hideous derrière elle. La Diablerie était tenue en respect et les bons semblaient sur le point de récupérer à la fois Fletcher et Guild. La bataille était terminée. Ils avaient gagné.

C'est alors que la dernière partie du plan de Batu entra en application.

Quelque chose surgit du fleuve et se dressa au-dessus des garde-fous du pont, les aspergeant d'eau sale. La sorcière de mer se baissa et ses mains décharnées se refermèrent autour de la taille de Fletcher. Sans même un rictus d'effort, elle le souleva dans les airs. Guild tenta de le retenir, mais en vain. Tanith eut le temps d'apercevoir le visage horrifié de l'adolescent au moment où il s'envolait par-dessus le pont, puis elle entendit un gros *plouf!* et comprit qu'il avait disparu.

Gibet hurla un ordre et traversa leur tente à toutes jambes. Il sauta dans la Jeep, imité par Murder Rose, et le véhicule démarra dans un crissement de pneus, en poussant les voitures qui se trouvaient sur sa route. Skully se précipita vers Krav, mais il arriva trop tard. Celui-ci escalada le garde-fou et se laissa tomber dans la Liffey.

Cette fois, la bataille était réellement terminée, se dit Tanith.

Les nécromanciens regardèrent Skully, puis Solomon Suaire se retourna et s'en alla, son long manteau flottait au vent derrière lui.

Hideous rejoignit Tanith.

– Sanguin a fichu le camp, annonça-t-il, mais elle l'avait déjà deviné.

Guild gisait par terre, inconscient ; son sang se mêlait à la pluie. Les regards se tournèrent vers Skully qui se tenait immobile, trempé, les poings serrés. Son crâne luisant était baissé, dans une posture à laquelle Tanith n'était pas habituée. Il semblait reconnaître sa défaite. Mais il se redressa.

– OK, dit-il. Il va falloir se battre, apparemment.

XXXIII. Évasion

Valkyrie brossa la boue séchée en bas de son jean. Du revers de la main, elle ôta ce qui tomba sur le lit. Lorsque Larsouille poussa un gémissement, elle se redressa. Après une minute de silence, il gémit de nouveau et remua légèrement. Elle l'observa pendant qu'il revenait à lui, prête à agir en cas de besoin.

Il leva la tête, regarda le bandage qui ligotait ses doigts cassés au pied du lit et produisit une sorte de couinement, comme un chat particulièrement malheureux. Ses yeux se posèrent sur la porte de la cellule, puis il tourna la tête et découvrit Valkyrie.

– Oh, non, miaula-t-il.

– Si vous bougez… dit-elle d'un ton menaçant.

Il l'interrompit aussitôt :

– Je ne bougerai pas. Je vais rester couché là. Sans rien faire.

– Parce que si vous bougez…

– Je ne bougerai pas ! Si je n'avais pas la main cassée, alors oui, sans doute que je bougerais, et que j'essaierais de te tuer.

– Taisez-vous. Interdiction de parler.

Il la foudroya du regard.

– Chaque fois que je te vois, tu lui ressembles de plus en plus.

– À qui ?

– Au détective. Tu te crois tellement intelligente et supérieure.

– Je prends ça comme un compliment.

– Tu ne devrais pas. J'ai entendu des histoires à son sujet. Sur ce qu'il a fait. Ce n'est pas le grand et noble héros que tu imagines.

– Vous ne savez pas ce que je pense de lui.

Larsouille éclata de rire.

– Je le vois dans tes yeux. Tout le monde le voit. C'est mignon, d'ailleurs, la manière dont tu le suis partout, en buvant ses paroles.

Valkyrie déplaça le poids de son corps, ce qui fit grincer et bouger le lit, et le bandage tira sur les doigts de Larsouille. Il hurla.

– Oh, désolée, dit Valkyrie, sans grande conviction.

– Tu l'as fait exprès !

Le guichet de la porte coulissa et deux yeux scrutèrent l'intérieur de la cellule.

– Qu'est-ce qui se passe ? rugit une voix.

Valkyrie se leva d'un bond, déplaçant le lit et provoquant un nouveau braillement de Larsouille.

– Vous ne pouvez pas me garder ici ! s'écria-t-elle.

– Qui parle ? Vous… vous êtes deux là-dedans ?

Elle reconnut cette voix : c'était celle du gardien qu'ils avaient rencontré la veille.

– Chialeur ?

Les yeux du gardien s'écarquillèrent sous l'effet de la surprise.

– Valkyrie Caïne ?

– Remus Crux m'a enfermée. Avec un homme qui veut me tuer, par-dessus le marché. Il ne faut pas me laisser là, je vous en prie.

Assis sur le sol, Larsouille renifla avec mépris. Valkyrie décocha un coup de pied dans le lit et eut le plaisir de l'entendre miauler de douleur.

– Pourquoi vous a-t-il obligée à partager une cellule ? demanda Chialeur. On en a quatre inoccupées. Tout va bien ? Vous avez été agressée ?

– Je vous en supplie, faites-moi sortir d'ici.

– Je n'ai pas le droit de transférer des prisonniers sans ordre de mes supérieurs.

– Il ne s'agit pas d'un transfert ! Il s'agit juste de me déplacer d'une cellule à une autre ! Par pitié, Chialeur ! Si vous me laissez ici une minute de plus, il va me tuer.

Elle toisa Larsouille d'un air mauvais.

– Elle a raison, avoua-t-il à contrecœur. Je vais la tuer.

De l'autre côté de la porte, Chialeur secouait la tête.

– Désolé, il y a une procédure à respecter. Attendez-moi ici. Je vais régler ça en dix minutes.

– Non, ne partez pas ! s'écria Valkyrie.

Elle avait placé ses mains dans son dos en espérant que Chialeur n'avait pas remarqué qu'elles pendaient le long de son corps jusqu'à présent.

– Je vous en supplie, mettez-moi dans une cellule vide avant d'en référer à vos supérieurs. Je suis sans défense. S'il vous plaît, Chialeur.

Elle écarquilla les yeux pour mimer l'effroi. Le gardien laissa échapper un soupir.

– Bon, d'accord, bougonna-t-il. Passez les mains à travers le guichet que je puisse vous mettre les menottes.

– Je suis déjà menottée. Crux n'a même pas pris la peine de me détacher quand il m'a jetée dans cette cellule.

– C'est absolument contraire au protocole, grommela Chialeur.

Valkyrie le vit ouvrir la porte de la cellule située juste en face.

– Bon, dit-il. Je vous demande d'entrer directement dans la cellule vide, sans essayer de me parler et sans chercher à gagner du temps. Compris ?

– Compris.

– Toi, Larsouille, tu restes assis par terre, ou sinon j'appelle immédiatement les Fendoirs et…

– Je ne bouge pas !

– Très bien. J'ouvre…

La lourde porte en fer pivota et Valkyrie poussa un soupir de soulagement.

– Merci.

– Allez dans la cellule d'en face.

Elle fit un pas dans le couloir.

– Merci infiniment.

– Dans la cellule ! Immédiatement !

– Je suis vraiment désolée, dit-elle en levant les mains pour repousser légèrement la masse d'air.

L'espace qui les séparait ondoya et le pauvre Chialeur recula en titubant jusque dans la cellule vide. Il s'emmêla les pinceaux et tomba. Le temps qu'il se relève, Valkyrie avait claqué la porte.

Immédiatement, les yeux de Chialeur apparurent dans l'ouverture du guichet.

– Oh, non ! Ça recommence !

– Je suis sincèrement désolée.

Larsouille se leva et ôta délicatement le bandage qui entourait ses doigts.

– Triple idiot ! ricana-t-il. Enfermé dans ta propre cellule ! Deux fois en deux jours ! Ils donnent des médailles aux abrutis, tu sais ?

Le sourire aux lèvres, Larsouille s'apprêtait à sortir de la cellule lorsque Valkyrie se dressa devant lui, claqua des doigts et fit jaillir une flamme dans sa paume.

– Où vous allez comme ça ?

Il sourcilla.

– On s'échappe, non ?

– On ?

– Oui, toi et moi. On se fait la belle.

– Vous n'irez nulle part.

– Mais je t'ai aidée !

– Vous êtes resté assis par terre en gémissant.

– De manière efficace, précisa-t-il. De plus, tu auras besoin de moi pour sortir d'ici. Tu crois que tu vas pouvoir franchir la porte les mains dans les poches en sifflotant ? Tu auras besoin de soutien, d'une paire d'yeux supplémentaire et même d'un moyen de diversion… Je crois avoir prouvé mes qualités dans ce domaine.

Elle avait envie de lui claquer la porte au nez, mais il avait raison. Si jamais quelqu'un la repérait, ils pourraient se séparer et les Fendoirs s'élanceraient d'abord à la poursuite de l'adulte.

– Donnez-moi une seule bonne raison de prendre le risque de vous aider à vous échapper. Votre grande ambition dans la vie, c'est de *tuer* des gens.

– Oui, mais… (Larsouille hésita, il regarda le bout de ses chaussures, sa lèvre inférieure tremblait.) Mais comme tu ne cesses de le faire remarquer, je ne suis pas très doué pour ça.

– Euh… c'est juste.

Valkyrie soupira et laissa la flamme s'éteindre dans sa paume.

– Soit, dit-elle. Venez avec moi, mais en silence.

Elle se précipita vers le bureau du gardien et ouvrit les tiroirs à la recherche de son téléphone. Elle le trouva enfin et remarqua aussitôt les cinq appels manqués. Elle appela Skully, pendant que Larsouille, aux anges, raflait les pièces de monnaie qui se trouvaient dans un tiroir resté ouvert. Valkyrie le referma avec son pied, lui coinçant les doigts. Il poussa un cri et fit un bond en arrière. Par pur réflexe, il serra ses doigts meurtris dans sa main gauche, ce qui déclencha un nouveau couinement de douleur.

– Valkyrie, dit Skully. Où es-tu ?

Il paraissait soulagé, mais sa voix était tendue.

Pendant ce temps, Larsouille sautillait et hurlait en silence. Elle s'efforçait de l'ignorer.

– Je suis dans le Sanctuaire, dit-elle. L'échange a eu lieu ?

Il ne répondit pas immédiatement.

– Oui. Ils ont Fletcher et on a récupéré Guild, mais il est inconscient. Tant qu'il ne se réveille pas, on reste des fugitifs. Tu vas devoir te débrouiller seule pour sortir de là. Tu en es capable ?

– Évidemment. J'emprunterai le passage secret.

– Non, ne fais pas ça. Guild l'a certainement désactivé après la dernière fois. Il faut que tu passes par la grande porte. Si tu n'es pas sortie dans dix minutes, je viendrai te chercher.

– Quelqu'un approche, je vous laisse.

Valkyrie fourra son téléphone dans sa poche de jean et fit signe à Larsouille de se cacher. Ils se plaquèrent contre le mur, puis elle risqua un coup d'œil dans le couloir. Un sorcier passa à quelques mètres d'eux sans même tourner la tête vers les cellules. Elle attendit que le bruit de ses pas se soit éloigné.

Ils n'avaient pas beaucoup de temps. Chaque seconde passée sans se faire repérer était une seconde volée.

Soudain, les lumières s'éteignirent.

– Qu'est-ce qui se passe ? murmura Larsouille.

– Comment voulez-vous que je le sache ?

– Ce n'est pas toi ? Ou le squelette ? Ou tes amis ?

– Non, ce n'est pas nous. Peut-être une coupure de courant.

– Dans le Sanctuaire ? Les Sanctuaires n'ont pas de pannes de courant. C'est une attaque. C'est peut-être *mes* amis, qui viennent me libérer.

– Vous n'avez pas d'amis.

– C'est donc peu probable, mais pas impossible.

Elle fit claquer ses doigts, recueillit la flamme dans sa paume pour l'alimenter en magie afin qu'elle grandisse et s'intensifie. La lumière dansa sur les murs.

Quelqu'un criait au loin. C'était un cri pressant, mais dénué de danger. S'il s'agissait bien d'une attaque, comme le pensait Larsouille, peut-être n'avait-elle pas encore commencé. Et Valkyrie se disait qu'elle pouvait peut-être en profiter.

Ils trottinèrent dans le noir. Parfois, ils apercevaient une autre flamme devant ou derrière eux et ils devaient changer d'itinéraire en suivant dans leur tête un plan du Sanctuaire qu'ils espéraient exact.

Soudain, quelque chose bougea devant Valkyrie ; elle se jeta en arrière en étouffant un cri. Un Fendoir croisa leur route, puis disparut immédiatement dans l'obscurité. Soit il ne l'avait pas aperçue, soit il ne la considérait pas comme une priorité. Elle se demanda s'ils voyaient dans le noir.

Des voix s'échappaient du couloir suivant, alors ils bifurquèrent dans la direction opposée pour tenter de contourner les obstacles. Pour l'instant, Larsouille n'avait pas été très utile et Valkyrie réfléchissait au meilleur moyen de l'abandonner.

Une autre voix, familière celle-ci, la fit s'arrêter brusquement. Emporté par son élan, Larsouille lui rentra dedans et ses doigts cassés se retrouvèrent coincés entre eux deux. Il pivota sur lui-même et tomba à genoux, terrassé par une douleur muette.

– Chut, murmura-t-elle.

Elle éteignit la flamme. Mr. Bliss approchait en bavardant avec une femme mince qui tenait une lampe électrique. Valkyrie reconnut le ton apaisant de l'Administratrice.

– Avec tout le respect dû à votre statut, disait-elle, je vous rappelle que les questions de sécurité sont du ressort des Fendoirs, pas des Anciens. En outre, le Grand Mage étant blessé, vous devez rester à l'abri.

– Le temps que quelqu'un vienne m'annoncer ce qui s'est passé, répondit Bliss, il sera peut-être trop tard pour réagir.

Valkyrie se redressa. Bliss l'aiderait à sortir d'ici, se dit-elle, et l'Administratrice serait obligée d'obéir. Ce serait également une bonne occasion pour renvoyer Larsouille dans sa cellule.

– Monsieur ! s'exclama l'Administratrice et ils s'immobilisèrent.

Le faisceau de sa lampe électrique avait repéré quelque chose sur le mur. Valkyrie aperçut à son tour un symbole gravé dans la pierre. Intriguée, l'Administratrice s'approcha.

– J'ai déjà vu ça, dit-elle. Mais je ne me souviens pas où.

– Restez où vous êtes, dit Bliss. Les symboles, c'est la spécialité de ma sœur, néanmoins…

– Monsieur ?

– C'est un sigil d'avertissement, une alarme silencieuse. Si on passe devant, on alertera celui ou celle qui attend dans le couloir un peu plus loin.

Valkyrie fronça les sourcils. Si des ennemis étaient tapis dans les parages, prêts à bondir, elle ne les avait pas vus.

L'Administratrice recula.

– On ferait mieux de rebrousser chemin et d'appeler les Fendoirs.

Mais Bliss s'agenouilla près du symbole.

– Éclairez-le.

– Ce n'est pas prudent.

– Éclairez-le.

Lentement, Bliss approcha la main du sceau qui se mit à luire. Il secoua la tête.

– Je me suis trompé. Ce n'est pas un sigil d'avertissement.

– Non, en effet.

La femme recula lorsqu'une douzaine d'autres symboles s'éclairèrent, englobant Bliss dans un cercle bleu.

Il essaya de se relever, mais l'énergie crépita et des rayons de lumière le transpercèrent pour relier entre eux tous les symboles, le clouant au milieu. L'Administratrice qui n'avait plus besoin de sa lampe pour éclairer le décor l'éteignit.

Valkyrie était abasourdie. C'était cette femme, l'espionne ! Celle qui avait expliqué à Sanguin comment ouvrir la cage de la Grotesquerie, celle qui lui avait dit comment trouver la cellule du

Baron Vengeous un an plus tôt. L'Administratrice, engagée par Guild, travaillait en réalité pour la Diablerie.

Bliss émit un grognement et tomba à genoux. Ses épaules massives s'affaissèrent et sa tête bascula vers l'avant.

– Vous n'êtes pas un homme facile à tuer, dit la femme. Batu a beaucoup travaillé pour mettre cette arme au point. Encore quelques minutes et tout sera terminé. Il m'a assuré que ce serait très douloureux.

Valkyrie se tourna vers Larsouille pour tenter d'élaborer avec lui un plan de sauvetage et elle eut juste le temps de le voir disparaître au coin. Furieuse, elle se retourna. Même si par extraordinaire elle réussissait à maîtriser l'Administratrice, elle ignorait comment désactiver le piège mortel. Par conséquent, l'Administratrice devait rester consciente, ce qui ajoutait une difficulté supplémentaire.

Incapable de trouver une solution intelligente, elle avança en rampant, tapie dans l'ombre. Quand elle ne put aller plus loin sans être vue, elle inspira à fond et s'élança. Elle repoussa l'air, mais l'Administratrice se retourna vivement, mains tendues et paumes ouvertes. L'espace entre elles ondula et se dressa comme une vague. Cette intrusion avait transformé son sourire triomphant en rictus.

Elle agita une main et Valkyrie fut arrachée du sol puis percuta le mur. La femme leva le bras et Valkyrie glissa jusqu'au plafond.

– Tu es une débutante, dit l'Administratrice d'un ton affectueux. Tu n'avais aucune chance de me vaincre. Néanmoins, c'était un bel effort.

L'air qui l'entourait était lourd, trop lourd pour être déplacé. Elle essayait de bouger les bras, mais elle était totalement immobilisée. Elle parvint à tourner la tête pour avaler un peu d'air, mais il était comme figé.

– Désolée, dit la femme. Je ne peux pas me permettre de te laisser respirer. Tu dois mourir, comme Mr. Bliss doit mourir. Tout cela fait partie du plan de Batu.

Valkyrie inspirait en vain. Elle tenta de faire claquer ses doigts, mais d'un simple geste, sa tortionnaire la priva du peu d'oxygène qui lui restait. Dès lors, impossible de faire naître une flamme.

En revanche, ses poumons brûlaient comme un brasier.

Soudain, elle entendit quelque chose au-delà du sang qui battait dans ses oreilles. Quelqu'un hurlait et ce hurlement se rapprochait. Ses yeux glissèrent vers la gauche au moment où Larsouille surgissait de l'obscurité, heurtait le mur et repartait à toute allure dans une autre direction. Les deux Fendoirs qui le pourchassaient s'arrêtèrent brutalement, mais avec une certaine grâce, en découvrant Bliss agenouillé dans un cercle de lumière bleue, Valkyrie clouée au plafond et l'Administratrice qui se tenait entre eux, son beau visage déformé par la stupeur.

Ils dégainèrent leurs faux.

Elle relâcha son étreinte mentale et Valkyrie tomba lourdement sur le sol, le souffle coupé. L'Administratrice recula.

– Non. Ne… Écoutez-moi. Je… ne faites pas ça…

Les Fendoirs bondirent. La femme se retourna pour tenter de fuir, mais Valkyrie lui fit un croc-en-jambe. Elle trébucha et bascula à l'intérieur du cercle de lumière bleue. Tous les faisceaux d'énergie se retirèrent du corps de Bliss et la frappèrent. Elle hurla, son corps se contorsionna. Il y eut un gros *pop*, une odeur d'ozone, et la lumière bleue disparut.

L'obscurité reprit ses droits, habitée par les images bleutées et brumeuses qui flottaient devant les yeux de Valkyrie. Une lampe électrique s'alluma. L'Administratrice gisait sur le sol, inerte, pendant qu'un des Fendoirs examinait Bliss.

L'autre se tenait au-dessus d'elle. Elle voulut s'éloigner en rampant, mais il se déplaça pour l'arrêter.

– Laisse-la, ordonna Bliss.

Le Fendoir se figea. Valkyrie se releva précipitamment et s'enfuit sans demander son reste.

Elle courut dans le noir, au hasard, jusqu'à ce qu'elle aperçoive des lumières droit devant. Elle plongea dans une pièce ouverte. Crux marchait en tête d'une poignée d'hommes. Elle attendit qu'ils soient passés pour ressortir de sa cachette. Elle atteignit le hall, où quelqu'un avait allumé des lumières de secours, et elle rejoignit, tête baissée, la file de gens qui se dirigeaient vers la sortie. Elle emprunta l'escalier, puis traversa le musée de cire abandonné. Autour d'elle, les sorciers parlaient d'une attaque et échangeaient des hypothèses. À la première occasion, Valkyrie se détacha du groupe.

Elle sortit du musée, sous un ciel gris et sous la pluie, et trottina vers la chaussée. La Menace violette s'arrêta brutalement le long du trottoir. Elle grimpa à bord.

– Où sont les autres ? demanda-t-elle aussitôt.

– Ils sont déjà en route pour Aranmore.

– Allons-y.

Skully déposa sur les genoux de sa passagère le sac noir contenant le Sceptre et conclut son évasion par un crissement de pneus.

XXXIV. La bataille d'Aranmore

Ils effectuèrent le trajet en silence, et à toute allure. Seule l'habileté de Skully leur évitait de déraper et de se retrouver dans le décor. Quand ils arrivèrent à Aranmore, il ne pleuvait plus. Sans même ralentir, la Menace violette bifurqua pour s'engager sur le chemin de terre qui serpentait au milieu des herbes hautes. Un nuage de fumée s'élevait dans le ciel juste derrière la colline et la camionnette de Hideous apparut. Elle était couchée sur le flanc, en flammes. Les portières étaient ouvertes.

Soudain, une explosion se produisit, droit devant eux, et ils virent Tanith projetée dans les airs. À peine eut-elle atterri qu'elle se précipita vers le coin de la ferme. Elle l'atteignit juste au moment où une pluie de balles éventrait la terre à ses pieds.

– Ils ont des mitraillettes, commenta Valkyrie sans perdre son sang-froid

– Et des grenades.

La Menace violette pila net et le Détective Squelette ouvrit la portière d'un coup de pied. Valkyrie se saisit du sac noir.

Baisse-toi, lui dit-il, alors qu'ils se mettaient à courir.

Elle entrevit la Diablerie dans la cour à l'autre bout de la ferme. Elle aperçut Fletcher, les mains menottées devant lui, suivant Gibet en trébuchant. Murder Rose la vit, pointa son arme sur elle et ouvrit le feu. Valkyrie trébucha, mais elle continua à courir jusqu'à ce qu'elle atteigne la maison pour se mettre à couvert.

Skully sortit son revolver de sa poche.

– Et Hideous ? lança-t-il à Tanith.

– Il est quelque part dans les parages, répondit-elle, obligée de se jeter en arrière pour échapper à une nouvelle rafale de projectiles qui criblèrent le coin du mur.

La porte de la ferme s'ouvrit à la volée. Paddy sortit comme un ouragan, son fusil à la main, en poussant un cri rageur. Skully repoussa l'air et souleva le canon du fusil juste au moment où le fermier appuyait sur la détente. Le squelette fit un seul geste et le fusil se retrouva dans sa main.

Paddy découvrit alors sur qui il avait failli tirer. Il grimaça.

– Désolé ! Désolé !

– Qu'est-ce que vous fabriquez encore ici ? demanda le squelette. Je vous ai téléphoné pour vous dire de partir.

– Franchement, je me contrefiche de ce que vous me dites de faire. Rendez-moi mon fusil.

– Paddy, vous n'êtes pas en sécurité.

– Vous ne croyez pas que j'ai le droit de rester ici ? Je suis chez moi. Je vis dans cette maison depuis quarante-deux ans. Je refuse de l'abandonner parce qu'une bande de sorciers agitent leurs baguettes magiques et tirent quelques coups de feu.

– C'est dangereux, renchérit Valkyrie.

– Je suis parfaitement capable de veiller sur moi, mademoiselle. J'ai un gros stock de cartouches. Je suis prêt.

– Dans ce cas, si vous vous portez volontaire, dit Skully en lui rendant son fusil, restez ici avec Valkyrie.

– Vous pouvez compter sur moi, monsieur le Squelette.

Le sol explosa derrière eux et deux silhouettes furent propulsées dans les airs par le geyser de terre : Hideous, le bras serré autour de la gorge de Billy-Ray Sanguin. Ils retombèrent ensemble et firent quelques culbutes, mais Hideous fut contraint de lâcher prise. Sanguin haleta, heureux de pouvoir respirer à nouveau. Il déplia son coupe-chou et s'approcha de son adversaire avec un rictus menaçant.

Hideous esquiva l'attaque, puis lui décocha un direct. La tête de Sanguin fut projetée en arrière. Le poing de Hideous s'enfonça dans ses côtes, le soulevant du sol. Sonné, il ne put que donner des grands coups de rasoir à l'aveuglette, pendant que l'homme aux cicatrices s'approchait pour le cueillir au menton d'un crochet du droit dévastateur.

Les jambes de Sanguin se dérobèrent et il s'écroula.

– Tout le monde à l'intérieur ! ordonna Skully.

Tanith entra la première, suivie de Paddy. Le squelette poussa Valkyrie devant lui. Hideous fermait la marche. Il claqua la porte. Ils restèrent pliés en deux, tandis que les balles sifflaient et que des éclats de verre pleuvaient sur leurs têtes.

Skully rampa jusqu'à la fenêtre qui donnait sur la cour et riposta avec son pistolet. Les divers appentis et les engins agricoles offraient d'excellents abris à Murder Rose qui dansait et tournoyait de l'un à l'autre, tout en rechargeant son arme et en riant.

– Où sont les nécromanciens ? cria Skully en s'adressant à Hideous.

– Suaire et les autres étaient censés venir de l'ouest, par-derrière. Je ne sais pas ce qui les a retenus.

– Ne jamais faire confiance à un nécromancien, grommela Tanith.

Valkyrie risqua un coup d'œil par la fenêtre. À l'autre bout de la cour de la ferme, elle vit Abomine Krav lâcher le torse de la Grotesquerie à l'intérieur d'un cercle de craie que Jaron Gibet traçait sur le sol. Fletcher en profita pour essayer de s'enfuir, mais Krav le retint brutalement et le jeta à terre, à côté du torse. Gibet dessinait maintenant des symboles tout autour du cercle.

Avant que Valkyrie ait le temps de demander ce qui se passait, les symboles se mirent à flamboyer et une fumée rouge s'en échappa, qui vint se mélanger à la fumée noire produite par le cercle pour former un nuage qui se mit à tourner autour du cercle en rugissant comme un ouragan.

– Enfer ! s'écria Skully et le canon de son arme quitta Rose pour se fixer sur Gibet.

Mais on aurait dit que les balles étaient happées par la fumée qui s'élevait maintenant vers le ciel en une colonne tourbillonnante.

Valkyrie entraperçut Fletcher, à genoux, à côté des menottes abandonnées sur le sol. Gibet se tenait dans son dos, les deux mains refermées sur les épaules de l'adolescent. Ce dernier n'était plus attaché, mais si jamais il essayait de se téléporter, il emmènerait Gibet avec lui, et Valkyrie savait que celui-ci ne tarderait pas à le punir pour cet acte de désobéissance.

Gibet obligea Fletcher à poser les mains sur la Grotesquerie. Ça y était, il allait le faire. Il allait ouvrir la porte entre les mondes ! Un tourbillon de fumée le dissimula à tous les regards.

Valkyrie reporta alors son attention sur Murder Rose, au moment où cette folle éclatait de rire et lançait quelque chose en direction de la ferme.

La jeune fille se retourna vivement. Une explosion l'arracha du sol, au milieu d'un déluge de gravats, d'éclats de bois et de verre. Elle retomba lourdement, les oreilles bourdonnantes, de la poussière dans la bouche et une douleur à l'épaule.

– Valkyrie ! s'écria Skully.

– Ça va, répondit-elle, d'une voix blanche.

Elle chercha autour d'elle le sac qui contenait le Sceptre et l'aperçut dans le coin de la pièce.

Elle voulut le récupérer, mais des balles criblèrent le mur juste au-dessus de sa tête. Hideous s'empressa de l'entraîner hors de la zone de danger.

– Ne bouge pas, ordonna-t-il.

Il agrippa quelque chose dans son dos et tira. Elle poussa un cri en se dégageant violemment. Hideous tenait entre ses doigts un morceau de verre où perlait une goutte de sang.

– Tu as été touchée ailleurs ?

– Tout va bien, mentit-elle.

– Je t'ai confectionné une nouvelle tenue. Rien ne pourra la traverser. Elle est dans un sac, à l'intérieur de la camionnette. Tu crois que tu peux aller la chercher ?

Valkyrie hocha la tête et il l'aida à se relever. Elle s'efforça de ne pas grimacer. Une nouvelle rafale retentit et un horrible tableau accroché au mur se trouva réduit à une toile déchiquetée dans un cadre brisé. Hideous ouvrit la porte d'un coup sec.

– Fonce !

Valkyrie jaillit hors de la ferme. Elle courut en direction de la camionnette, puis se jeta au sol et rampa derrière le véhicule couché sur le flanc.

Elle repoussa l'air pour disperser la fumée et vit le sac posé sur la banquette arrière. Elle tendit le bras à l'intérieur, parvint à attraper la lanière et à le tirer à l'extérieur. Mais la fumée était revenue l'envelopper, l'obligeant à fermer les yeux. Elle recula en rampant, secouée par une quinte de toux, jusqu'à ce qu'elle sente l'herbe sous son ventre. Ses yeux étaient larmoyants quand elle les rouvrit.

Elle se débarrassa de ses baskets en les ôtant du bout du pied, pendant qu'elle balançait sa veste déchirée, puis elle enfila sa tunique sans manches par-dessus son T-shirt et en remonta la fermeture Éclair. Son jean était maculé de boue. Elle le lança dans l'herbe pour le remplacer par un pantalon noir, en remarquant à peine la coupe impeccable dans laquelle elle se glissa sans peine. Quant à ses nouvelles bottes, elle avait l'impression de les porter depuis des années. Elle transféra le contenu de ses poches d'une tenue à l'autre, puis enfila sa veste. Plus courte que l'ancienne, elle s'arrêtait à mi-cuisse. Tous ces nouveaux vêtements étaient noirs, évidemment, exception faite des manches de la veste, d'un rouge si foncé qu'on aurait dit du sang séché.

Au moment où elle attachait ses cheveux en arrière, elle entendit une sorte de murmure dans son dos. Elle se retourna, juste à temps pour voir un poing jaillir. En voulant l'esquiver, elle faillit trébucher sur son ancienne tenue éparpillée par terre. Son agresseur, une créature à la peau parcheminée et couturée, poursuivit son assaut en marchant d'un pas lourd. Valkyrie fit claquer ses doigts et expédia une boule de feu dans sa poitrine. Le projectile traversa l'enveloppe charnelle et enflamma les gaz contenus à l'intérieur, mais il y avait une autre créature semblable juste derrière, puis encore une autre. Valkyrie fonça vers la ferme en prenant soin de les distancer avant de jeter un coup d'œil pardessus son épaule.

Une armée d'Hommes Creux, avançant de ce pas lent et maladroit qui les caractérisait, marchait vers elle à travers champ.

Elle se rua à l'intérieur de la ferme et claqua la porte derrière elle. Les tirs avaient cessé, momentanément sans doute, mais elle se déplaça en restant pliée en deux malgré tout.

– Des Hommes Creux, dit-elle d'une voix haletante.

Tanith bondit aussitôt pour appuyer la main sur la porte.

– Résiste ! lui ordonna-t-elle.

Un fluide brillant irradia de sa paume.

– Combien ? interrogea Skully.

– Je ne sais pas. Deux ou trois cents.

– Oh, bon sang ! s'exclama Hideous.

– J'ignore comment la Diablerie a réussi à les faire venir jusqu'ici, dit le Détective Squelette, mais on a déjà combattu des Hommes Creux et ils ne nous ont jamais posé de problèmes. Ils représentent une menace seulement si on se laisse encercler.

– Ils sont trois cents, fit remarquer Tanith. Ils n'auront aucun mal à nous encercler.

– Ils lancent toutes leurs forces contre nous afin de nous accaparer. Mais *il faut* empêcher Fletcher d'ouvrir cette…

Il fut interrompu par une nouvelle pluie de balles qui projeta tout le monde à terre.

Les Hommes Creux tambourinèrent à la porte, mais le vernis appliqué par Tanith lui permit de résister. Hélas, elle ne pouvait rien faire pour les fenêtres et les assaillants ne tardèrent pas à passer à travers les vitres déjà brisées. Leurs bras lacérés par les éclats de verre laissaient s'échapper le gaz dont ils étaient remplis et ils se dégonflaient comme des ballons de baudruche, mais d'autres arrivaient en renfort.

Pendant ce temps, Murder Rose sillonnait la cour à grandes enjambées avec sa mitraillette qui crachait des projectiles. Skully rengaina son pistolet.

– Je n'ai plus de munitions, déclara-t-il. On dirait bien que c'est fichu.

– Je déteste perdre, grommela Hideous.

Paddy se leva d'un bond et ouvrit le feu, grâce à ses réserves de munitions apparemment illimitées. Skully, lui, attendit que Rose soit obligée de recharger son arme.

– On y va ! lança-t-il.

Il sauta par la fenêtre. Hideous et Tanith lui emboîtèrent le pas sans hésiter.

À travers ce qui restait de la vitre, Valkyrie regarda Skully foncer tout droit vers la colonne de fumée rouge et noir, laissant à ses deux compagnons le soin de s'occuper de leurs adversaires. Hideous repoussa l'air. Rose tituba. Tanith en profita pour lui rentrer dedans. Sa mitraillette s'envola et ses couteaux changèrent de mains. Krav se jeta sur Hideous, pendant que des Hommes Creux envahissaient la cour. Paddy entraîna Valkyrie à l'abri.

– Si on ne fait pas de bruit, dit-il, ils vont peut-être nous oublier.

– Pas question d'être une simple spectatrice ! protesta-t-elle.

D'un geste rageur, elle repoussa la main du fermier. Elle resta pliée en deux jusqu'à ce qu'elle se soit éloignée de la fenêtre, puis se précipita vers le sac noir.

Paddy la rejoignit, en affichant une expression de défi.

– Ton ami le squelette a été bien clair, Valkyrie. Tu ne dois sortir de cette maison qu'en ultime recours.

– Je ne fais jamais ce qu'il me demande. Il le sait.

Paddy essaya une autre approche :

– Il a dit que tu incarnais leur dernier espoir. Tu dois bien cela à tous ceux qui sont en train de se battre : reste ici jusqu'à ce qu'ils aient besoin de toi. Si tu sors maintenant et s'il t'arrive quelque chose, à quoi est-ce que tu serviras, hein ?

Valkyrie tenait le sac dans sa main ; ses doigts étaient refermés autour du Sceptre.

– Je sais que tu veux aider, reprit Paddy. Je sais que ça te brise le cœur d'assister à ce spectacle sans réagir, mais si tu ne suis pas le plan, tout cela n'aura servi à rien.

Valkyrie serra les dents. Elle regarda le vieil homme, puis baissa la tête d'un air contrit.

– Désolée.

Elle savait qu'il avait raison. Pour la toute première fois, ils avaient un plan ; le moins qu'elle pouvait faire, c'était de s'y conformer.

De dehors lui parvenaient les bruits de la bataille.

– Que peux-tu faire, au juste ? demanda Paddy. Pourquoi es-tu leur dernier espoir ? Tu as un pouvoir spécial que personne d'autre ne possède ?

Valkyrie secoua la tête.

– Non. Mais je détiens *une arme* que personne ne possède.

En disant cela, elle sortit du sac le Sceptre des Anciens.

– C'est la seule chose existante capable de tuer un dieu, expliqua-t-elle. Et je suis la seule qui puisse s'en servir.

Les sourcils du fermier se dressèrent brusquement.

– C'est une très grosse responsabilité, dit-il.

– C'est exactement ce que je me disais, avoua la jeune fille. Il existe une prédiction à mon sujet, vous savez ? Si je meurs, le monde disparaît.

– Cette prédiction doit s'appliquer aujourd'hui ?

– Ça se pourrait. Si je suis tuée, et s'il n'y a personne près de moi pour recevoir le Sceptre, tout sera fini.

– Et tes parents ne sont au courant de rien, je suppose ?

– Non.

– S'ils savaient, ils seraient très fiers. Je n'ai jamais eu d'enfant, mais si j'en avais eu, j'aurais aimé qu'ils deviennent comme toi.

Il s'approcha d'une vieille photo encadrée, posée sur la table de chevet, et prit un anneau en or qui se trouvait juste à côté.

– Il a appartenu à ma mère, confia-t-il. J'avais prévu de l'offrir à la femme que j'épouserais. Quel dommage. Mes dernières années vont passer en un clin d'œil et je ne laisserai aucun descendant. Personne ne pleurera ma mort.

Valkyrie était occupée à remettre le Sceptre dans le sac. Elle ne savait pas comment réagir à ces paroles.

Paddy vint vers elle en lui tendant la bague en or.

– Veux-tu bien la porter ?

– Je... Je ne peux pas...

– Je ne me suis jamais marié.

– Vous avez encore le temps.

– Tu es une gentille fille et une piètre menteuse. Évidemment, puisque la magie existe, un miracle est toujours possible. Alors... rends-moi un service, d'accord ? Garde-la-moi jusqu'à ce que j'en aie besoin.

– Vous êtes sûr que vous ne préférez pas la garder vous-même ?

– C'est important pour moi de savoir que je la transmets à quelqu'un qui en est digne.

Valkyrie hésita. Finalement, elle prit l'anneau et le passa à son index droit.

Paddy sourit.

– Il te va bien.

Elle se surprit à lui rendre son sourire.

– Je vous le garderai, promit-elle. Le temps qu'il nous reste à vivre.

Des bruits de pas précipités résonnèrent sur le toit. Valkyrie et le fermier s'approchèrent de la fenêtre au moment où une douzaine, ou plus, de Fendoirs sautaient dans la cour de la ferme, leurs faux à la main. Avant que les Hommes Creux puissent s'enfuir, ces armes redoutables les taillèrent en pièces.

– Ils sont de notre côté ? demanda Paddy, désorienté.

– Oh, oui, répondit Valkyrie avec un grand sourire.

Elle vit Hideous lancer des boules de feu. Des Hommes Creux, remplis de gaz, s'enflammèrent. Elle vit China, vêtue de noir de la tête aux pieds, tapoter les symboles qui ornaient ses avant-bras et envoyer une vague d'énergie bleutée qui frappa Krav au moment où il fonçait sur elle.

Skully, lui, tentait de se frayer un passage à travers la colonne de fumée. Elle entrevit Fletcher, les mains posées sur la Grotesquerie et, malgré la distance, elle discerna la douleur sur son visage. Il essaya de se relever, mais Gibet l'obligeait à rester à genoux. Soudain, l'adolescent se cambra et son cri de douleur couvrit le rugissement de la fumée.

À dix mètres de lui, une lumière jaune apparut dans le vide. Elle s'intensifia et s'élargit. Elle grossissait à toute vitesse. En dix secondes, elle atteignit les dimensions d'une tête humaine. Valkyrie voyait à l'intérieur maintenant. Le centre paraissait paisible, et un peu moins brillant, mais tout autour, des sortes de mèches de feu ardentes semblaient tirer sur la porte pour l'élargir.

Les nécromanciens étaient arrivés eux aussi, et à en juger par leur apparence, ils avaient dû batailler ferme pour rejoindre la ferme. Solomon Suaire lança des ordres et la nécromancienne fit tournoyer sa longue cape, dont les bords tranchants découpèrent en rondelles les Hommes Creux qui l'entouraient. Son compagnon ouvrit le feu avec son pistolet à silex ; chaque balle sombre perforait plusieurs adversaires à la fois.

Suaire se servait de sa canne à la manière d'un chef d'orchestre, projetant des vagues d'obscurité qui s'abattaient sur ses ennemis.

Valkyrie voyait la porte entre les mondes s'élargir de plus en plus, et leurs chances de survie diminuer.

Tanith se dressait face à Murder Rose, mais sur son visage se lisait un sentiment que Valkyrie ne lui connaissait pas : la peur. Murder Rose lui était supérieure, et Tanith le savait.

Des lames scintillèrent. Tanith céda du terrain. Les longs couteaux de Rose paraient les coups d'épée de plus en plus désespérés de son adversaire. Et Rose souriait toujours. Elle jouait avec Tanith, elle savourait le fait de savoir qu'elle pouvait mettre fin à ce combat quand bon lui semblerait.

Finalement, elle décida que cela avait assez duré.

XXXV. L'apparition de l'impossible

Tanith tenta d'exécuter un saut périlleux arrière, mais Murder Rose se jeta sur elle et un des couteaux lui entailla profondément l'épaule.

Valkyrie se leva d'un bond en criant le nom de Tanith.

Celle-ci recula en frappant à l'aveuglette avec son épée. Rose attaqua sur le côté et parvint à planter son couteau dans la cuisse droite de son ennemie.

Tanith mit un genou à terre, mais elle agrippa le poignet de Rose juste au moment où la folle visait la gorge. Celle-ci appuya nonchalamment la pointe de son deuxième couteau sur le dos de la main de Tanith et, d'un geste fluide, elle l'enfonça dans la chair.

Tanith hurla. D'un coup de pied, Rose l'expédia à terre, puis s'avança pour la mise à mort.

C'est alors que Valkyrie aperçut une sorte de tache floue, blanche, et Murder Rose dut se jeter en arrière pour éviter la terrible faux du Fendoir.

Ce dernier tournoya sur lui-même, pendant que Rose s'écartait d'un bond, avant de se jeter sur lui avec une rapidité stupéfiante. Le Fendoir blanc esquiva un premier couteau et bloqua le second. Il lui décocha un coup de pied dans la jambe. Elle tituba et la lame de la faux passa à quelques centimètres seulement de sa gorge, dans un sifflement.

Mais le Fendoir enchaîna aussitôt et le manche de la faux s'abattit sur la mâchoire de Rose, qui s'écroula.

Valkyrie s'apprêtait à voler au secours de Tanith lorsque le mur devant elle explosa ! Elle recula en toussant. Elle entendit Paddy à côté d'elle ; et à travers la poussière et les débris, elle vit Abomine Krav qui tentait péniblement de se relever en poussant des jurons.

Mr. Bliss franchit le trou énorme qu'il avait creusé dans le mur.

– Tu as essayé de tuer *ma sœur* ? rugit-il, en attendant que Krav soit debout.

Krav lui décocha un direct, mais Bliss emprisonna le poing dans sa main et serra. Krav poussa un hurlement : il avait les os broyés.

Bliss frappa à son tour et Krav fut projeté dans le mur opposé qui se lézarda.

– Ma sœur est la seule famille qui me reste !

Il se jeta sur Krav. Tous deux traversèrent le mur d'en face pour poursuivre le combat au-dehors.

Hideous entra par le premier trou, en soutenant Tanith qui avait passé son bras autour de son cou. Elle saignait abondamment, mais elle n'avait pas lâché son épée. Valkyrie accourut, au moment où Hideous l'asseyait sur une chaise près de la table.

– Je peux encore me battre, murmura Tanith.

– Occupe-toi d'elle ! aboya Hideous, avant de ressortir en courant.

– Tanith, dit Valkyrie en s'agenouillant devant elle. Vous m'entendez ?

– Elle m'a battue, Val…

– Elle a eu de la chance. (Valkyrie se tourna vers Paddy.) Vous avez de quoi faire un pansement ?

Le fermier hocha la tête.

– J'ai une trousse à pharmacie quelque part.

Il se mit à fourrager dans les tiroirs. Valkyrie décida de l'aider à chercher. C'est en se retournant pour vérifier que Tanith ne s'était pas évanouie qu'elle vit apparaître les fissures sur le mur. Elle eut à peine le temps de donner l'alerte avant que Billy-Ray Sanguin surgisse. Il saisit Tanith par les cheveux et lui cogna la tête contre la table.

Paddy fit pivoter le canon de son fusil, mais Sanguin expédia Tanith droit sur lui. Valkyrie claqua des doigts, sans parvenir à produire une seule étincelle. Sanguin s'enfonça dans le sol. Elle l'entendit sortir du mur dans son dos et, sans se retourner, elle balança un coup de pied. Sa botte l'atteignit à la jambe. Il poussa un grognement. Elle voulut enchaîner avec un crochet du droit, mais Sanguin bloqua son attaque et la frappa au sternum. Projetée en arrière, Valkyrie, bascula par-dessus le dossier d'une chaise et s'affala sur le sol.

Le fusil de chasse rugit, plusieurs fois. Levant la tête, elle vit Paddy qui contemplait un mur vide, les yeux écarquillés par la stupéfaction. Sanguin réapparut derrière lui et le poussa contre le mur, violemment.

– Tout le monde a très envie de mourir, ici, commenta-t-il. Ce n'est même plus amusant de vous tuer !

Alors qu'il marchait vers Valkyrie, celle-ci sauta sur la table et roula de l'autre côté. Il éclata de rire et fonça droit sur elle, mais elle s'empara de l'épée de Tanith, par terre, puis pivota en lui faisant décrire un large demi-cercle. La lame acérée entailla le ventre de Sanguin. Il s'arrêta net, bouche bée, et regarda sa blessure, pendant que Valkyrie reculait.

– Qu'est-ce que tu as fait ? demanda-t-il, hébété.

Le sang qui s'échappait de la plaie imbibait sa chemise et assombrissait le tissu de son costume.

– Qu'est-ce que tu as fait, bon sang ? hurla-t-il.

La fureur contenue dans sa voix était plus violente que ses poings.

Le sol l'engloutit.

Paddy gémissait sur le plancher mais, apparemment, il n'avait rien. Valkyrie aida Tanith à se rasseoir sur la chaise, elle posa l'épée sur la table juste à côté, puis s'approcha de la fenêtre.

Quelque chose jaillit par la porte entre les mondes et s'accrocha à son esprit, alors qu'une onde de choc frappait la ferme. Valkyrie fut projetée en arrière.

Ses pensées ralentirent.

Les éclats de verre sous ses mains. Le vent qui s'était levé au-dehors. Le monde assourdi et endormi.

Une deuxième onde de choc frappa la ferme.

Puis une troisième.

Elle avait la bouche sèche; ça cognait dans sa tête. Lentement, elle escalada les gravats, jusqu'au trou dans le mur.

Dehors, d'autres victimes gisaient à terre. De nombreuses créatures de papier. Des personnes en noir aussi. Au milieu du tourbillon de fumée rouge et noir. Un squelette avançait vers elle en titubant.

Elle entendit une voix qui disait :

– Valkyrie.

Les mains du squelette étaient gantées. Elle sentit les doigts fins et puissants se refermer sur son bras. Et toujours ce mot :

– Valkyrie...

Puis d'autres :

– Regarde-moi, Valkyrie...

Ils sortaient de la bouche du squelette. De la bouche de Skully.

– Skully..., murmura-t-elle.

– ... que tu te ressaisisses. Les as-tu regardées? Ces choses qui sont sorties par la porte, les as-tu regardées?

Sa propre voix lui paraissait lointaine.

– Juste entraperçues.

Elle sentit qu'on la remettait debout. Son ouïe s'était améliorée.

Autour d'elle, d'autres personnes tentaient de se mettre debout. China. Hideous. Elle vit les nécromanciens attaquer les derniers Hommes Creux qui se relevaient péniblement.

Elle vit un adolescent, Fletcher Renn, émerger de la colonne de fumée. Un homme, qui semblait avoir été projeté hors du cercle par l'onde de choc, apercevant Fletcher à son tour, voulut le retenir.

L'adolescent disparut, pour se matérialiser aussitôt un peu plus loin. Gibet, car c'était de lui qu'il s'agissait, se précipita, et Fletcher se volatilisa de nouveau, avant de réapparaître. Gibet était furieux. Fletcher ferma les yeux pour mieux se concentrer et, lorsqu'il disparut cette fois-ci, il ne revint pas.

Maintenant qu'il n'était plus là pour maintenir la porte ouverte, l'anneau d'un jaune éclatant qui flottait dans le vide commença à rétrécir. Valkyrie l'observa jusqu'à ce qu'il s'efface totalement.

– Valkyrie ! aboya Skully. Je veux que tu te réveilles, tu as compris ? Valkyrie Caïne, reviens avec moi !

Elle le regarda. Soudain, ses pensées s'aiguisèrent. Elle hocha la tête.

– Oui.

– Tu es avec moi ?

Tout devenait plus net.

– Oui. Oui. Je suis avec vous. La porte s'est refermée.

– Quelques-uns ont réussi à passer. J'en ai compté trois. On a besoin du Sceptre. Maintenant !

Elle hocha la tête et s'apprêtait à aller le chercher quand Krav déboucha au coin en titubant. Sans se soucier d'eux, il continua d'avancer. Bliss le suivait d'un pas énergique.

– Fichez-moi la paix ! cria Krav.

Il avait le visage contusionné et en sang ; le tatouage qui ornait l'intérieur de son bras palpitait d'une lueur rougeâtre.

Valkyrie grimaça lorsque ses oreilles se débouchèrent. Ses bras se couvrirent de chair de poule ; elle sentait son cœur cogner contre sa poitrine. Elle avait peur. Elle était brusquement et incroyablement terrorisée.

Skully lui prit le bras et l'attira vers lui.

– Ne regarde pas !

Pendant un instant, rien ne se produisit.

Puis elle la vit du coin de l'œil. Derrière les arbres, une créature immense et changeante, cinq fois plus grande qu'un être humain, un effet d'optique, une chose abstraite constituée d'angles improbables. Valkyrie détourna le regard, mais elle continua à la voir, mentalement. Elle s'était imprégnée dans son esprit. C'était une idée, un soupçon d'idée, ou le souvenir d'une chose qu'elle n'avait jamais connue, ou bien l'ombre de toutes ces choses, leur reflet inversé, sur un lac immobile, la nuit.

Cette chose ne pouvait pas être réelle. Elle n'avait aucune substance. Aucun poids. Derrière cette masse, il n'y avait aucune profondeur. Comment pouvait-elle exister ? Ça n'avait aucun sens.

Valkyrie essaya de regarder à nouveau cet être fait d'angles fracturés et de raison brisée, mais sa tête refusa de bouger. C'était l'impossibilité rendue manifeste, l'informe qui prend forme. La créature traversait le paysage accompagnée non pas d'une démarche retentissante, mais du murmure d'un millier de langues mortes, et du cri étouffé des charognards.

Soudain, un mouvement brusque se produisit et elle entendit Krav pousser un cri. Dans ses oreilles, la pression se relâcha de nouveau. Elle cligna des yeux, sa vision devint plus nette.

La créature insensée avait disparu. Abomine Krav s'était arrêté, épaules tombantes, tête baissée. Il était totalement immobile, à l'exception de ses cheveux qui flottaient au vent. Et tombaient.

Ses cheveux se détachaient lentement, mèche par mèche, puis sa tête se renversa en arrière, et Valkyrie put voir son visage fondre ! Le nez et les oreilles furent les premiers à se couler dans la peau. Ses lèvres se scellèrent, condamnant la bouche ; ses yeux se liquéfièrent, et dégoulinèrent hors de leurs orbites, sur les joues, comme des larmes. Les paupières se fermèrent et se rejoignirent. Les Sans-Visage venaient d'investir leur premier réceptacle.

Bliss se précipita, mais Krav, ou plutôt le Sans-Visage qui avait pris possession de lui, se contenta de tendre la main.

La course de Bliss ralentit. Il chancela et se plia en deux. Valkyrie vit la douleur déformer son visage, et autre chose aussi. La surprise. Un homme comme Bliss n'était pas habitué à ressentir la douleur.

Le Sans-Visage leva le bras et Bliss fut soulevé du sol.

Le Sans-Visage referma le poing. Le corps de Bliss se tordit et se recroquevilla, boule d'os pulvérisé et de chair lacérée.

Prise de hauts-le-cœur, Valkyrie le regarda mourir.

Skully la poussa à l'intérieur de la ferme.

– Le Sceptre ! lança-t-il, alors qu'il fonçait vers le Sans-Visage.

XXXVI. Ennemis

Valkyrie se précipita à l'intérieur de la ferme. Paddy se retourna ; elle le regarda d'un air vide.

Mr. Bliss était mort.

Un flot de bile monta de sa gorge et elle eut juste le temps de courir dans un coin pour vomir.

– Ils sont ici, hein ? demanda le vieux fermier.

Elle cracha et s'essuya la bouche.

– Trois ont réussi à passer.

– Je vais te chercher ta baguette magique.

Il se dirigea vers le sac. Valkyrie avait les genoux qui tremblaient. Son visage était glacé.

– Si je meurs, dit-elle, mais si vous l'emportez, vous irez voir mes parents pour leur dire que je regrette de leur avoir infligé tout ça, et que je les aime ?

– Tu n'as aucune raison de t'inquiéter, répondit Paddy en revenant vers elle avec le Sceptre.

Il battit des paupières en apercevant quelque chose derrière elle. Valkyrie fronça les sourcils, se retourna, sans rien voir. Au moment où elle reportait son attention sur Paddy, celui-ci lui asséna un grand coup de Sceptre en plein visage.

Valkyrie heurta le mur et chancela. Le fermier leva puis abattit le Sceptre à nouveau mais, cette fois, elle parvint à bloquer le coup. Hélas, elle n'avait pas vu venir le poing de Paddy. Sa tête fut projetée en arrière et elle s'écroula. Elle entendit Tanith pousser un juron, alors elle leva les yeux et vit danser des lumières. Tanith voulut récupérer son épée, mais Paddy lui asséna un coup de Sceptre sur la main. Elle hurla. Le fermier se glissa derrière elle, lui enserra le cou avec son bras et l'arracha à sa chaise. Elle tenta de se débattre, mais elle était trop faible, et quand Paddy la lâcha au bout de quelques secondes, elle tomba comme un sac.

La lucidité de Valkyrie se débattait entre l'obscurité et la lumière ; elle avait le côté du visage mouillé. Elle fit claquer ses doigts, mais rien ne se produisit.

– J'avais oublié à quoi ça ressemblait, dit Paddy, comme s'il se parlait à lui-même.

Il déposa le Sceptre sur la table.

– Je parle du combat. Habituellement, c'est calme. Et ça aurait pu être pareil pour toi, si tu n'avais pas porté ces vêtements ensorcelés. Ma lame n'aurait pas pu les transpercer. (Il tenait un couteau dans la main.) Par contre, elle peut te trancher la gorge. Ou te crever les yeux.

Valkyrie passa sa langue sur ses lèvres humides : elle reconnut le goût du sang.

– C'est vous qui avez tué les Téléporteurs, dit-elle en se décollant du sol.

– Exact.

– Vous êtes Batu.

Il releva sa manche en marchant vers elle pour montrer la marque à l'intérieur de son avant-bras.

– C'est bien moi.

Valkyrie resta où elle était ; elle attendit qu'il approche. Soudain, elle replia les doigts, puis les écarta, mais elle ne sentit aucun souffle d'air, elle ne sentit pas non plus le point d'impact. Paddy, ou plutôt Batu, fit courir la lame du couteau sur la paume de Valkyrie, lui arrachant un cri.

– Pauvre idiote ! rugit-il en visant sa gorge.

En reculant vivement, elle trébucha, tomba, puis roula sur elle-même. Elle claqua des doigts. Là encore, rien ne se produisit. Batu se jeta sur elle ; elle parvint de justesse à se glisser sous lui.

– Vous n'êtes pas l'un d'eux, dit-elle en prenant soin de rester hors d'atteinte.

– Qui ça ? La Diablerie ?

Il s'élança. Elle fit un bond en arrière. Il sourit. Ils tournèrent l'un autour de l'autre.

– Je ne suis pas un vulgaire pion sans cervelle, Valkyrie. Tout ce que tu vois autour de toi, toute cette mort, cette destruction, ce chaos, la fin du monde imminente, tout ça, c'est *mon* œuvre.

« … Quand j'étais encore un jeune homme, Trop Kessel m'a parlé de cette porte entre les mondes, et j'ai compris que je tenais ma chance. J'ai ressuscité la Diablerie qui n'était plus rien ; ils étaient trop heureux de faire de moi leur leader. Car j'avais une *vision,* et j'étais le seul à pouvoir obtenir certaines informations.

« … Les sorciers me confiaient leurs plus grands secrets. Tu veux savoir pourquoi ? Parce que je suis un simple *mortel.* Parce qu'ils sont trop arrogants pour imaginer qu'un mortel puisse représenter une menace pour des dieux comme eux.

« … J'ai été accueilli chez eux des dizaines de fois avant de les tuer ; nous avons pris le thé en bavardant, j'ai nourri leurs chats pendant qu'ils s'absentaient. J'étais consterné par la banalité de cette existence.

« … Même le squelette et toi, vous vous êtes fait avoir. J'ignorais où se situait *précisément* la porte jusqu'à ce que vous fassiez venir ce gamin pour la localiser à ma place. Merci, d'ailleurs.

Une vague de vertiges s'abattit sur Valkyrie, qui trébucha. Le couteau frappa ; heureusement, sa veste la protégea. Batu se rapprochait en souriant.

Elle demeura à distance.

– Pourquoi ? demanda-t-elle. Pourquoi faites-vous ça ?

– La magie ! Mon père était un sorcier. Mon frère aussi. Mais pas moi. Je ne possédais pas cette *étincelle*, vois-tu ? Maintenant, c'est à mon tour, enfin !

Elle secoua la tête.

– On naît avec ou pas. On ne peut pas recevoir la magie.

– Il y a toujours une solution.

En voyant la lueur dans ses yeux, Valkyrie comprit tout à coup.

– Vous allez vous proposer comme réceptacle.

– Oh, comme tu es futée !

– Vous allez laisser un des Sans-Visage s'emparer de vous.

– Et je déborderai d'un pouvoir magique dont les vulgaires sorciers n'oseraient même pas rêver ! Ce ne sont pas des dieux, Valkyrie. Ils sont aussi pathétiques que tous ces gens que tu as abandonnés dans ton ancienne vie. Mais moi ? Je deviendrai un véritable dieu.

– Sauf que ce ne sera pas vraiment *vous*. Votre personnalité aura été effacée. Même votre corps ne sera plus le même. Par conséquent, vous ne saurez jamais quel effet ça fait d'utiliser la magie.

– Je le saurai, répondit Batu. Car si une partie de moi-même rejoint les Sans-Visage, une autre partie demeurera inchangée. C'est une certitude. Je suis fort. Dépourvu de magie à la naissance, j'ai dû être fort. Ma volonté est inébranlable. Je ne me laisserai pas effacer, je ne serai pas comme les autres.

Valkyrie fronça les sourcils.

– Vous allez offrir les autres membres de la Diablerie comme réceptacles également ?

– Je ne voulais pas que les dieux obscurs perdent leur temps à chercher des candidats appropriés. J'ai décidé de leur faciliter la tâche.

Il se jeta sur elle encore une fois. Ignorant la douleur de sa blessure, elle écrasa son coude sur le visage de Batu, puis saisit à deux mains le poignet qui tenait le couteau et le tordit.

Il la percuta d'un coup d'épaule. Ils se cognèrent contre le mur, il colla sa hanche contre elle et la projeta à terre à la manière d'un judoka. Malgré son grand âge, il était fort et vif. Refusant de lâcher la main armée, elle lui faucha la jambe. Elle se retourna sur le dos et décocha un coup de botte dans son autre jambe. Lorsqu'il s'écroula sur elle, elle projeta son genou à la rencontre de son visage.

Le couteau tomba bruyamment sur le plancher. Elle roula sous Batu pour repousser l'arme avec son pied. Il cracha du sang et quelques dents, alors qu'elle s'apprêtait à lui décocher un nouveau coup de pied.

Mais il fut plus rapide qu'elle l'avait imaginé. Il détourna son attaque d'un revers, faisant passer son pied par-dessus son épaule. Il se releva pour l'agripper par sa veste et la soulever du sol. Il la poussa devant lui et la plaqua sur la table. Avec sa main gauche, Valkyrie parvint à attraper le Sceptre. Batu lui saisit le poignet et le maintint éloigné de lui. Un éclair noir réduisit en poussière une partie du plafond.

Elle pointa le Sceptre sur Batu, mais celui-ci lâcha son poignet pour refermer la main sur l'arme elle-même et, une fois encore, il parvint à dévier le tir. Un pan de mur s'écroula.

Il l'écrasait de tout son poids, en essayant de retourner le cristal noir. Celui-ci scintilla et cracha un nouvel éclair qui vint frapper le coin de la table. Elle céda et ils tombèrent tous les deux, sans changer de position. Mais le Sceptre était maintenant pointé sur Valkyrie.

Un masque de haine et de détermination recouvrait le visage du vieil homme.

– C'est terminé, dit-il entre ses dents rouges de sang. Épargne-toi la douleur d'assister à la fin du monde.

Valkyrie le frappa dans les côtes de sa main libre. Il poussa un grognement. Elle frappa de nouveau, sans parvenir à lui faire lâcher prise. Elle essaya de repousser l'air, mais rien ne se produisit. C'est alors qu'elle sentit l'anneau en or autour de son doigt.

C'était lui qui la privait de sa magie. Forcément.

Avec l'extrémité de son pouce, elle parvint à le faire glisser jusqu'au bout de son index. D'une pichenette, elle s'en débarrassa et sentit immédiatement le contact de l'air contre sa paume.

D'un claquement de doigts, elle fit jaillir une flamme qui s'enfonça dans le flanc de Batu. Il hurla, se débattit et se décolla d'elle pour tenter d'éteindre le feu qui dévorait sa chemise. Il se releva précipitamment pour s'enfuir par le trou dans le mur.

Valkyrie roula sur le ventre et se releva à son tour. Elle souffrait d'une terrible migraine et le sang coulait sur son visage mais, à part ça, tout semblait aller bien. Elle rejoignit Tanith et la fit basculer sur le côté, dans la position de sécurité qu'on lui avait apprise à l'école. C'est à ce moment-là qu'elle s'aperçut qu'elle ne tenait plus le Sceptre.

Elle se retourna brusquement et balaya le sol du regard, mais il n'était plus là. Batu l'avait emporté ! En poussant un juron, elle se lança à sa poursuite, par l'ouverture dans le mur. Elle l'entrevit au moment où il disparaissait au milieu des arbres.

Elle se précipita.

XXXVII. Le plan se poursuit

Batu entraîna cette misérable fille jusque dans les bois, puis bifurqua, en prenant soin de rester plié en deux. Elle lui avait cassé le nez et brisé plusieurs dents, et il avait le flanc gauche sérieusement brûlé, mais il ne pouvait pas se permettre de perdre son temps à des bagatelles comme la vengeance. Pas maintenant. Il se cacha et la regarda passer, puis il creusa un trou dans la terre pour y déposer le Sceptre. Il le recouvrit de terre, de feuilles, et revint sur ses pas.

De retour dans la cour de la ferme, il découvrit le massacre. Il éclata de rire.

Une douzaine de Fendoirs étaient déjà morts. Ils jonchaient le sol tel un tapis de corps brisés et de sang tissé de manière maladroite. Le Sans-Visage, les habits en lambeaux, calcinés, le regard vide et terrifiant, marchaient lentement au milieu des dépouilles.

Un trio de Fendoirs s'éleva dans les airs ; leurs corps se replièrent sur eux-mêmes et se ratatinèrent. Leurs restes retombèrent, oubliés. D'autres, dont les uniformes gris étaient tachés du sang de leurs camarades, attaquèrent avec une détermination inflexible, mais les lames de leurs faux rebondissaient sur la peau de leur ennemi.

Batu se retourna au moment où Murder Rose courait vers lui. Elle lui agrippa le bras.

– Qu'as-tu fait ? rugit-elle. Tu disais que ces marques nous protégeraient ! Tu disais qu'elles formeraient un bouclier !

– Ce ne sont pas des boucliers, répondit Batu d'un ton calme, malgré l'excitation qui l'habitait. Ce sont des invitations.

Rose le regarda d'un air abasourdi. Finalement, elle fit demi-tour et s'enfuit en courant. Batu la regarda disparaître au milieu des arbres.

Un torrent de créatures improbables se déversa dans son sillage, faisant grincer et chanceler les arbres. Il y eut un grand cri, puis le silence.

Il restait encore un dieu dans les parages. Batu partit à sa recherche.

XXXVIII. De tous les côtés

Valkyrie s'arrêta et poussa un juron. Elle l'avait perdu. Inutile de continuer à s'enfoncer dans ce bois. Si Batu se trouvait devant elle, ce dont elle doutait, il connaissait cet environnement bien mieux qu'elle.

Non, se dit-elle, aller plus avant n'avait aucun sens. Pour Batu en tout cas. Il voudrait voir son grand plan se réaliser, cela voulait dire être présent sur le lieu de l'action.

Soudain, un bruit dans son dos la fit se retourner. Remus Crux jaillit de derrière un arbre.

– Vous m'avez fichu une sacrée frousse ! dit-elle.

Il plaquait son bras gauche contre son corps, comme s'il était blessé, et il boitait bas. La sueur coulait sur son front ; il semblait souffrir le martyre. Du sang séché maculait son visage.

– Ça va, Remus ? Vous n'avez pas vu quelqu'un passer en courant ? Un vieil homme.

– Je vous arrête ! grogna l'inspecteur du Sanctuaire en plongeant la main dans sa poche.

Valkyrie bondit et lui saisit le poignet, au moment où il sortait un petit revolver.

– Refus d'obtempérer ! s'écria-t-il, alors que leur lutte farouche les projetait contre l'arbre.

Elle décocha un coup d'épaule dans son bras blessé. Il hurla.

Elle en profita pour le désarmer et se dégager en le repoussant. Elle lança le revolver au milieu des arbres, très loin, pendant que Crux frappait le vide de sa paume. Un mur d'air percuta Valkyrie, qui recula en trébuchant. Elle tomba à la renverse, ses épaules touchèrent le sol, elle rentra le menton dans la poitrine et exécuta une galipette arrière sans aucune grâce.

Crux avançait vers elle en traînant la patte ; il fit jaillir une flamme dans sa paume.

– Agression d'un fonctionnaire du Sanctuaire ! rugit-il.

Valkyrie se jeta sur lui pour lui décocher un crochet du droit à la mâchoire. Il tituba.

– Vous auriez pu me briser la nuque ! cria-t-elle.

Pour se venger, elle expédia un grand coup de pied dans la patte folle de Crux. Il hurla de nouveau et s'écroula. Valkyrie recula, en se tenant le poing. Pourvu qu'elle ne se soit pas cassé la main. Tanith lui répétait toujours qu'elle devait se servir de ses coudes. Elle aurait dû l'écouter.

Elle toisa l'inspecteur du Sanctuaire qui se contorsionnait par terre en gémissant. Il ne risquait pas de filer avant un bon moment. Alors, elle fit demi-tour et rebroussa chemin en courant.

Soudain, elle aperçut quelqu'un devant elle, assis par terre, adossé à un tronc. Fletcher Renn ! Il avait la tête baissée, le dos voûté. Sa chemise était imbibée de sang, ses cheveux tout collés. En l'entendant approcher, il leva les yeux, lentement, comme si chaque geste, aussi infime soit-il, déclenchait une nouvelle douleur.

– Je les ai aidés, soupira-t-il.

– Je sais. Mais maintenant, on a besoin que tu *nous* aides. As-tu vu Paddy ?

L'adolescent secoua la tête.

– Non, personne. Je n'ai même pas lutté. Ils m'ont menacé, ils m'ont martyrisé, et ça a suffi. J'ai toujours cru que je me comporterais en héros.

Il lâcha un rire caustique.

Valkyrie s'accroupit devant lui.

– Je ne voudrais pas paraître cruelle, mais on n'a pas le temps de se lamenter.

– Tu veux ficher le camp d'ici ? Je suis en train de rassembler mes forces pour me téléporter quelque part, *n'importe où.* Chez moi, peut-être. Je ne sais pas pourquoi, mais j'ai très envie de retourner à Londres sur-le-champ.

– Non, tu ne peux pas partir. Paddy… tu sais, le vieux bonhomme ? En fait, c'est lui Batu. C'est lui qui est derrière tout ça, et il détient le Sceptre. Je parie qu'il l'a déjà caché quelque part ; il a dû le déposer dans un fossé ou un truc comme ça. Si je ne le retrouve pas, on va devoir obliger les Sans-Visage à franchir la porte dans l'autre sens. Et pour ça, il faudra que tu l'ouvres à nouveau.

L'adolescent la regarda en fronçant les sourcils.

– Tu es folle ? Je suis complètement vidé. Si je pouvais me servir de mes pouvoirs, tu ne crois pas que je l'aurais déjà fait ? Tu crois que je reste ici parce que je suis courageux ? Dès que j'aurai repris des forces, je fous le camp.

– Tu ne peux pas nous abandonner. C'est notre seule chance de sauver tout le monde. On n'en aura pas d'autre.

– Ce n'est pas mon combat.

– C'est le combat de chacun !

– Quand les autres sorciers apprendront ce qui s'est passé, ils accourront des quatre coins du monde pour vous aider. Ils arrêteront les Sans-Visage. Moi, je ne suis qu'un gamin.

Il regarda Valkyrie droit dans les yeux.

– Tu devrais venir avec moi, dit-il.

– Impossible. Si tu refuses de nous aider, notre seul espoir est de retrouver le Sceptre.

– Tu vas te faire tuer !

– Apparemment, c'est ce qui me guette depuis un moment, dit-elle en se relevant.

Elle lui laissa une dernière chance. Elle attendit encore un instant, le temps qu'il change d'avis. En vain. Fletcher resta assis contre le tronc.

Alors, elle repartit en courant et sortit du bois juste à temps pour voir Skully affronter le Sans-Visage. Il repoussa une masse d'air, mais ça ne servit à rien ; l'air ondulait et s'enroulait autour de la créature, sans lui faire de mal.

La nécromancienne l'attaqua par-derrière en faisant tournoyer sa cape d'obscurité. Le Sans-Visage tendit simplement la main et le corps de la femme se retourna comme un gant.

Il continua d'avancer, face à Skully qui reculait. Il leva le bras.

Puis il la vit et se figea. Tout son corps se tourna vers elle.

– Valkyrie ! cria le squelette. Cours !

XXXIX. Crise de foi

Il venait le chercher.

Jaron Gibet le sentait au-dessus de lui, il le sentait qui se rapprochait. La marque, celle que Batu les avait obligés à graver dans la peau de leurs bras, était en fait une balise. Il avait beau se cacher ou s'enfuir ventre à terre, le Sans-Visage le trouverait.

Pourtant, ce n'était pas censé se passer comme ça.

Il ôta sa ceinture tout en courant, l'enroula autour de son biceps et serra. Très vite, il sentit la circulation sanguine s'arrêter. Le temps qu'il atteigne le champ derrière la ferme, son bras gauche était ankylosé.

Il tomba à genoux et ramassa la faux qu'avait laissée tomber un Fendoir. Il posa son avant-bras à plat sur le sol et appuya la longue lame incurvée juste sous le coude. Il haletait, il transpirait, mais il ne pouvait pas se permettre d'hésiter.

Un grand souffle d'air lui déboucha les oreilles. Le Sans-Visage l'avait trouvé.

Il ferma les yeux et, dans un cri, il abattit la faux sur son avant-bras. La lame acérée trancha la chair et l'os d'un seul mouvement, en douceur. Le cri se transforma en hurlement.

Gibet bascula vers l'avant, plaquant le moignon sanglant contre son corps et, quand il rouvrit les yeux, il aperçut son bras coupé qui gisait près de lui. Le Sans-Visage avait disparu.

XL. Décidés

China trouva Crux assis par terre, entre le bois et les champs. Il avait la tête baissée et les bras croisés. En marchant vers lui, elle vit qu'il était blessé. Il n'y avait personne d'autre dans les parages. Aucun témoin.

– Bonjour, Remus, dit China.

Il leva les yeux. Ses pupilles étaient dilatées et il parlait tout seul.

– Que vous est-il arrivé ? demanda-t-elle, gentiment.

– Vous êtes tous de mèche, marmonna-t-il.

Les yeux bleus de China se plissèrent.

– Vous les avez vues, Remus ? Vous avez vu ces choses ? Ces choses volantes ? Vous les avez regardées ?

L'inspecteur du Sanctuaire secoua la tête en esquissant une moue désapprobatrice et resserra ses bras autour de sa poitrine. Aucun doute, songea China, son esprit était brisé. Il avait dû lever les yeux au moment où le troisième Sans-Visage passait, à la recherche de son corps d'accueil.

Par conséquent, ce serait beaucoup plus facile.

China s'accroupit devant Crux et passa un bras réconfortant autour de ses épaules.

– Avez-vous répété mon secret à quelqu'un, Remus ?

– Quel secret ?

– Je ne me mettrai pas en colère, je vous le promets. À qui l'avez-vous dit ? À Skully ?

– Skully… répéta Crux en essayant de se souvenir.

– L'avez-vous dit à quelqu'un ?

Il tourna la tête pour réfléchir ; sa veste s'entrouvrit et China vit briller de l'or.

– Qu'avez-vous là ? demanda-t-elle tout doucement, en approchant la main.

Crux referma ses doigts autour de l'objet étincelant. China découvrit qu'il s'agissait du Sceptre.

– C'est à moi, dit-il.

– Oui, c'est à vous, Remus. Et c'est très joli. Je peux voir ?

– C'est à moi. Je l'ai trouvé. J'ai vu un homme creuser un trou. Puis elle est arrivée.

– Qui donc ?

– La fille. Elle m'a fait du mal.

– C'est une méchante. Je peux voir cet objet ? Je vous le rends tout de suite, promis.

À contrecœur, Crux desserra la main et China lui prit le Sceptre, sans se départir de son sourire.

– On est amis, n'est-ce pas ? dit-elle. Avez-vous parlé de mon secret à quelqu'un ? Je ne serai pas fâchée.

L'inspecteur secoua la tête.

– Non. Non. Je ne l'ai dit à personne.

– Bravo. (Elle sortit de la gaine fixée sur sa botte, une longue lame fine.) Vous avez l'esprit confus, n'est-ce pas ? Je vais faire disparaître cette confusion.

– Rendez-moi ça.

– Je ne crois pas.

Il grogna et se retourna brusquement. La pierre qu'il tenait dans la main s'abattit sur le crâne de China. Elle bascula à la renverse et Crux tenta de se relever en prenant appui sur sa jambe brisée.

– Vous êtes de mèche ! brailla-t-il. Vous êtes tous de mèche !

Ayant réussi à se mettre debout, il la toisa, prêt à frapper à nouveau avec la pierre, mais quelque chose le percuta et l'arracha du sol.

China se redressa, hébétée, tandis que Valkyrie courait vers elle.

– Donnez-moi le Sceptre ! cria la jeune fille.

Il y avait un Sans-Visage derrière elle, et il courait lui aussi !

China lança le Sceptre à Valkyrie, qui le saisit au vol et se retourna dans le même mouvement. Le Sans-Visage s'arrêta net. Il l'observa de son air impassible. Puis il leva la main, lentement.

China vit la panique sur le visage de la jeune fille, comme si elle redoutait que son corps explose, implose ou subisse une autre transformation brutale et douloureuse. Alors, elle brandit le Sceptre et tira.

Le cristal s'illumina, l'éclair noir crépita et vint frapper le Sans-Visage en pleine poitrine. Il chancela et malgré l'absence de bouche, il émit un cri strident, un hurlement inhumain de douleur et de fureur. Tandis que l'éclair noir s'enroulait autour de son corps, Valkyrie tira de nouveau sur la créature. Sa peau se dessécha et se craquela. China vit le dieu essayer d'abandonner son réceptacle, mais c'était trop tard. Le corps explosa dans un nuage de poussière.

China se leva aussitôt, alors que le vent emportait les restes du Sans-Visage. Valkyrie s'aperçut qu'elle brandissait toujours le Sceptre ; elle voulut abaisser ses bras, mais on aurait dit qu'ils refusaient de lui obéir.

Skully accourut.

– Que s'est-il passé ? Tout va bien ? C'était quoi, ce hurlement ?

– Le bruit d'un dieu qui meurt, répondit China.

– Paddy ! lâcha Valkyrie. Paddy est Batu !

China ignorait qui était ce Paddy, mais Skully pencha la tête sur le côté et serra le poing.

– Voilà comment il a réussi à s'approcher des Téléporteurs

pour les tuer, dit-il. Je doute que Peregrine ait pensé à Paddy quand je lui ai demandé à qui il avait parlé.

China voyait que Valkyrie l'écoutait d'une oreille distraite. Elle montrait l'endroit où se tenait le Sans-Visage un peu plus tôt.

– Il m'a regardée, c'est tout, dit-il. Il aurait pu m'étriper, me dépecer, mais il ne l'a pas fait. Pourquoi ?

– Il t'a sans doute reconnue, expliqua China. Il a reconnu le sang des Anciens qui coule dans tes veines, et qui fait de toi une personne à part.

China essuya le sang sur son front et jeta un regard en direction de Crux, mais l'inspecteur avait disparu. Elle serra les dents de rage, sans un mot.

– Maintenant, on peut les arrêter, déclara Valkyrie. On possède le Sceptre, on peut donc les arrêter. Il me suffit de le pointer sur eux et de tirer.

– Exact, confirma Skully.

– Alors, où est le suivant ?

China entendit un bruit dans les arbres derrière elle, alors elle se retourna.

XLI. Éclair noir

Un bruit évoquant une débandade retentit derrière eux. Le Sans-Visage qui avait investi le corps de Murder Rose traversa les arbres comme un ouragan. Il écarta China d'un revers du bras et percuta de plein fouet Skully qui se dressait sur son chemin. En reculant précipitamment, Valkyrie laissa tomber le Sceptre. Le Sans-Visage arriva devant elle juste au moment où un bras encerclait sa taille.

– Accroche-toi, lui glissa Fletcher Renn à l'oreille.

Et ils se téléportèrent.

En un clin d'œil.

Ils se retrouvèrent à l'autre bout de la ferme, près de la camionnette calcinée. Fletcher la lâcha ; Valkyrie se retourna vivement.

– Tu es revenu !

– Naturellement.

– Skully ! China ! s'exclama-t-elle. On ne peut pas les laisser !

– Je n'en avais pas l'intention.

Il se colla contre Valkyrie et elle l'enlaça fermement.

En une fraction de seconde, ils se retrouvèrent dans le champ. China était toujours à terre. En les apercevant, le Sans-Visage souleva Skully dans ses bras et le lança dans leur direction, comme un vulgaire ballon. Valkyrie eut le réflexe de se jeter à terre, contrairement à Fletcher qui reçut le squelette en pleine poitrine.

Le Sans-Visage marcha vers elle d'un pas décidé.

En le voyant approcher, elle ouvrit la main, sentit le contact de l'air contre sa paume et s'en servit comme d'un aimant pour récupérer le Sceptre. Il glissa légèrement sur le sol. Le Sans-Visage était presque sur elle.

Les deux mains tendues, elle agrippait l'air pour le ramener vers elle. Soudain, le Sceptre décolla dans sa direction et elle le saisit au vol. Elle se releva d'un bond, mais le Sans-Visage la désarma d'un geste brusque.

Elle tenta de lui reprendre le Sceptre. Il la repoussa avec une telle brutalité qu'elle se retrouva au tapis. Il brandit l'arme à deux mains, solidement campé sur ses pieds. Valkyrie vit toute la colère contenue dans cette posture, toute la violence, comme s'il se souvenait du pouvoir de cet objet, de ce qu'il était capable de faire, de ce qu'il avait fait, il y avait une éternité. Le bâton en or commença à s'effriter, à se lézarder ; elle vit le cristal noir étinceler furieusement entre les doigts qui le broyaient. Finalement, il se brisa, un ultime éclair se déversa… et le Sans-Visage se trouva réduit en poussière.

Le Sceptre tomba par terre, méconnaissable et inutilisable, et les fragments de cristal, terne, vidé de son pouvoir, s'éparpillèrent.

Valkyrie se releva pour foncer vers Skully et Fletcher.

– Ça va ? demanda-t-elle.

– Tout va bien, répondit Skully d'un ton bourru, mais elle passa devant lui sans s'arrêter pour aider Fletcher à se remettre debout.

– Rien de cassé, dit l'adolescent. Il en reste encore un, c'est ça ? On ne se débrouille pas trop mal.

– Façon de parler. Le Sceptre a été détruit. (Elle se retourna vers le squelette.) Qu'est-ce qu'on fait ?

Skully resserra son nœud de cravate et boutonna sa veste déchirée.

– Premièrement, dit-il, on essaye d'oublier que mon sort importe moins, visiblement, que celui de Fletcher.

– J'ai déjà oublié, dit-elle.

– Oh. Tant mieux.

– Et deuxièmement ?

– Deuxièmement, Fletcher doit rouvrir la porte entre les mondes. Tu t'en sens capable, mon garçon ?

L'adolescent hocha la tête.

– Oui. Enfin, je pense. J'espère.

Skully se pencha pour aider China à se relever.

– Voilà qui me rassure, commenta le squelette.

– Qu'est-ce qui empêchera d'autres Sans-Visage de franchir la porte une fois qu'elle sera ouverte ? demanda Valkyrie, tandis qu'ils retournaient tous dans le pré au pas de course.

– Absolument rien, dit Skully. On va croiser les doigts très fortement pour qu'ils ne s'en aperçoivent pas.

– Sérieusement, Skully.

– Sérieusement. En vérité, on a des chances que ça marche. Les Sans-Visage qui ont utilisé le passage ont été attirés par les tatouages que portaient les membres de la Diablerie. Maintenant que ces marques ont disparu, il n'y a plus rien pour attirer leur attention.

– C'est un plan qui est bien parti pour échouer.

– Ce sont les plus amusants.

– Mais comment inciter le dernier Sans-Visage à repasser dans l'autre sens ?

– On va faire en sorte qu'il nous coure après.

– Nous ?

– Quand je dis nous, je veux dire toi.

– Génial, marmonna Valkyrie.

XLII. L'instant

Les poils se hérissèrent sur la nuque de Batu. Le Sans-Visage était au-dessus de lui. Il le sentait. Son dieu l'observait, à cet instant précis.

Batu se retourna, écarta les bras et leva les yeux et, lorsque son dieu se précipita pour pénétrer en lui, il hurla de terreur et d'exultation.

Avant de disparaître.

XLIII. Le passage

Skully Fourbery et Valkyrie Caïne découvrirent le Sans-Visage, l'être qui avait été Batu autrefois, de l'autre côté du bois. Hideous était suspendu dans le vide devant lui, le dos cambré, la bouche ouverte, essayant de hurler. Les veines saillaient sur toute la surface de son corps, comme si la créature tirait sur chacune d'elles dans le but de les arracher ensuite.

– Hé ! s'écria Valkyrie.

Le Sans-Visage se retourna. Pendant trois ou quatre secondes, il ne bougea pas, puis il éjecta Hideous dans un coin et se précipita vers eux.

– OK, dit Skully. Dès qu'il…

Le Sans-Visage agita le bras et le squelette se retrouva projeté dans les airs avant de pouvoir achever sa phrase.

Valkyrie poussa un juron, fit demi-tour et s'enfonça dans le bois en courant. Skully était censé détourner l'attention du Sans-Visage si jamais celui-ci se rapprochait trop et trop vite. Maintenant, il n'y avait plus personne entre lui et elle. Ça commençait mal.

Comme une flèche, elle fila entre les arbres en sautant par-dessus les branches mortes. En jetant un coup d'œil par-dessus son épaule, elle vit des arbres être arrachés du sol : le Sans-Visage se frayait un passage en ligne droite.

Il agita le bras encore une fois et elle se retrouva projetée vers l'avant. En retombant sur le sol, elle roula sur elle-même, de la terre plein la bouche.

Une tache blanche traversa la périphérie de son champ de vision. Le Fendoir blanc s'était dressé sur le chemin du Sans-Visage. D'un coup de faux, il cingla le torse de la créature, puis pivota sur lui-même pour viser la gorge. N'importe quel autre ennemi se serait écroulé, tant l'attaque était rapide et précise, et pourtant, la lame n'entailla même pas la peau du Sans-Visage. Il écrasa son poing sur la poitrine du Fendoir, qui recula à toute vitesse avant de disparaître.

Le Sans-Visage s'avança alors vers Valkyrie d'un air décidé. Elle cracha de la terre et s'essuya la bouche tout en le regardant venir. Mentalement, elle calcula le rythme de ses pas, puis elle écarta les doigts, paumes tendues. L'air ondula et vint frapper non pas le Sans-Visage, mais la terre juste devant lui. Au moment où il reposait le pied, en faisant peser tout le poids de son corps, le sol se souleva. Déséquilibré, le Sans-Visage tomba.

À cet instant, Valkyrie jaillit de la limite des arbres ; elle vit alors, sur sa gauche, Skully qui courait en parallèle. Ensemble, ils se précipitèrent vers le haut du champ, là où Fletcher s'était agenouillé à nouveau, les mains posées sur la dépouille de la Grotesquerie. La porte jaune s'ouvrait.

Pendant ce temps, China manipulait les symboles disposés autour du cercle. Une fumée rouge et noir commença à s'élever.

– Où est-il ? cria-t-elle.

– Derrière moi, répondit Valkyrie, à bout de souffle.

Une ombre s'abattit sur elle. Skully la percuta, juste au moment où le Sans-Visage atterrissait à l'endroit où elle se trouvait une seconde plus tôt.

Elle vit Solomon Suaire chevaucher une vague d'obscurité qui se déversait de sa canne. Il sauta à terre, à proximité du groupe, attira Valkyrie contre lui et se servit de sa canne pour décocher une centaine d'aiguilles noires dans la poitrine du Sans-Visage.

– Fais-le reculer ! hurla China, au cœur du tourbillon de fumée. Attire-le suffisamment près de la porte pour qu'il soit aspiré !

La force de gravité du portail jaune était immense. De là où elle se trouvait, Valkyrie se sentait glisser dans sa direction. Elle s'obligea à résister, tandis que Skully se joignait à Suaire.

Pour ne pas demeurer inactive, elle déplaça une masse d'air afin de faire bouger le sol sous les pieds de la créature. Hélas, elle ne fut pas récompensée de ses efforts. Le Sans-Visage bougeait trop vite, ses déplacements étaient imprévisibles.

– La porte est ouverte au maximum ! cria Fletcher.

Soudain, Suaire poussa un hurlement. Sa jambe droite se déforma et se tordit, le sang en jaillit. Skully frappa le vide du plat de la main pour expédier le nécromancien en dehors de la zone de combat avant qu'il soit tué. Suaire atterrit un peu plus loin, en se tenant la jambe. Désormais, Skully était seul.

Le Sans-Visage l'agrippa ; ses doigts s'introduisirent entre ses côtes, et le squelette hurla lorsque l'improbable créature le souleva du sol.

– Valkyrie ! s'écria Suaire dans son dos.

Elle se retourna. Il lança sa canne à ses pieds.

– Utilise-la !

– Je ne sais pas comment faire !

– Utilise-la, je te dis !

Elle s'en saisit et sentit aussitôt le pouvoir sombre qui l'habitait. Des ombres s'en échappèrent et vinrent s'enrouler autour de son poignet. Instinctivement, elle comprit que si le nécromancien ne lui avait pas donné sa canne volontairement, ces ombres lui auraient enserré le bras jusqu'à le réduire en poussière.

Elle la fit tourner dans sa main. Elle sentait une résistance, comme si la canne se déplaçait sous l'eau. Soudain, elle l'abattit à la manière d'un fouet et une ombre frappa l'arrière de la cuisse du Sans-Visage. Certes, elle ne parvint pas à entailler la peau, mais au moins, elle attira son attention. Il se retourna vers Valkyrie.

Celle-ci fit tourner la canne au bout de son bras, comme si elle enroulait de la barbe à papa autour d'un bâton, puis elle donna un petit coup en direction du Sans-Visage. Des ombres jaillirent, atteignirent la créature et tentèrent de l'envelopper. Elle jeta Skully à terre et repoussa les ombres d'un geste rageur.

Valkyrie se précipita en agitant la canne. Le Sans-Visage s'en saisit et la brisa en deux. Une explosion de ténèbres projeta la jeune fille en arrière et fit tituber la créature.

Valkyrie se retrouva dans les bras de Hideous. Il poussa un grognement et la lâcha. Elle vit le Sans-Visage, debout au bord de la porte, luttant pour résister à sa force d'attraction.

Il était presque dedans.

– Frappez-le ! cria-t-elle. Que quelqu'un le frappe !

Hideous s'avança. China abandonna la colonne de fumée. Mais des tentacules jaillirent de la poitrine de la créature, les frappèrent violemment et les firent reculer. Les tentacules, faits d'entrailles et d'organes, s'enroulèrent autour des arbres et s'enfoncèrent au plus profond du sol dans une ultime tentative, qui détruisait le corps d'accueil, pour sauver le dieu qui se trouvait à l'intérieur.

C'est alors que Skully se releva. Il regarda le Sans-Visage, s'avança et se campa sur ses pieds. Des deux mains, il frappa le vide pour faire ondoyer l'air. Le Sans-Visage fut projeté en arrière et disparut par l'ouverture ; ses tentacules le suivirent dans le trou, en entraînant des branches et des mottes de terre. Skully se retourna aussitôt.

– La Grotesquerie ! cria-t-il. Maintenant !

Agenouillé à l'intérieur de la colonne de fumée, Fletcher glissa les mains sous le torse de la Grotesquerie et le souleva légèrement pour le faire rouler à l'extérieur du cercle. Skully esquissa un geste, l'air s'en empara et le déposa dans ses mains. Il émit un grognement, recula et le lança dans l'ouverture.

Maintenant que le lien était brisé, la porte se refermait rapidement.

Mais soudain, un tentacule en jaillit et s'enroula autour de la cheville du squelette !

L'immonde appendice tira d'un coup sec. Skully perdit l'équilibre. Il tenta d'agripper le sol, tandis qu'il glissait rapidement.

– Skully ! hurla Valkyrie.

Elle se précipita.

Il leva la tête et tendit la main, mais c'était trop tard.

Il disparut dans le trou.

– Empêche-la de se refermer ! cria Valkyrie à Fletcher.

– Je ne peux pas !

Elle n'était qu'à trois pas de la porte lorsque celle-ci se referma.

– Ouvre-la !

Mais Fletcher s'était relevé. À travers le tourbillon de fumée, elle apercevait son visage hébété. Il secoua la tête.

– Non, Fletcher ! Non ! Tu dois la rouvrir !

– Je n'ai plus la Grotesquerie. Je ne peux pas.

Valkyrie se rua vers China. Elle la saisit par les épaules.

– Faites quelque chose !

China ne la regarda même pas. Ses yeux bleus, si beaux, si clairs, étaient fixés sur le point de l'espace où elle avait vu Skully pour la dernière fois. Valkyrie la repoussa brutalement et se tourna vers Hideous.

– Faites quelque chose ! rugit-elle.

– Il est parti, répondit-il d'une voix morne.

– Non, c'est impossible !

Elle tournait sur elle-même, à la recherche de quelqu'un qui saurait quoi faire, quelqu'un qui aurait un plan. Elle ne trouva personne. Nul ne savait comment réagir.

Elle se laissa tomber à genoux. Les larmes ruisselaient sur son visage ; c'était comme si on l'avait amputée d'une partie d'elle-même, quelque part dans son ventre. Ses pensées étaient figées.

Tout était silencieux. La fumée ne tourbillonnait plus, elle était emportée par la brise de l'après-midi. Tout était immobile, paisible ; autour d'eux étaient éparpillés les corps de leurs amis, associés et ennemis. L'air empestait l'ozone et la magie.

XLIV. La mission

Apparemment, le séjour à Paris avait été une réussite.

De retour à la maison, son père avait embrassé affectueusement le reflet de sa fille, avant d'aller lire son journal dans son fauteuil. Sa mère lui avait raconté leur week-end pendant qu'elle défaisait les bagages : de longues promenades, de délicieux repas et des soirées romantiques. Elle avait demandé au reflet comment s'étaient passés ces deux jours avec Beryl et Fergus, et il avait menti avec sa décontraction habituelle.

Valkyrie enregistra tous ces souvenirs sans prendre la peine de les examiner. Elle n'avait pas parlé à ses parents depuis qu'ils étaient rentrés, pas personnellement du moins. Elle craignait qu'en la voyant ils comprennent immédiatement qu'il y avait eu un drame. Elle n'était pas capable d'affronter ça pour l'instant. À vrai dire, elle n'était même pas certaine de pouvoir inventer un mensonge.

Seule dans le cimetière, elle attendait. La pluie avait fait sa réapparition. Il pleuvait sans cesse dans ce pays. Elle commençait à en avoir marre.

Elle ne l'entendit pas approcher, mais elle sentit sa présence dans son dos.

– Merci d'être venue, dit Solomon Suaire. Tu as parlé à Guild ?

Valkyrie se retourna.

– Il m'a convoquée au Sanctuaire la semaine dernière. Pour m'annoncer que je n'étais plus considérée comme une fugitive.

– Ça doit te faire plaisir.

– Savez-vous qu'il raconte à tout le monde que la victoire a été acquise grâce à lui et à Mr. Bliss ? Je suis désolée que Bliss soit mort, bien sûr, mais Guild prétend que Skully n'a *rien* fait.

– Oui, j'ai entendu ça. Mais les gens qui comptent connaissent la vérité.

– *Tout le monde* devrait la connaître, murmura Valkyrie.

– Comment va ton amie ? Celle qui a été blessée ?

– Elle se rétablit. Rien ne peut terrasser Tanith.

Elle regarda les pierres tombales qui l'entouraient, avant de revenir sur Suaire.

– Désolée pour votre canne.

Le nécromancien haussa les épaules.

– Quand son pouvoir a été libéré, il a reflué en moi, où il a bouillonné jusqu'à ce que je le canalise pour en faire autre chose.

Il lui montra une canne, identique à la précédente.

– Très original, commenta-t-elle.

Il sourit.

– J'ai été très impressionné par la façon dont tu l'as maniée, soit dit en passant. Tu sembles posséder un talent inné pour la nécromancie.

– Un simple coup de chance, à vrai dire.

– Balivernes ! En fait, je me demande si tu devrais réellement suivre la voie de la magie des Éléments.

– Vous êtes en train de dire que je devrais devenir nécromancienne ?

– Pourquoi pas ?

– Je suis une Élémentaire.

– Tu es jeune, surtout. Tu peux encore changer d'avis cent fois avant de choisir la discipline qui te convient le mieux. La nécromancie est-elle aussi élégante que la magie élémentaire ? Peut-être pas. Les nécromanciens sont-ils aussi bien considérés que les Élémentaires ? Certainement pas. Mais en tant qu'apprentie, tu aurais immédiatement le pouvoir au bout des doigts. Et je pense que tu vas avoir besoin de tout le pouvoir dont tu peux disposer.

– Qu'est-ce qui vous fait penser ça ?

– Tu veux faire revenir Skully Fourbery, non ?

Valkyrie plissa les yeux.

– Skully a disparu.

– Pas nécessairement.

– La porte entre les mondes s'est refermée.

– En fait, je ne crois pas.

Elle secoua la tête.

– Si vous avez quelque chose à dire, dites-le. Je suis fatiguée, j'ai envie de rentrer chez moi.

– Qu'est-ce qui a permis à Fletcher Renn d'ouvrir cette porte ?

– La Grotesquerie était une Ancre d'Isthme et il existe… (Elle soupira.) Il existe un *fil* invisible, magique, merveilleux, qui relie une Ancre d'Isthme et ce à quoi elle est attachée : c'est ce qui empêche le passage de se refermer totalement. Fletcher s'en est servi pour forcer la porte.

– Exact. Il te suffit donc de trouver une autre Ancre.

– La Grotesquerie a disparu, elle aussi. Skully l'a jetée dans le trou car il ne voulait pas que quelqu'un puisse rouvrir la porte. Et il n'y a plus de morceaux de Sans-Visage dans les parages.

– Ce ne doit pas être forcément un objet lié aux Sans-Visage, souligna Suaire. Il suffit qu'il y ait un lien avec une chose qui évolue dans cette réalité.

– Quoi, par exemple ?

– Skully.

– M. Suaire…

Le nécromancien sourit.

– Il y a une partie de Skully qui se trouve toujours ici, dans *cette* réalité. Dans ce *pays*, même. Et tu sais de quoi il s'agit.

– Désolée, je ne vois pas ce que vous…

– La tête de Skully Fourbery, Miss Caïne.

Elle sentit son ventre se nouer.

– Il l'a perdue, dit-elle. Il me l'a raconté. La tête qu'il porte maintenant, il l'a gagnée au poker.

– C'est juste. Mais si tu retrouvais la tête manquante et si tu la donnais à M. Renn, il découvrirait que le lien entre le squelette et son *véritable* crâne empêche la porte de se refermer.

– Et… il pourrait l'ouvrir ? Fletcher pourrait ouvrir le passage ?

– Et sauver Skully, oui.

– Où est-elle ? Où est cette tête ?

– Je n'en ai aucune idée, hélas. À toi de te débrouiller pour la retrouver.

– Pourquoi m'aidez-vous ?

– Tu ne penses pas que je fais ça par gentillesse ?

– Je pense que vous avez quelque chose à y gagner.

– Tu es une jeune femme très futée. En effet, j'espère y gagner quelque chose.

– Quoi donc ?

– Toi. Afin de mener ces recherches, afin de faire tout ce que tu devras faire, tu auras besoin de pouvoirs supérieurs à ceux que tu manipules pour l'instant. Et j'espère que tu choisiras la nécromancie.

Solomon Suaire recula et frappa le sol avec sa canne. Les ombres se rapprochèrent, l'encerclèrent ; Valkyrie le vit sourire avant que son visage s'assombrisse.

– Je te contacterai, dit-il.

Les ombres s'éparpillèrent. Il avait disparu.

TABLE

TABLE

L'AUTEUR

Derek Landy est irlandais et vit près de Dublin. Avant d'écrire pour la jeunesse, il a signé les scénarios de deux films d'horreur riches en homicides et en zombies. « Je pense que la conseillère d'orientation de mon école doit se retourner dans sa tombe, dit-il. Enfin, c'est ce qu'elle ferait si elle était morte. » Derek est aussi ceinture noire de karaté. Ce qui lui permet d'enseigner l'art martial aux enfants et confère à ses scènes de combat un réalisme tout particulier. Les aventures de *Skully Fourbery*, son premier roman, ont été traduites dans de nombreuses langues à travers le monde.

Découvrez un extrait du deuxième volume des aventures de Skully Fourbery
SKULLY FOURBERY JOUE AVEC LE FEU

« La première boule de feu qu'elle lança manqua Dusk.

La deuxième, en revanche, aurait atteint le Baron Vengeous si celui-ci ne l'avait pas esquivée à la dernière seconde. Il était rapide. Peut-être même plus que Skully.

– Caïne, grogna-t-il.

– Cours ! cria China, et Valkyrie obéit sans se faire prier.

Elle était déjà dans le couloir quand elle jeta un coup d'œil pardessus son épaule, juste à temps pour voir China agiter la main. La porte de l'appartement claqua, emprisonnant les hommes à l'intérieur.

Valkyrie atteignit l'escalier ; elle s'apprêtait à descendre lorsque quelque chose lui agrippa la cheville, manquant de la faire tomber. Elle parvint à se dégager et poursuivit sa course. En se retournant, elle vit une main disparaître à l'intérieur des marches. Elle arriva au deuxième étage, rebondit contre le mur et continua à descendre. En contrebas, le mur se lézarda, puis s'écroula. L'homme aux lunettes noires en jaillit. Valkyrie saisit la rampe et sauta, en utilisant son élan pour donner plus de force à son coup de pied. Sa botte frappa la poitrine de l'homme, qui alla percuter le mur, violemment.

Arrivée au premier étage, elle trébucha et faillit tomber, alors que l'homme était déjà sur ses talons. Elle franchit les dernières marches d'un bond et déboucha dans la rue en courant. Des voitures roulaient sur la chaussée et des gens marchaient sur le trottoir. Autant d'innocents qui risquaient de se retrouver pris dans un affrontement auquel ils étaient étrangers. Elle s'engouffra dans une ruelle qui longeait l'immeuble, étroite et ignorée du soleil. À l'autre bout, elle donnait sur une voie moins fréquentée.

L'homme aux lunettes noires était toujours à ses trousses. Il avait réduit l'écart, seule une longueur de bras les séparait désormais. Valkyrie avait de plus en plus de mal à ne pas se laisser rattraper.

Soudain, elle s'accroupit. Les jambes de son poursuivant cognèrent contre elle et il effectua un vol plané, au cours duquel il perdit ses lunettes noires. Il s'affala, et quand il tourna brusquement la tête vers elle, Valkyrie remarqua qu'il avait deux petits trous noirs à la place des yeux. Elle pivota et rebroussa chemin ventre à terre, en jetant un coup d'œil par-dessus son épaule, au moment où l'homme s'enfonçait dans le bitume, comme s'il avait emprunté un ascenseur invisible. Alors qu'elle n'était plus qu'à cinq pas de la rue, le sol explosa devant elle et l'homme se dressa sur sa route. Valkyrie recula en titubant, et en se frottant les yeux pour chasser les éclats de gravier et la terre.

– Je ne comprends pas pourquoi on fait tant d'histoires à cause de toi, dit l'homme, un Américain qui s'exprimait avec un fort accent nasillard du Sud profond. Tu n'es qu'une gamine !

Valkyrie claqua des doigts, mais l'homme lui donna une tape sur la main avant qu'elle ait le temps de faire jaillir une flamme, puis il la saisit brutalement. Elle sentit quelque chose de froid et de tranchant sur sa gorge.

– Ne recommence pas ça, éructa l'homme.

Il tenait dans la main un coupe-chou et, lorsque la vision de Valkyrie s'éclaircit, elle vit les initiales B.-R. S. gravées sur le manche en bois. Elle leva les yeux. Droit devant, dans la rue tranquille, une moto noire était garée. Celle de Tanith.

Une vieille femme au visage ridé et aux dents gâtées s'avança dans la ruelle. Elle les regarda fixement, puis tourna les talons et s'enfuit.

L'homme secoua la tête.

– Tu vois, c'est ça le problème avec les gens normaux et ordinaires. Dès qu'ils aperçoivent quelque chose de bizarre ou qui fait peur, ils détalent. Tu sais ce que ça signifie, hein ? Ça signifie que personne ne viendra à ton secours. Ça signifie que tu es seule.

Au même moment, quelqu'un toussa derrière eux. L'homme se retourna et Tanith Low lui décocha un coup de pied en plein visage. Profitant de ce qu'il trébuchait, Valkyrie se dégagea et pivota sur elle-même pour l'avoir à l'œil pendant qu'elle reculait vers le mur. Il aurait été assez beau sans ces deux horribles trous noirs au milieu du visage.

Il sourit.

– À qui ai-je l'honneur ? demanda-t-il.

– Vous d'abord, répliqua Tanith.

L'homme ricana.

– Soit. Billy-Ray Sanguin, spécialiste de toutes les formes de morts désagréables et fournisseur de châtiments cruels et insolites, pour vous servir.

– Vous êtes un tueur à gages ?

– Pas seulement, ma jolie. Je suis un tueur à gages de luxe. Je fais également office de gros bras et j'exerce quelques activités annexes de mercenaire. Je suis très très cher et très très efficace. Et vous, vous êtes ?

– Votre fin, répondit Tanith. »

Mise en pages : Françoise Pham

Dépôt légal : février 2010
Numéro d'édition : 146054
ISBN 978-2-07-060316-9
Loi n° 49-956 du 16 juillet 1949
sur les publications destinées à la jeunesse
Imprimé en Italie
sur les presses de Grafica Veneta